복식부기

Double Entry

제인 글리슨-화이트의 저서

여섯 개의 자본: 자본주의, 기후변화, 지구를 구할 수 있는 회계혁명(2014, 2020)

호주의 고전: 50명의 위대한 작가와 그들의 명저(2007)

고전: 인생을 위한 책(2005)

복식부기

베니스상인들이 현대세계를 어떻게
형성하였고, 그들의 발명이 지구를
어떻게 만들거나 파괴할 수 있었는가?

저자: 제인 글리슨-화이트
역자: 김석웅 · 신희정

교육과학사

Double Entry

목차

예술과 금융의 이야기를 해 준,

아버지 마이클 글리슨-화이트를 위해

그리고 항상 마이클 힐을 위해

상인은 복식부기로부터 어떤 장점을 도출하는가?
그것은 인간정신의 가장 정교한 발명품 중의 하나이다.
요한 울프강 폰 괴테, 1795[1)]

400년 이상 전에 출간된 최초의 부기 책에,
부기가 세계 전역에서 여전히 사용되고
있는 형태로 간단히 설명되고 있다.
아나니아스 찰스 리틀튼, 1933[2)]

아무리 하찮은 직업이라도 그 나름의 역사를 가지고 있다는
사실을 역사가들은 잊어버리는 경향이 있다. 그리고 이런
속세의 직업이 점차 자본주의 사회를 인도하게 되었다.
노먼 데이비스, 1997[3)]

역주1) 이 문장의 출처는 다음과 같다. Goethe(1795), *Wilhelm Meister's Apprenticeship*, London: Bell & Daldy, p.27; 안삼환 옮김(1999), 빌헬름 마이스터의 수업시대, 민음사, p.59. 요한 울프강 폰 괴테(Johann Wolfgang von Goethe, 1749-1832)는 독일의 위대한 작가이다. 젊은 베르테르의 슬픔, 파우스트 등의 소설이 있다.

역주2) 이 문장의 출처는 다음과 같다. Littleton(1933). *Accounting Evolution to 1900*, Russell & Russell, New York, p.5. 아나니아스 찰스 리틀튼(Ananias Charles Littleton, 1886-1974)은 미국의 회계학자, 일리노이대학교 회계학교수를 역임하였다.

역주3) 이 문장의 출처는 다음과 같다. Davies(1997). *Europe: A History*, Pimlico, London, p.402; 최재희 옮김(2021), 노먼 데이비스의 유럽사II 중세, 심산, p.216. 노먼 데이비스(Norman Davies, 1939-)는 영국과 폴란드의 역사학자이다. 유럽사, 폴란드사, 영국사에 관한 연구로 유명하다.

역자서문

이 책은 복식부기의 역사를 살펴보고 있다. 12-13세기에 발생한 것으로 추정되는 복식부기원리는 루카 파치올리가 책에서 소개한 후 500년이 지난 오늘날에도 변함없이 적용되고 있다.

저자, 제인 글리슨-화이트는 루카 파치올리의 책이 출간된 후, 복식부기가 중세기와 산업혁명을 거쳐 오늘날까지 어떤 방식으로 전파되고 발전하였는가를 살펴보고 있을 뿐만 아니라 오늘날 기후변화의 시대에 복식부기가 해야 할 역할에 대해서도 살펴보고 있다.

저자는 회계학을 전공하지 않았지만, 회계학 전공자 못지않은 식견으로 복식부기의 역사를 상세하고도 폭넓게 살펴보면서 일반인도 이해하기 쉽게 소개하고 있다. 따라서 본서는 회계의 역사에 관한 전문학술서라기보다는 일반 교양서에 가깝다고 볼 수 있다. 그렇지만, 본서는 출간 직후 호주사회에 큰 반향을 일으켜 베스트셀러가 되었고, 저자는 유명인사로 매스컴에도 자주 등장하였으며 2012년도에 저술상을 수상하였다. 이후 본서는 미국에서도 출간되었다.

저자인 제인은 대학교 시절, 이탈리아의 페기 구겐하임 미술관에 견습생(intern)으로 근무하면서 복식부기에 관심을 가지게 되었다고 한다. 중세 이탈리아의 회화에 매료되었고, 이러한 회화를 가능하게 한 중세 이탈리아의 경제력에도 관심을 두게 되었다. 그리고 그 배경에 복식부기가 있다는 사실을 알게 되면서 복식부기의 역사를 집중적으로 살펴보게 된 것이다.

저자는 복식부기의 시대적 탄생 배경을 살펴보면서 회계의 아버지로 불리는 루카 파치올리의 복식부기가 유럽 전역으로 전파하게 된 경위도 살펴보고 있다. 복식부기가 산업혁명을 통해 더욱 발전되면서 학자들간에는 경제발전과 복식부기의 관계에 관한 논쟁이 있었던 바, 저자는 이를 닭과 달걀에 비유하면서 그 논쟁을 소개하고 있다. 그리고 제2차 세계대전 중에 경제학자 존 메이나드 케인스가 거시경제학(국민소득계정)에 복식부기의 원리를 적용한 과정을 살펴보고 있으며, 오늘날 기후변화와 환경문제에 대응하여 회계가 어떠한 역할을 해야 할 것인가에 대해서도 논하고 있다. 저자가 2014년 출간한 저서 여섯 개의 자본: 자본주의, 기후변화, 지구를 구할 수 있는 회계혁명은 본서에 근거를 두고 있다.

본서는 복식부기의 역사와 그 역사 속에서 회계의 역할을 매우 쉽게 설명하고 있어 국내 독자들에게 본서를 소개하며 독자들의 일독을 권하고자 한다. 본서에는 중세 회화 네 개에 관한 설명이 나오는데, 원서에는 그림이 없지만, 독자의 이해를 돕기 위해 wikipedia에서 검색하여 수록하였다. 그리고 국내 독자들에게 생소한 인물, 용어가 언급된 경우에는 이해를 돕기 위해 역주에서 이들을 소개, 설명하였다.

우리 나라에서는 21세기에 들어오면서 회계(학) 역사에 관한 관심이 다소 줄어든 것 같다. 모든 학문은 그 나름대로 학문의 역사를 가지고 있는데, 본서가 이러한 회계(학)의 역사에 관심을 기울이게 하는 조그만 계기가 되기를 바란다.

번역문장을 읽기 쉽도록 여러 번 가다듬었지만, 역자들의 역부족을 실감하기도 하였다. 번역상의 오자, 오역이 있다면, 이는 전적으로 역자들의 책임이다.

끝으로 번역서는 시장성이 없는데도 불구하고 출간을 수락해준 교육과학사의 한정주 사장님과 편집에 수고하신 이정호 편집실장, 이주표 부장 등에게 고마움을 전하고자 한다.

2023년 8월 여름의 계절에

동의대 회계학과 명예교수 김석웅

조교수 신희정

제인 글리슨-화이트(Jane Gleeson-White)

© Sally Tsoutas

저자 제인 글리슨-화이트는 호주에서 태어나 시드니대학교에서 경제학과 문학을 전공하였으며, 2016년 뉴사우스웨일즈대학교에서 창조적 글쓰기 분야에서 21세기의 자연(*Nature in the 21th century*)으로 박사학위를 취득하였다.

최근에 에세이, 칼럼, 서평 등을 언론기관에 활발히 발표하고 있다.

현재 호주 뉴사우스웨일즈대학교(캔버라 캠퍼스)의 겸임교수(adjunct professor)로 있다.

저자의 저서로는 복식부기(2011), 여섯 개의 자본(2014, 2020), 호주의 고전(2007), 고전(2005) 등이 있다.

저자의 홈페이지는 https://www.janeglessonwhite.com이다.

본서는 호주에서 호평을 받고 큰 반향을 일으키면서 세계적으로 베스트셀러가 되었고, 저술상을 수상하였다.

본서는 2012년도 웨이브리 도서관 저술상(Wavely Library Award for Literature)을 수상하였으며,

2012년도 올해의 에이지 도서상(The Age Book of the Year Award) 최종후보,

2012년도 퀸즈랜드 저술상(the Queensland Literary Awards) 최종후보,

2013년도 뉴사우스웨일즈 주지사 저술상(NSW Premier's Literary Awards) 최종후보이었다.

바비 케네디, 국부, 주식회사

상원의원 로버트 케네디[4]는 암살자의 총에 맞아 죽기 3개월 전인 1968년 3월 18일 캔사스대학교(University of Kansas)에서 열정적인 연설을 하였다. 그는 국가의 건강, 미국이라는 경제적 강국, 국민총생산(GNP)과 같은 숫자를 이용하면서 국부를 측정하는 방법 등에 관해 다음과 같이 말하였다.

> 너무 오랫동안 그리고 지나치게 우리는 단순한 물질적 축적을 추구하면서 개인의 탁월함과 공동체의 가치를 포기한 것 같습니다. 현재 우리의 국민총생산은 연간 8,000억 달러가 넘습니다. 하지만 그 국민총생산(미국을 그것으로 판단한다면)은 대기오염과 담배광고, 학살이 일어난 고속도로를 치우기 위한 구급차 등도 반영합니다. 국민총생산은 우리 문을 잠그기 위한 특별한 자물쇠와 그것을 부수는 사람들을 가두기 위한 감옥을 반영합니다. 국민총생산은 삼나무의 파괴와 무질서한 난개발로 인한 자연의 경이로움의 상실을 반영합니다. 국민총생

역주4) 로버트 프랜시스 케네디(Robert F. Kennedy, 1925-1968)는 바비 케네디(Bobby Kennedy)로 더욱 잘 알려졌으며, 존 F. 케네디 대통령의 2명 동생 가운데 한 사람으로 케네디 행정부에서 법무장관으로 임명되었다. 그는 1964년 형인 존 F. 케네디 대통령이 암살당한 후, 뉴욕주 상원의원으로 선출되었다. 1968년 캘리포니아주 로스앤젤레스에 있는 엠버서더 호텔에서 열린 캘리포니아주 예비선거에서 자신의 승리를 축하하는 연설을 하고 나서 얼마 지나지 않아 암살당하였다. 위키백과에서 인용.

산은 네이팜탄과 핵탄두를 반영하고, 경찰이 우리 도시의 폭동을 진압하기 위한 장갑차도 반영합니다. 국민총생산은 휘트먼의 소총과 스펙의 칼[5], 그리고 우리 아이들에게 장난감을 팔기 위해 폭력을 미화하는 텔레비전 프로그램도 반영합니다. 그러나 국민총생산은 우리 아이들의 건강, 교육의 질 또는 놀이의 즐거움을 반영하지 않습니다. 그것은 우리 시의 아름다움이나 결혼생활이 갖는 장점, 공개토론의 지성이나 공무원의 성실성을 반영하지 않습니다. 그것은 우리의 재치나 용기, 지혜나 학식, 연민이나 나라에 대한 헌신을 측정하지 않으며, 요컨대 삶을 가치있게 만드는 것을 제외한 모든 것을 측정합니다.

국민총생산의 창시자, 사이먼 쿠즈네츠[6]를 포함해서 그의 이전과 이후의 많은 사람들과 마찬가지로, 상원의원 로버트 케네디는 국부를 계산하는 방식과 국민총생산 및 국내총생산과 같이 국부를 계산하기 위해 만든 숫자에 심각한 오류가 있다고 생각하였다. 케네디가 지적한 바와

역주5) 찰스 조지프 휘트먼(Charles Joseph Whitman, 1941-1966)은 미국의 공대생이자 예비역 해병대원이었다. 1966년 8월 1일 미국 텍사스주에 있는 텍사스 오스틴대학교에서 총기사건을 일으켰으며, 버지니아 공대 총기난사 사건이 일어나기 전까지 최악의 총기사건이자 세계 최초의 교내총기사건으로 기록되었다. 범인은 집에서 어머니와 아내를 칼로 살해한 후, 텍사스대 시계탑 건물 28층 전망대에서 총으로 무차별적인 조준사격을 가하여 96분동안 15명을 죽이고, 31명을 부상시켰다. 위키백과에서 인용.

역주6) 사이먼 쿠즈네츠(Simon Kuznets, 1901-1985)는 러시아계 미국인 경제학자이다. 1919년 러시아의 하르키우 국립경제대학교에 입학하여 경제학을 전공하였고, 미국으로 이민 와서 컬럼비아대학교에서 수학하였다. 주로 경제성장과 경제발전에 관해 연구하였으며, 1971년 노벨 경제학상을 수상하였다. 위키백과에서 인용.

같이, 이들 숫자는 놀라운 이상 현상을 만들어내는데 그 숫자로 따지면 담배광고가 아동건강보다 더 가치가 있다. 그리고 케네디가 이를 수정할 것을 요구한 지 40년이 지난 오늘날까지도 이러한 숫자가 정부, 금융기관, 주식회사, 공동체의 정책결정을 계속해서 지배하고 있다. 이러한 결함이 있는 숫자가 우리의 삶을 지배하고 있다.

우리가 어떻게 그러한 오류를 범할 수 있었을까?

문제는 국가회계에서만이 아니다. 1990년대 악명 높은 에너지 거대기업 엔론(Enron)이 2001년 붕괴되고 2008년 세계금융시장이 붕괴되기 직전까지, 우리는 심각한 오해를 불러일으키고, 이해할 수 없으며, 결함이 있는 기업회계의 놀라운 사례들을 목격하였다.

2008년 2월 27일, 왕립스코틀랜드은행(the Royal Bank of Scotland)의 2007년도 연례재무제표가 승인되었다. 왕립스코틀랜드은행은 자산규모가 아주 거대하였으며, 세계에서 가장 큰 기업이었다. 이 기업의 자산(1조 9,000억 파운드)은 (1조 7,620억 파운드인) 영국을 포함한 많은 국가의 국내총생산보다 더 많았다. 다른 사람의 돈을 맡아 관리하는 대규모 금융기관답게, 이 기업의 2007년도 연례보고서는 다음과 같이 책임성이 있고 신중하였다. 즉, "강력한 자본기반을 유지하고, 그것을 적절하게 확장하며, 사업의 기본적인 위험과 자본기반 간의 관계를 신중하게 유지하면서도 주주수익률을 최적화하기 위해 활동 전반에 걸쳐 자본을 효율적으로 이용하는 것이 기업의 정책이다."

그런데 불과 두 달 후인 2008년 4월, 소위 신중한 이 은행은 침몰하고 있었는데, 대차대조표[7)]에 120억 파운드의 구멍이 생겼고 1,000억 파운드로 늘어나게 된 불량자산[8)]이 노출되어 어뢰를 맞은 배처럼 가라앉고 있었다. 그러나 그룹의 계정에서 이 수십억 파운드의 구멍이 분명하게 드러나는 곳은 어디에도 없었다. 기업 재무제표는 주주, 시장, 대중 모두에게 기업의 투명성을 보장하는 도구이어야 한다. 그렇다면 왕립스코틀랜드은행 계정에서 발생한 120억 파운드의 막대한 부족이 매우 분명하게 드러나야 하지 않는가? 작가 존 란체스터[9)]가 말한 바와 같이, "권리에 의해, 논리에 의해, 그리고 신성한 모든 것에 의해 계정과 대차대조표 어딘가에 무엇이 잘못되었는지에 대한 실마리를 볼 수 있어야 한다. 특히 두 달도 채 되지 않아 회사에 그토록 큰 타격을 입힐 정도라면 이미 뭔가 잘못되었을 것이 분명하다"(Lanchester, 2009).

그룹이 공개적으로 인정한 것보다 불량주택담보대출 시장에 훨씬 더 많이 노출되었다는 것이 나중에 드러났다. 기업의 자산에 관한 분명한 허위표기에도 불구하고, 2008년 2월에 이 은행의 대변인은 다음과 같이 말하였다. "이사회는 완전한 정보를 소유하고 있었고 모든 재무 보고에서

역주7) 오늘날 대차대조표(balance sheet)는 재무상태표(statement of financial position)라는 용어로 변경되었다.

역주8) 불량자산(toxic asset)은 가치가 현저히 떨어져 보유자가 만족할 만한 가격에 매매할 수 없는 특정한 금융자산을 말한다.

역주9) 존 란체스트(John Lanchester, 1962-)는 영국의 저널리스트이자 소설가이다. *Debt to Pleasure*(1996), *Mr. Philips*(2000), *Whoops! Why Everyone Owes Everyone and No One Can Pay*(2010), *Capital*(2012) 등을 비롯한 다수의 소설을 발표하였으며, 많은 문학상을 수상하였다. wikipedia에서 인용.

시장에 제공된 세부사항은 당시 그룹의 정직한 의견을 반영하였습니다."

금융 및 은행의 거물(리만 브라더즈, 로이즈-할리팍스스코틀랜드은행, 아메리칸인터내셔널그룹, 영국·아일랜드은행, 아이슬란드 은행인 그리트니르은행·랜즈뱅키은행)이 모두 어디에도 분명하게 드러나지 않았지만, 대차대조표의 자산 측면에서 나타난 '거대한 구멍'에 의해 무너지면서 이것은 앞으로 몇 달 동안 너무나 친숙하게 후렴구가 될 것이다. 그리고 거물들이 무너지는 동안, 이러한 거대한 구멍들로 인해서 국제금융시스템은 붕괴하였다. 이러한 붕괴로 인한 비용은 수십 년 동안 납세자가 지불해야 할 것이다.

회계는 기업의 투명성을 보장하기 위해 매년 발행되는 재무제표를 작성하여, 기업의 행동을 검토하고 시장이 효율적으로 기능한다는 것을 보증한다. 재무제표에는 대차대조표, 손익계산서, 현금흐름표, 이익잉여금계산서 등이 있다. 그러나 이러한 도구들이 기업의 진실한 상태를 전달하는데 전혀 신뢰할 수 없다는 것이 밝혀졌다. 그럼에도 불구하고, 정부, 경영자, 정책결정자, 주주 등은 이 정보에 의존하여, 모든 사람의 생활에 영향을 주는 의사결정을 하고 있다.

우리가 어떻게 그러한 오류를 범할 수 있었을까?

세계는 국가와 주식회사의 계정에 의해 만들어지는 숫자의 지배를 받고 있다. 그러나 이러한 숫자는 임의적이고 환상적이다. 그렇다면 우리는 정책, 제도, 경제, 사회를 지시하는데서 이러한 오류가 날 수 있는 신호에 어떻게 의존하게 되었을까? 이러한 거짓 선지자, 숫자, 계정은 어디에서 나왔는가?

본서는 이러한 질문과 그 이상에 대해 답하고자 하는 시도이다. 그러나 이것들은 내가 글을 쓰기 시작했을 때 처음 스스로에게 던졌던 질문이 아니었다. 이 질문이 나오기까지 세 가지 단계가 있다. 원래의 생각은 이탈리아 르네상스 회화의 신비와 상징성에 매료되어 페기 구겐하임(the Peggy Guggenheim)미술관에서 견습생으로 베니스[10])에서 보낸 여름과 이듬해에 시작한 경제학 학위과정에서 탄생하였다. 르네상스 예술과 경제학이 내 마음속에 자리 잡았고 그들의 관계와 예술을 가능하게 한 부(wealth)에 대해 궁금해 하였다. 나는 본서에 대한 원래 의도를 기록하였던 노란 메모지를 여전히 가지고 있다. 그곳에는 다음과 같이 적혀 있다. "우리가 그 열매를 찬양하는 것처럼, 나는 르네상스의 물질적 기원을 찬양하고 싶다." 그래서, 나의 처음 생각은 우리가 존경하는 위대한 르네상스 예술에서 무시된 물질적 기반을 검토하는 것이었는데, 이는 나를 중세의 암흑시대로 이끌었다.

암흑시대는 사실 그렇게 어둡지 않은 것으로 밝혀졌으며 적어도 이탈리아 북부의 신흥 도시국가에서는 그렇지 않았다. 11세기 말인 1095년 교황 우르바노 2세[11])가 기독교 유럽에 예루살렘을 이슬람으로부터 해방

역주10) 본 역서에서는 이탈리아의 지명을 대부분 이탈리아어 발음대로 표기(예를 들면, 피렌체, 로마 등)하였지만, 베니스의 경우에만 이탈리아어의 발음인 베네치아라고 하지 않고 영어 발음인 베니스로 하였다. 이는 베니치아보다 베니스가 우리에게 더 친숙하기 때문이다.

역주11) 교황 우르바노 2세(Pope Urban II, 라틴어: Urbanus PP II, 1035-1099)는 제159대 교황(재위기간: 1088-1099)이다. 본명이 오동 드 라주리(Odon de

시키라고 촉구[12]하면서 피사, 제노바, 피렌체, 베니스 등의 이러한 도시는 상업적으로 호황을 누렸고, 이로 인해 전례없이 많은 사람들이 유럽을 가로질러 성지를 왕래하였다. 북부이탈리아는 이 기독교 전사를 위한 주요한 도로가 되었고 사업은 호황을 누렸다. 교역이 더 큰 규모로 번성함에 따라, 북부이탈리아인은 점점 더 복잡해지는 사업거래에 대처하기 위해 새로운 종류의 기록방법을 개발하였다. 그것은 베니스상인에 의해 완성되었으며, **베니스식**(*alla viniziana*: the Venetian method)부기로 알려지게 되었는데, 오늘날 복식부기라고 한다.

복식부기의 '아버지'는 1440년대 피렌체 인근에서 태어난 프란체스코 수도사인 루카 파치올리(Luca Pacioli)이었다. 그는 1494년 베니스 부기에 관한 초판논문을 출간하였다. 그에 관해 쓰여진 것은 별로 없지만, 그의 생애에 관해 조사하면서, 나는 이 수도사에 더욱 더 매료되었다. 그는 또한 르네상스의 가장 위대한 수학백과사전편찬자이면서 수학자이었다. 그는 내가 좋아하는 르네상스 화가 중 한 명인 피에로 델라 프란체스카[13]와 같은 시대에 같은 마을에서 태어났는데, 이 화가는 루카 파치올리에게 수학을 가르쳤다. 그 후 나는 파치올리가 나의 어린시절의 영웅 레오나르도 다 빈치[14]에게 수학을 가르쳤다는 것을 알게 되었다.

Lagery)이다. 제1차 십자군원정(1096-1099)을 계획했으며, 오늘날 로마 교황청조직의 기틀을 마련한 사람이다. 위키백과에서 인용.

역주12) 이로 인하여 십자군전쟁(1095-1291)이 발발하였다.

역주13) 이에 관해서는 제2장 역주12)를 참조.

역주14) 레오나르도 다 빈치(Leonardo da Vinci, 1452-1519)는 르네상스 시대 이탈리아를 대표하는 석학(polymath)이다. 화가이자, 조각가, 발명가, 건축가,

그리고 27페이지 부기논문을 포함하는 수학백과사전인 파치올리의 대작이 서양 역사의 분수령에서 출판되었다[15)]는 것을 이해하기 시작하였다: 이 순간은 수학이 중세 형태에서 과학과 현대 세계의 공용어로 변모하는 순간이었다. 그렇다면 내 책은 복식부기, 루카 파치올리, 수학・예술의 혁명에 관한 이야기가 될 것이다.

르네상스 이탈리아의 부가 새로운 부기방식에 의해 뒷받침된 것처럼, 당대의 가장 위대한 일부 화가들의 예술은 수학에 의해 뒷받침되었고 루카 파치올리는 두 가지 혁명적 발전에 모두 관련된다.

본서가 세 번째 변화를 겪을 때는 나의 경제학 영웅 중 한 명인 존 메이나드 케인스[16)]가 처음으로 이론화한 국가회계시스템이 어떻게든 파치올리의 베니스 부기와 관련이 있을지도 모른다는 가능성을 조사하기 시작했을 때이다. 나는 베니스상인들이 사용했던 복식부기 원리가 대공황과 제2차 세계대전 중에 미국과 영국의 국민계정을 구성하는 데 사용되었다는 것을 발견하였다.

따라서 본서는 13세기 후반 이탈리아에서 복식부기가 처음 알려진 기원부터 21세기 세계경제를 장악하기까지 복식부기 그 자체의 이야기가 되었다.

해부학자, 지리학자, 음악가였다. **모나리자**, **최후의 만찬**의 화가로 유명.

역주15) 1494년 출간되었는데, 1492년 콜럼버스가 아메리카 대륙을 발견하였고, 1498년 바스코 다 가마가 인도로 가는 항로를 발견하였으며, 약 50년 후인 1543년 코페르니쿠스가 지동설을 발표하였다.

역주16) 존 메이나드 케인스((John Maynard Keynes)에 관해 상세한 것은 본서 제8장 역주8)을 참조.

복식부기의 부상과 변화는 역사상 가장 잘 알려진 비밀 중 하나이며 가장 중요한 이야기이다. 그 이유는? 첫째, 복식부기는 르네상스 시대의 부와 문화적 활력을 가능하게 하였기 때문이다. 둘째, 자본주의가 번성하도록 하여 세계경제를 영원히 변화시켰다. 셋째, 복식부기는 수세기 동안 20세기의 세계경제를 지배한 정교한 숫자시스템으로 성장하였기 때문이다. 이 중세의 유물은 여전히 세계 전역에서 매일 이용되고 있다.

마지막으로 가장 중요한 것은 부기가 이제 지구를 만들거나 파괴할 수 있는 잠재력을 가지고 있다는 것이다. 회계는 모든 것을 화폐가치로 환원하기 때문에, 회계로 인해서 우리는 명백히 자유로운 삶의 근원 자체인 지구를 최소한으로 평가할 수 있다. 이 논리를 통해 우리는 지구를 파멸로 몰아넣었고 이 논리를 통해 이제 그 파멸을 피할 기회를 갖게 되었다. 가디언지(*Guardian*)의 언론인 조나단 왓츠[17]가 2010년 10월 다음과 같은 기사를 게재한 것처럼, "그래서 이렇게 되었다. 세계적인 생물다양성 위기가 너무 심각해서 뛰어난 과학자, 정치지도자, 생태전사, 종교전문가 등이 더 이상 우리 자신으로부터 우리를 구할 수 없다. 군대는 무기력하다. 그러나 지구상에서 삶에 대한 마지막 희망은 회계사일 것이다."(Watts, 2010).

역주17) 조나단 왓츠(Jonathan Watts)는 영국의 언론인이고, *When A Billion Chinese Jump: How china will save mankind...or destroy it*(2010, Scribner)의 저자이다. wikipedia에서 인용.

제 1 장 회계: 최초의 소통기술

글쓰기의 기원은 더 이상 수수께끼가 아니다...
모든 예상과는 달리, 글쓰기는 기원전 9000년으로
거슬러 올라가는 선사시대에 깊게 그 뿌리를 두고 있다.
또한 글쓰기가 숫자세기에서 비롯되었다고
생각한 사람은 아무도 없었을 것이다.

데니스 슈만트-베세라트, 2002[1)]

중세와 초기 르네상스 사회에서 경제적 · 정치적 · 과학적
혁명의 선동자로서의 상인의 역할은 제대로 평가받지 못하였다.

프랭크 스웨츠, 1987[2)]

역주1) 이 문장의 출처는 다음과 같다. Schmandt-Besserat, D.(2002), "Signs of life", *Odyssey*, January/February, pp.6, 7 and 63. 데니스 슈만트-베세라트(Denise Schmandt-Besserat, 1933-)는 미국인으로 텍사스대학교의 고고학과 글쓰기의 교수를 역임하였다. wikipedia에서 인용.

역주2) 이 문장의 출처는 다음과 같다. Swetz, Frank, J.(1987), *Capitalism and Arithmetic: The new math of the fifteenth century*, Open Court, La Salle, p.291. 프랭크 스웨츠(Frank Swetz, 1937-)는 미국 펜실베이니아 주립대학교 수학교수를 역임하였다. encyclopedia.com에서 인용.

"브리치의 진통제알약......루스의 설사약......마리아의 매독알약.....1온스 항염증제 진통팅크...출혈하는 샬로테......4온즈 분말대황...흑인 치아 중 한 개 추출......요리사 잭의 수은제거......"(Achenbach, 2009). 이것은 조지 워싱턴의 계정에서 발견된 내용의 일부이다. 유명한 군인이면서 정치인이었던 워싱턴은 자신의 농업, 제조업, 부동산제국의 모든 사업거래를 복식부기로 꼼꼼하게 기록한 성공적인 기업가이기도 하였다.[3] 워싱턴의 이야기에서 그의 편지와 일기는 널리 알려져 있지만, 그의 방대한 계정들이 그의 삶과 시대에 대해 많은 것을 말해 주고 있다는 것은 200년이 지난 지금에서야 중요한 부분으로 인식되고 있다. 회계기록의 이 말하기 속성은 단어 그 자체에 포함되어 있다: '계정'(account)은 셈하기(counting)뿐만 아니라 이야기하기(storytelling)와도 관련 있다. 계정에는 '잔액의 계산과 함께 수령 · 지출한 화폐, 상품 또는 서비스, 또는 기타 수령 · 지출 내역서'와 '서사, 보고서, 서술'이 모두 포함된다(Oxford English Dictionary, 1989).

우리의 부를 회계(측정 · 기록)하려는 욕구는 가장 오래된 인간의 욕구 중 하나이다. 우리는 추상적인 숫자를 이용할 수 있기도 전에 이미 회계하고 있었다. 우리는 쓸 수 있기 전에도 회계하고 있었다. 사실상, 가장 위대한 인간업적 중 하나인 글쓰기(writing)는 회계사에 의해 발명되었다. 1969년 프랑스 고고학자 데니스 슈만트-베세라트는 20년 이상 걸린 연구과제에서 몇 가지 놀라운 결과를 완성하고 얻어냈다. 그녀는 25년 동안 중동, 유럽, 북미의 박물관을 방문하고, 박물관 창고에 파묻혀서

역주3) 조지 워싱턴을 비롯한 그 당시 대부분의 사회지도자가 개인의 지출을 기록하는 장부를 가지고 있었다[정기숙 · 박해근 · 이중희(2002), 회계사상과 회계기준의 발전, 경문사, p.149]. 워싱턴의 장부 내용의 일부에 관해서는 pp.141-142를 참조.

다른 연구자들이 간과한 조그만 점토조각 유물 수천 개를 검사하여, 인형, 항아리, 점토 벽돌 사이에서 원뿔·구·난형·원통 모양으로 구운 점토토큰을 발견하였다. 이들의 용도는 수 세기 동안 고고학자와 인류학자들의 수수께끼였다.

슈만트-베세라트는 토큰을 함께 분류하면서, 자신의 손끝에 고대회계시스템의 유적이 있다는 것을 깨닫기 시작했다. 최초의 토큰은 기원전 7000년경으로 거슬러 올라가는데, 이 시기는 메소포타미아(현재 이라크)에 정착한 농업 공동체가 처음 등장하고 사람들이 농산물과 교환의 내역을 기록하기 시작한 시기이다. 슈만트-베세라트는 토큰들 각각의 형태가 나타내는 바가 서로 다르다는 것을 발견하였다. 즉, 원뿔은 작은 척도의 곡물, 구는 큰 척도의 곡물, 원통은 동물이었다. 이 단순한 토큰회계방식은 소통을 위해서만 창조된 우리의 첫 번째 상징시스템이었다. 즉, 그것은 우리의 첫 번째 시각적 코드이자 기억저장을 위해 발명된 첫 번째 기술이었다.

기원전 3500년에서 3100년경에 도시(그리고 이와 더불어 청동 대장간, 도공의 물레, 대량생산 가마, 상인, 대규모 교역)가 등장하였을 때, 토큰도 갑자기 바뀌었다. 복잡한 회계시스템이 등장하였다. 이제 빵, 꿀, 섬유, 금속 등을 포함하여 광범위한 범위의 재화를 기록하기 위한 300개의 토큰 형태가 있었다. 그리고 초기의 회계사는 교환 당사자의 서명날인이 있는 속이 빈 점토 공이나 '봉투'에 토큰을 저장하기 시작하였다. 회계학자 리차드 마테시치[4)]에 의하면, 교역당사자간에 토큰을 봉인하여 이전하는 점토토큰과 점토봉투의 발명은 근대회계시스템의 기원이었다. 마테시치는 메소포타미아의 회계를 오늘날의 용어로 해석하면서, 점토봉

역주4) 리차드 마테시치(Richard Mattessich, 1922-2019)는 오스트리아 출생으로 미국(버컬리)캘리포니아대학교와 캐나다 브리티시콜롬비아대학교의 회계학 교수를 역임하였다. wikipedia에서 인용.

투 내부의 토큰합계액은 개인의 자산을 기록한 것으로서 토큰을 봉투에 넣는 것은 그 소유자의 자산(또는 부)을 증가시켰으며 정의상, 차변기입과 동등한 것이었다고 주장하였다(Mattessich, 2000, p.74). 봉투에서 토큰을 꺼내는 것은 소유자의 자산을 감소시키는 것으로 대변기입과 동일한 것이었다(회계에서는 차변과 대변이라는 용어는 단순히 계정의 위치를 가리킨다. 즉, 차변은 계정의 왼쪽을 의미하고, 대변은 오른쪽을 의미한다. 이러한 용어와 이들의 용도는 제4장에서 더 상세하게 논할 것이다).5)

그러고 나서 고대 회계사는 봉투의 젖은 점토에 토큰을 눌러, 봉투에 들어있는 토큰의 수와 종류를 표면에 기록하기 시작하였는데, 그 과정에서 글쓰기를 발명하기 위한 첫 걸음을 내디뎠다. 그러나 가장 중요한 발전은 기원전 3300년경에 기록유지자가 토큰·봉인봉투시스템을 완전히 새로운 것으로 바꾸면서 일어났다: 그들은 점토 공을 평평하게 만들고 토큰을 평평한 표면에 눌러서 세계 최초의 점토판을 만들었다.

글쓰기 발명의 마지막 단계는 고대 상인들이 점토판에 첨필(stylus)로 토큰의 모양을 간단히 그릴 수 있다는 사실을 깨닫고 완전히 다른 방식으로 토큰을 사용하게 되었을 때 이루어졌다. 즉, 3차원 토큰을 2차원 기호로 표현할 수 있게 된 것이다. 그래서 구는 원이 되고, 원뿔은 삼각형이

역주5) 우리나라의 국립중앙박물관에서 개최되고 있는 메소포타미아문명전(2022년 7월 22일-2024년 1월 28일)에 메소포타미아에서 발굴된 점토판들이 있는데, "13개 점토판 중 가장 연대가 이른 '맥아와 보릿가루 수령 내역을 적은 장부'의 경우 우르크 지방에서 출토된 것으로 알려졌다. 앞면에는 거칠게 빻은 보리와 맥아의 양이 각각 적혀있고, 뒷면에 둘의 총량이 기록돼 있다. 점토판에는 쿠심이라는 양조업자의 이름까지 적여 있다. 마치 오늘날의 영수증 같은 거래기록을 5000년 전에 남긴 셈이다. 이런 점토판이 오갈 정도로 경제활동이 활발했다는 점을 보여준다." 중앙일보 2022년 11월 10일자 24면에서 인용.

되고, 난형은 타원형이 되는 글쓰기가 발명되었다. 글쓰기가 죽은 자를 기리는 장례 의식에서 사용되기 시작한 것은 기원전 2000년경인데, 그 이전까지는 계정관리인의 독점적인 영역으로 남아 있었다. 그 이후 입법자, 사제, 역사가, 이야기꾼을 포함한 다양한 글쟁이(wordmongers)들이 글쓰기를 널리 사용하였다.

회계가 글쓰기의 발명에서 한 역할을 별도로 하더라도, 세계를 보고 신념을 형성하는 방식에 영향을 주기 때문에 인간문명에 중요하다. 이것의 초기 예를 들자면, 메소포타미아에서 토큰회계의 발명은 그것이 경제교류를 촉진하고 글쓰기를 생성할 뿐만 아니라 "계량화 가능한 결과에 의해서 사람들에게 주위의 세계를 보도록 장려하기 때문에"(Brown, p.17) 중요하다. 우리는 처음으로 주변 세계를 셈하고 측정할 수 있게 한, 즉 계량화할 수 있게 하고 발견을 기록할 수 있게 하는 도구를 가졌다.

모든 문명은 어떤 식으로든 상업거래를 기록하였으며, 역사상 가장 유명한 유물 중 많은 부분이 회계와 관련 있다. 기원전 1790년경에 기록된 282개 바빌로니아 법의 일람표인 함무라비 법전은 회계에 관한 여러 가지 법을 수록하고 있다. 예를 들면, 104조는 다음과 같다. "만약 상인이 대리인에게 거래할 옥수수, 양모, 기름, 또는 모든 종류의 상품을 제공하였다면, 대리인은 가격을 기록해서 상인에게 넘길 것이다; 대리인은 상인에게 제공할 가격의 봉인된 비망록을 받을 것이다."(*Ibid.*, p.24).

부유한 고대 그리스와 로마문명에서는 주화를 최초로 사용하였는데, 여기서 기록유지와 회계책임은 새로운 정교한 수준에 도달하였다. 기원전 5세기부터 파르테온 신전이나 엘진 마블스(고대 그리스의 대리석 조각)에는 도시의 지배여신인 아테나(Athena)의 보물지급을 포함하여, 회계기록이 수록되어 있다. 모든 아테네 공무원의 사업거래는 아테네 시민이 국가재정의 지출을 감시할 수 있도록 기록되고, 돌에 새겨졌으며, 아테네에 공시되었다. 이와 마찬가지로, 모든 아테네 시민들은 그 자신의 재정업무에 관한 정상적인 계정을 유지해야 했다. 만약 그들이 그렇게 하지 않았다면, 도시 밖으로 여행하고, 자신들의 재산을 신에게 봉헌하고, 성물을 바치거나 유언장을 작성하는 것 등을 금지당함으로써 심한 처벌을 받았다. 재무정보의 회계책임과 자유는 세계 최초의 민주주의를 운영하는데 필수적인 것으로 간주되었다(Martinelli, p.15).

유명한 로마 웅변가 키케로[6]는 고대 로마에서 중요한 법적 문서인 회계기록의 증거를 바탕으로 한 기소를 통해 법정에서 경력을 쌓기 시작하였다. 모든 로마 가족의 가장은 가계부를 작성해야 했다. 기원전 77년, 키케로는 고객이 잘 보존한 원장의 증거를 이용하여, "일기장은 한 달 동안 지속하고, 원장은 영원히 지속한다......일기장은 한 순간의 기억을 품고, 원장은 한 남자의 명성을 영원히 보장하는 선의와 성실을 증명한다"고 말하면서, 법정에서 고객의 선량한 성격과 신뢰성을 주장하였다. 로마 기업가의 가장 중요한 회계장부의 기록, 타부레 라티오넘(*the tabulae rationum*)은 두 페이지로 구분되어 기록되었다. 로마의 박물학자인 플리니 드엘더[7]는 이 구분에 적극 동의하였는데, 이는 양면이 전체

역주6) 키케로(Cicero, 기원전 106-기원전 43)는 이탈리아 아르피눔에서 태어난 로마의 정치인, 변호사, 라틴어 작가이었다. 웅변술과 수사학에 뛰어난 사람이었다. 이탈리아 유산계급출신의 로마시민이었지만, 귀족은 아니었다. 집정관을 역임하였다. 훌륭한 연설가이었던 키케로는 고전 라틴어 표현의 전형으로 평가받은 풍부한 작품들을 집필하였으며, 이 중 대부분은 현재까지 전해진다. 위키백과에서 인용.

역주7) 플리니 드엘더(Pliny the Elder, 23-79)는 가이우스 플리니우스 세쿤두스 또는 대플리니우스라고도 하는데, 고대 로마의 박물학자, 정치인, 군인이다. 로마제국의 해외 영토 총독을 역임하는 한편, 자연계를 아우르는 백과사전 박물지를 저술하였다. 위키백과에서 인용.

를 구성한다는 것을 의미하였다. 서기 70년, 그는 다음과 같이 기록하였다: "한 페이지에는 모든 지출이 기입되고, 다른 페이지에는 모든 수입이 기입된다. 두 페이지는 모든 사람의 각 활동에 대한 전체를 구성한다." 아마도 여기에 복식부기의 기초가 있을 것이다. 복식부기는 약 1200년 후, 북부이탈리아에서 등장하였다. 여기에도 두 페이지가 전체 설명을 구성한다는 사실(두 페이지가 전체를 구성한다는 사실)에 관한 플리니의 인식에는 복식부기가 수세기 동안 사상가들에게 인간존재의 이분법 또는 세계를 정반대로 나누는 우리의 경향(즉, 선과 악, 생과 사, 신체와 영혼, 천당과 지옥, 노동과 자본)에 대한 은유로 여겨져 온 매력의 일부가 있다.

5세기(476년) (서)로마(제국) 멸망과 십자군전쟁(1095년) 사이의 기간 동안 유럽에 남아 있는 몇 개의 가장 중요한 문서 중 하나는 영지법령집(*Capitulare de Villis*)이라는 회계기록이다. 그것은 서기 800년부터 프랑크 왕국(the Franks)의 왕 샤를마뉴[8] 또는 그의 아들 루도비쿠스 1세 피우스[9]가 시작한 왕실영지관리의 지침목록이다. 그것은 각 재산관리인이나 집사에게 "경작인이 기르는 소, 경작할 의무가 있는 소작지, 돼지, 집세 · 재판수수료 · 벌금, 허락 없이 숲에서 사냥하는 것에 대한 벌금 등으로부터 나오는 모든 수입에 관한 연례계산서를 작성하도록 시시

역주8) 샤를마뉴(Charlemagne, 742-814)는 프랑스어로 발음한 것인데, 라틴어로는 카롤루스 마그누스라고 한다. 그는 제2대 프랑크 국왕으로 서부, 중부 유럽의 대부분을 차지해 프랑크 왕국을 제국으로 확장하였다. 재임기간동안 이탈리아를 정복하여 교황 레오3세에게 비잔틴 제국의 황제와는 반대되는 신성로마제국의 황제직을 수여받았다. 이 사건은 서유럽이 동로마(비잔틴제국)의 영향에서 명실공히 완전히 독립한 서로마제국의 부활을 의미하는 것이다. 황제가 된 후, 교회를 통해 로마 고전문화의 부활을 장려하여 예술, 종교, 문화를 크게 발전시켰다. 위키백과에서 인용.

역주9) 루도비쿠스 1세 피우스(Ludovicus I Pius, 778-840)은 프랑스어로 Louis le Pieux라고도 부르며, 카롤루스 대제를 이어 황제가 되었다. 위키백과에서 인용.

한다"(www.le.ac.uk/hi/polyptyques/capitulare/site.html). 이 목록에는 비누・기름・양어장관리와 같은 사소한 것에서부터 전쟁사업(말, 대장장이, 방패제작자)까지 봉건 영주의 사업전체에 대한 설명이 포함되어 있다. 영주의 재산에 대한 연례손익계산서를 매년 크리스마스 때 영주에게 제출하여 "다양한 원천에서 나오는 수입의 성격과 금액을 알 수 있도록 하였다."

샤를마뉴의 회계기준이 공식화된 지 300년 후, 봉건유럽은 십자군에 의해 점화된 경제호황으로 그 기반이 흔들렸다. 일련의 대중운동은 상업의 관심사와 표면상으로는 거리가 멀었다. 비잔틴 황제가 1095년 튀르키예에 대항하여 도움을 요청한 후에, 교황 우르바노 2세는 전 세계 기독교인들에게 이교도와의 전쟁을 촉구하였다. 십자군전쟁의 세속적인 부수효과로 유럽은 새로운 시대를 맞이하였다. 이전에는 결코 없었던 동방으로 개방하였고 침체된 경제를 되살렸다. (회계)역사학자 리틀튼[10)]이 말한 바와 같이, "예루살렘을 빼앗거나 빼앗기고 다시 빼앗는 것보다 원래 의도와는 무관한 부수적인 결과가 문명에 더 중요하다는 것이 증명되었다."(Littleton, p.17).

역주10) 리틀튼(A. C. Littleton, 1886-1974)은 미국의 저명한 회계학자로 일리노이 대학교(University of Illinois) 교수를 역임하였다. 대표저서로 *Accounting Evolution to 1900*이 있다. 리틀튼은 복식부기의 개발이유를 다음과 같이 추정하고 있다. 그는 어떤 중요한 기술개발을 위해서는 두 가지 환경이 필요하다고 주장하였는데, 첫째는 그 기술개발에 대한 필요성이 있어야 하고, 둘째는 그 필요성을 충족시킬 수단이 있어야 하는데, 복식부기제도를 개발할 필요성과 그 수단을 제공하는 데 7가지 조건이 필요하다고 주장하였다. 필요성은 사유재산, 상업, 신용, 자본이고, 수단은 화폐의 이용, 산술 및 글쓰기 기술(art of writing)이다. 그리고 충분조건으로 십자군전쟁을 말하고 있다. Littleton, A. C.(1933), *Accounting Evolution to 1900*, American Institute Publishing Co., New York, pp.13-21. 김석웅 역(2005), 재무회계이론, 도서출판 대명, pp.68-70을 참조.

이러한 부수적인 결과는 지방귀족과 교회의 지배, 봉건적 사슬 등으로부터 벗어나기 위해 자신의 부 또는 전략적 위치를 사용하는 무역중심지인 북부이탈리아의 도시공국(피사, 베니스, 피렌체, 제노바)에서 먼저 등장하였다.

피사가 1081년 교황에 의해 지방영주로부터 독립을 승인받고 최초로 그 자유를 획득하였다. 베니스는 두 번째였다. 1082년 비잔틴 황제의 금인칙서(Golden Bull)는 노르만인들과의 전투에서 베니스가 지원을 해준 대가로 베니스상인들에게 콘스탄티노플[11] 서쪽의 비잔틴 제국을 면세로 여행할 수 있도록 보장하였다. 황제의 금인칙서는 실제로 황금으로 증명되었다. 즉, 그것이 승인된 지 13년 후, 1차 십자군전쟁으로 지중해 동부가 다시 열렸고, 베니스상인들은 북쪽의 그린란드와 동쪽의 베이징(北京)까지 뻗어나간 수익성 높은 무역제국의 왕이 되었다.

새로운 유형의 이탈리아 상인 여행자 중 한 명은 전설적인 베니스인 마르코 폴로[12]인데, 그는 1271년 자신의 부친 및 삼촌과 함께 고비사막을 건너서 몽고황제 쿠빌라이 칸[13]의 궁전까지 여행하였다. 그의 <u>동방견문록</u>(*Book of Various Experiences*)은 17세기 전 동아시아에 관한 몇 안 되는 직접적인 유럽기록 중 하나인데, 크리스토퍼 콜럼버스[14]와 같은

역주11) 콘스탄노플은 지금의 이스탄불이다.

역주12) 마르코 폴로(Marco Polo, 1254-1324)는 이탈리아의 탐험가로 17세 시절(1271년)에 고향을 떠나 아시아를 탐험하고 1292년 고향에 돌아왔다. 그는 제노바 전쟁 포로시절 1년간 감옥생활을 하면서 아시아 국가 거류시절의 재미있는 이야기를 동료들에게 구술로써 들려주었는데, 이 때 작가 루스티치아노(Rusticiano)가 그의 해박한 발언 및 구술 관련 여행담을 기록한 것이 바로 <u>동방견문록</u>이다. 위키백과에서 인용.

역주13) 쿠빌라이 칸(Kublai Khan, 1215-1294)은 칭기즈 칸의 손자로, 제5대 몽골대칸(재위기간: 1260-1294)이었으며, 중국을 정벌하여 대원제국을 세우고 제1대 황제(재위기간: 1271-1294)가 되었다. 위키백과에서 인용.

역주14) 크리스토퍼 콜럼버스(Christopher Columbus, 1450-1506)은 이탈리아 제노바

탐험가에게 지침서로 이용되었다.

13세기에 널리 여행한 또 다른 이탈리아 상인은 오늘날 피보나치(Fibonacci)로 잘 알려진 레오나르도 다 피사[15]인데, 그는 오늘날 알제리인 바르바리(Barbary) 해안에서 성장하였으며, 그곳에서 그의 부친은 피사 세관에서 근무하였다. 피보나치는 어린 시절을 지방의 시장에서 보냈는데, 그곳에서 그는 아라비아상인이 사업을 하기 위해 이용하는 특별한 숫자표기시스템에 사로잡혔다. 그는 나중에 이렇게 기록하였다. "그곳에서 (숫자표기)기술(art)에 대한 교육의 결과로 내가 인도의 아홉 자리 숫자에 대해 소개받은 후, 다른 무엇보다도 이 기술에 대한 지식은 나에게 매우 매력적이었다"(Fibonacci, p.3). (이집트, 시리아, 그리스, 프로방스에 있는) 지중해의 여러 시장에서 아라비아인이 이용한 숫자는 피보나치가 이전에는 결코 보지 못하였던 더하기・빼기・곱하기와 같은 계산에 적용될 수 있었다. 오늘날 우리 모두가 이용하는 이 간단한 아라비아산술은 그 당시 유럽에는 거의 알려지지 않았다. 그 대신에 글을 쓸 수 있었던 유럽인들은 숫자를 기록하기 위해 로마숫자를 이용하였으며, 더하기와 빼기를 하기 위해 계산판이나 주판을 이용하였다. 가장 단순하게 이것은 모래로 덮인 판(그리스로 *abax*, 따라서 라틴어로 *abacus*)에 자갈(라틴어로 *calces*, 따라서 'calculation')을 깔고 숫자를 세는 용도로 사용되었다.

아라비아상인은 자신들의 숫자시스템을 인도에서 9세기까지 배웠으

출신의 탐험가이고 항해가이다. 유럽에서 대서양을 건너 아메리카로 가는 항로를 개척하였다. 위키백과에서 인용.

역주15) 레오나르도 다 피사(Leonardo da Pisa, 1170-1240)는 이탈리아의 수학자로 피보나치 수에 대한 연구로 유명하다. 유럽에 아라비아 수 체계를 소개하였다. 위키백과에서 인용

며, 이자를 계산하고, 환전하고, 기타 거래문제를 해결하기 위해 수세기 동안 그것을 이용하고 있었다. 피보나치가 (아라비아숫자로 알려진) 이러한 인도-아라비아 숫자를 이탈리아로 가져왔는데, 이탈리아에서 그는 라틴어로 아라비아숫자에 관한 책을 여러 권 집필하였으며, 유명한 수학자가 되었다. 가장 유명한 그의 책, 1202년도 산반서[16)]는 다음과 같이 시작한다. "이들은 인도의 9개 숫자: 9 8 7 6 5 4 3 2 1이다. 이 9개의 숫자와 아라비아어로 제피럼(zephirum)이라고 하는 0(zero)이라는 부호로, 시연되는 바와 같이 어떠한 숫자라도 쓸 수 있다." 산반서에서 피보나치는 새로운 숫자를 설명하였는데, 토끼 모집단의 성장과 같이 그들이 제기한 이론문제와 그들이 해결할 수 있는 실무문제의 예를 제시하였고, 이것이 유명한 '피보나치 수'를 만들었다. 이것은 0과 1로 시작하는 수열인데, 여기서 다음 번의 수는 처음 두 수의 합이며(0, 1, 1, 2, 3, 5, 8, 13, 21 등) 대부분의 생명체의 성장양상에서 발견된다. 산반서는 인도-아라비아 숫자와 산술에 가장 영향력 있는 책이 되었지만, 이 책이 촉구한 수학시스템이 유럽에서 널리 이용되기까지는 300년이 걸렸다.

가장 오래된 것으로 알려진 현존하는 이탈리아 계정은 피보나치의 산반서가 등장한 지 9년 후인 1211년 피렌체은행 원장의 일부이다. 그것은 볼로나에서 온 고객의 차변과 대변을 기록하고 있는데, 주판으로 계산되

역주16) 산반서(*The Book of Calculation*)로 자주 언급되는 *Liber Abaci* (라틴어, 또는 *Liber Abbaci* 로도 표기됨)는 피보나치(Fibonacci)로 알려진 레오나르도 다 피사가 산술에 관해 저술한 역사적인 1202년의 라틴어 필사본이다. 산반서는 인도-아라비아 숫자 체계(Hindu-Arabic numeral system)를 설명하고 현대 '아라비아숫자'(Arabic numerals)의 전신이자 이와 매우 유사한 기호를 사용한 최초의 서양 책 중 하나로 잘 알려져 있다. 상인과 수학자 모두의 응용문제를 보다 효율적으로 처리해 보임으로써 아라비아숫자를 사용한 10진수 시스템(decimal numeral system)의 우수성과 이러한 기호(glyphs)의 이용을 광범위하게 촉진시켰다. 위키백과에서 인용.

었던 화폐금액을 기록하기 위해 로마숫자를 이용한다는 점을 제외하고는 초기단계의 현대원장의 특징을 그대로 보여준다.

대부분의 회계역사가들은 복식부기로 보존된 현존하는 첫 번째 계정은 1300년경으로 거슬러 올라간다는 점에 동의하고 있다. 즉, 피렌체상인인 리니에리 피니 형제 회사의 계정(1296-1305) 그리고 지오바니 파롤피 상사의 계정(1299-1300)이 그것이다. 파롤피 상사의 원장은 회계역사학자 지오프리 리 교수가 설명한 복식부기의 여섯 가지 특징을 보여준다. 첫째, 장부에 다른 사람과의 재무관계를 기록하는 회계실체로서의 소유주 또는 사업동반자 개념. 둘째, 그 기장이 합산될 수 있도록 하나의 화폐단위로 작성된다. 셋째, 그것은 다음과 같은 반대편과 관련 있다. 즉, 현금이나 상품의 실제소유의 증가와 감소, 다른 개인이나 실체에 대한 부채의 증가와 감소, 기업 자체의 자산과 부채의 증가와 감소. 넷째, 자산은 소유자의 지분과 부채의 합계로 표시된다. 다섯째, 이익은 소유자지분의 순증가(그리고 손실은 소유자지분의 순감소)로 이해된다. 여섯째, 손익은 명확하게 정의된 회계기간에 측정된다(Lee, p.85).

인도-아라비아 숫자의 도래 직후에 이탈리아에서 이러한 최초의 복식부기계정이 등장한 것은 놀라운 일이며 1300년경 유럽에서 복식부기가 출현한 것에 대해 일반적으로 주어진 설명에 대한 대안을 제공하는데, 이것은 특히 13세기 피렌체 지역 상업활동의 경이적인 팽창의 결과이었다. 이러한 일반적인 설명은 설득력이 있다. 즉, 가족동맹을 기반으로 하는 독특한 상업조합제도를 통해 조달된 전례 없는 자본의 집중, 각자의 자본불입과 책임을 기록해야 하는 많은 조합원들, 유럽 전역에 걸친 방대한 신용연결망 등으로 성공한 피렌체의 상인은행(원)[17]들은 체계적인 새

역주17) 상인은행(원)은 merchant banker를 번역한 것으로, 영국 특유의 금융기관으

로운 부기방법을 고안하지 않을 수 없었을 것이다. 즉, 더 이상 한 상인의 기억이나 몇 페이지의 일기로는 충분하지 않았던 것이다. 따라서 피렌체의 기록관리인은 계정을 분류·기록·교차확인할 수 있는 계정관리의 유형을 개발하였다. 그리고 무엇보다도 중요한 것은 이익을 계산하는 것인데, 이것으로 그들은 소유하는 것뿐만 아니라 기업이 얼마나 잘 하고 있는가도 볼 수 있었다. 이러한 새로운 사업기록형태가 복식부기이다.

그러나 시기로 보자면 인도나 아라비아, 또는 둘 다에 의해 개발된 일관된 상업시스템의 일부로 새로운 수학과 복식부기가 아시아에서도 함께 진화하였을 가능성도 있다. 복식부기가 이슬람 또는 인도에서 기원하였다는 연구에서 암시적이지만 결정적 증거는 발견되지 않았다. 일부 연구자는 새로운 부기의 기원을 확인하기 위해 피보나치의 산반서와 이슬람 스페인의 이슬람대학교들까지 추적하였다. 다른 연구자들은 (622년 건국된) 초기 이슬람국가의 회계실무가 나중에 북부이탈리아에서 사용된 회계실무와 유사하였고 그 원천이었을 것이라고 주장하기도 하였다.[18)]

그러나 인도상인들이 이 기술을 원래 개발하였다는 주장도 가능할 것이다. 18세기 영국의 여행가 알렉산더 해밀턴[19)]은 "우리가 오래전부터 인도상인(*Banias*)은 복식부기 방법을 가지고 있다는 것을 말하기도 했

로 다양한 금융관계업무를 종합적으로 취급하는 종합금융기업 또는 그 금융기업인을 말한다.

역주18) 복식부기는 이탈리아 상인들의 발명품이 아니라 이탈리아 상인들이 이슬람 세계에서 배워온 것이라는 반론이 제기되었다. 다음을 참조, J. M. Hopson (2004), *The Eastern Origins of Western Civilisation*, Cambridge University Press; 정경옥 옮김(2005), 서구문명은 동양에서 시작되었다. 에코리브, pp.159-165.

역주19) 알렉산더 해밀턴(Alexander Hamilton, 1755-1804)은 영국에서 태어나서 1773년 뉴욕으로 이주하였다. 미국의 법률가이자 정치인, 제정가, 정치사상가이었다. 미국 건국의 아버지 중 한 명으로 꼽히며 1787년 미국 헌법의 제정에 기여하였다. 초대 대통령 조지 워싱턴 정부 시절 재무장관을 역임하였다. 위키백과에서 인용.

다"(*AccountAble*, 2005)라고 적었고, 중세시대 베니스는 '인도 상업의 중심지'라고 언급하였다. 이는 복식부기가 인도로부터 이탈리아로 넘어오는 관문이 베니스이었다는 것을 의미한다. 고대 인도상업실무에 관해 현존하는 문서증거는 별로 없지만, 바히카타(*bahi-khata*)라고 알려진 이 인도의 복식부기시스템을 수천 년 동안 인도상인이 이용하였던 것 같다(Lall Nigam, 1986).

새로운 부기형태는 정확성, 수학, 물리현상의 계량화 등을 강조한 13세기와 14세기 유럽에 등장한 여러 가지 기술혁신 중 하나였다. 이러한 발명품 중에는 시력 교정용 안경, 항해도, 인공원근법을 사용하여 그린 최초의 프레스코화, 최초의 유럽시계 등이 있다. 도심의 시계탑(town clock)은 부유한 유럽 도시에 반드시 필요한 것이 되었으며 이 시계탑이 일상생활을 규제하는 데 사용되기 시작했다. 1335년 4월 프랑스 필리프 6세[20]는 아미앙(Amiens)의 시장과 장로들에게 도시의 노동자들이 아침에 출근하고 점심을 먹고 오후에 일을 끝내는 시간을 종으로 정하고 통제할 수 있는 권한을 주었다. 1370년 샤를 5세[21]는 도시의 모든 시계가 시테 섬[22]에 있는 그의 궁전시계에 맞추도록 법령을 제정하여 파리 전역의 시간을 표준화하려고 시도하였다.

역주20) 프랑스의 필리프 6세(Philip VI of France, 1293-1350)는 프랑스 발루아 왕가의 초대 왕(재위기간: 1328-1350)이다. 앙주 백작, 메르 백작을 겸임하였으며, 재임중인 1337년 잉글랜드와 100년 전쟁이 시작되었다. 위키백과에서 인용.

역주21) 샤를 5세(Charles V., 1338-1380)는 프랑스 발루아 왕가 제3대 국왕(재위기간 1364-1380)이다. 중세 말기의 행정기구 연구가 프랑소와즈 오트랑은 그를 세금의 아버지라고 불렀다. 그는 학문과 예술을 보호하고 건축을 진흥하는 등 프랑스의 번영과 발전에 이바지한 현명한 왕으로 꼽히고 있다. 위키백과에서 인용.

역주22) 시테 섬(Île de la Cité)은 파리 센느 강 중심에 있는 섬을 말한다.

측정에 대한 이러한 열망은 새로운 계층인 상인의 부상으로 더욱 촉발되었다. 중세와 초기 르네상스 유럽에서 상인들의 영향력이 커지면서 사람들이 처음으로 "계산을 생업으로 삼는 사람들의 업무를 구매하고 그들의 특권을 인정해 줌으로써"(Crosby, p.55; 김병화 옮김, p.80) 만족할 수 있는 문명이 탄생하였다. 이러한 새로운 계산자 중 한 사람은 피렌체 근처 프라토(Prato)에서 온 상인 프란체스코 다티니[23]인데, 그는 옷감 제조업자이고, 갑옷, 양모, 밀, 노예의 매매업자였다. 1410년 합법적인 자녀 없이 사망한 다티니는 금화 70,000개의 재산뿐만 아니라 500개 계정장부, 300개 조합증서, 400개 보험증권, 환어음, 수표, 약 150,000통의 편지 등을 프라토에 기증하였다. 사업이 절정에 달했을 때, 다티니는 일년에 (주로 피렌체에서 살면서 일을 하였지만, 프라토에 남아 있는) 아내; 자신의 친구들; 프랑스, 이탈리아, 스페인, 마요르카 등에 있는 자신의 교역사무소; 지중해 전역과 브리스톨에서 흑해에 이르는 유럽 전역에 있는 자신의 대리인 등과 10,000통의 편지를 교환하였다. 두 가지 주제(종교와 사업)가 다티니의 불안한 마음을 사로잡았고 그의 많은 편지에 영향을 주었다. 그리고 그는 자신이 사용한 모든 장부의 서두에 '하나님과 이익의 이름으로' 종교와 사업 두 가지를 모두 기원하였다. 셰익스피어의 베니스의 상인처럼 다티니는 자신의 상품, 선적한 배의 안전, 선원의 건강, 해적의 위협, 역병의 피해에 대해 끊임없이 걱정하였다. 길고 건강하고 풍요로운 삶이 끝나갈 무렵, 다티니는 아내에게 다음과 같이 썼다: "운명은 내가 태어난 날부터 행복한 날을 결코 알 수 없도록 정하였다."

23) 프란체스코 다티니(Franchesco di Marco Datini, 1335-1410)에 관한 설명은 그의 생애와 시대에 관한 이리스 오리고(Iris Origo)의 뛰어난 연구에서 인용하였다. 다음을 참조. Origo(1957: 남종국 옮김, 2009). 역주) 그는 중세 르네상스 시대에 국제적인 상업은행가로 거부이었다.

다티니가 세심하게 보관한 회계장부는 거의 50년에 걸쳐 단식부기에서 복식부기로의 전환을 명확하게 보여준다. 1367년부터 1372년까지 존재하는 그의 원장들은 복식시스템을 이용하지 않았지만, 1386년 이후 그의 원장들은 복식시스템을 이용하고 있었다. 다티니는 새로운 부기유형을 일찍 채택했을 뿐만 아니라 혁신적이었다. 1398년 그와 동업자가 피렌체에 은행을 열었을 때 그들은 유럽에서 막 사용하기 시작한 새로운 지불형태(수표)를 수용하였다. 중세유럽에 새로이 도입된 많은 사업실무처럼, 수표는 이미 아라비아상인들에 의해 오랫동안 이용되고 있었는데, 그들은 우리에게 영어단어 'cheque'(수표)를 주었다. 일찍이 9세기에도 이슬람 상인은 바그다드에 있는 은행에서 발행된 중국수표를 현금으로 바꿀 수 있었다.

다티니도 환어음을 취급하였는데, 이 환어음은 모든 도시가 자체 주화를 주조하던 당시 유럽에서 유통되던 많은 다양한 통화 중 하나인 플로린[24]을 미래 날짜에 교환하기 위한 어음이었다. 이 환어음은 12세기 유럽에 처음 등장하였는데, 곧 강력한 새로운 자금조달수단이 되었다. 다티니 시대에는 고정이율로 대출에 이자를 부과하는 것을 교회가 불법화하였으며, 고리대금으로 간주하였다(대출에 이자를 요구하는 것은 유럽에서 허용되지 않았는데, 1545년 헨리 8세[25]가 영국에서 이를 합법화하였다). 환어음이 인기를 끌게 된 이유는 이익을 얻으면서도 고리대금에 대한 교회의 금지를 피할 수 있기 때문이었다. 역설적으로, 이들의 인기

역주24) 플로린(florins)은 1252년-1533년 사이에 이탈리아에서 사용된 동전이다. wikipedia에서 인용.

역주25) 헨리 8세(Henry VIII, 1491-1547)는 잉글랜드의 국왕이자 아일랜드의 영주이며, 청년시절은 르네상스 군주로 알려져 있다. 1509년 사망할 때까지 아일랜드와 프랑스의 왕위 소유권을 주장하였다. 위키백과에서 인용.

는 신뢰성이 없었는데 환어음은 사실상 환율변동에 대한 도박이었고, 이로부터 이윤(profit)을 창출하는 변화가 너무 불확실하고 불안정하여 교회는 이윤을 이자로 인식하지 못하여 사용을 허용하였다. 그럼에도 불구하고, 일반적으로 은행업과 특히 환어음은 여전히 의심스러운 것으로 간주되었다. 다티니가 은행을 열었을 때 한 친구가 그에게 편지를 보냈다. "잠수부들이 내게 말하길, 프란세스코 디 마르코(다티니)는 환전인이 됨으로써 피렌체에서 가장 위대한 상인으로서의 명성을 잃을 것이다. 그들의 계약에 고리대금업을 하지 않는 사람은 단 한 사람도 없기 때문이다. 나는 당신이 여전히 전과 같이 상인이 되라는 뜻이며, 은행을 운영하면 고리대금을 하는 것이 아니라고 말하면서, 당신의 옹호자가 되었다."

다티니는 14세기 런던에서 콘스탄티노플까지 광대한 무역제국과 신용 연결망을 만든 새로운 유형의 이탈리아 국제 상업은행가 중 한 명이었다. 다음 세기에 이 이탈리아의 국제 상업은행가들, 특히 피렌체의 메디치 가문[26]은 막대한 부를 사용하여, 건축・예술작품・학문을 의뢰하고 르네상스에 효과적으로 자금을 조달하였다. 다티니는 시대를 앞서, 이 새로운 시대의 문턱에 서 있었다. 다티니 시대에는 중세 유럽의 제한적이고 비밀스러운 길드(guild)[27] 시스템이 여전히 무역과 상업을 지배했기

역주26) 메디치가문(Medici)은 13세기부터 17세기까지 이탈리아 피렌체에서 강력한 영향력이 있었던 가문이다. 메디치가는 네 명의 교황(레오 10세, 클레멘스 7세, 비오 4세, 레오 11세)과 피렌체의 통치자를 배출하였다. 그 가운데서도 위대한 로렌초는 르네상스 예술의 후원자로 가장 유명하다. 메디치 가문은 자신들의 권력아래 피렌체를 두었으며, 예술과 인문주의가 융성한 환경으로 만들었다. 그들은 이탈리아 르네상스의 탄생과 발전을 이끌어내는 큰 역할을 하였다. 위키백과에서 인용.

역주27) 길드(guild)는 중세에서 근세에 이르기까지 유럽의 도시를 중심으로 장인이나 상인이 조직한 조합이다. 또한 길드는 사업권 면허를 통해 해당 지역의 생산권이나 상권을 독점하였다. 초기의 길드는 무역상의 동업자 조합 형태였으며 일반적으로 한 도시를 거점으로 단일 품목의 거래를 중재하였

때문이다. 다티니의 계정과 같은 초기 복식계정은 새로운 인도-아라비아 숫자가 아니라 사용할 수 없는 오래된 로마숫자로 유지되었다. 15세기 말에 비로소 인도-아라비아 숫자가 회계기록에 등장하기 시작하였다.

그 효율성과 다재다능함에도 불구하고, 새로운 숫자가 이탈리아에서 수용되는데 300년이나 걸렸다. 로마숫자가 더 우수하고 쉽게 변경할 수 없으며, 추잡한 새로운 동양숫자는 수정하고 위조하기가 용이하다고 생각한 교회와 같은 권력기관과 길드는 새로운 숫자의 이용을 권장하지 않았으며 가끔 불법화하였다. 1299년 피렌체의 환전상 길드(Arte di Cambio)는 인도-아라비아 숫자의 이용을 금지하였다. 메디치 은행은 약 1500년까지 인도-아라비아 숫자를 독단적으로 이용하지 않았으며, 로마숫자를 이용한 마지막 이탈리아 수학책은 1514년 출간되었다. 유럽의 다른 곳에서는 인도-아라비아 숫자의 채택이 더욱 느렸다. 1520년 독일 프라이부르크(Freiburg) 지방 자치단체는 로마숫자나 문자로 작성되지 않은 계정을 법적으로 부채를 증명한 것으로 받아들이기를 거부하였다. 그리고 로마숫자는 17세기에도 스코틀랜드에서 여전히 이용되었다.

그러나, 인도-아라비아 숫자의 이용은 1494년 베니스의 최첨단 부기실무를 성문화한 한 남자에 의해 지지되었다. 1430년대까지 베니스상인들은 부기로 알려지게 된 두 개의 열(columns)에서 복식부기시스템 즉, **베니스식**(*el modo de vinegia*; the Venetian method)을 완성하였다. 놀

다. 이 외에도 직능 조합이나 노동조합, 카르텔, 또는 비밀결사와 같은 형태를 취하기도 하였다. 길드의 설립은 종종군주나 영주 또는 해당 지역의 통치자가 발급한 특허장형태로 사업 허가를 받아 조직되었으며 조합원의 충원, 도제의 고용과 훈련, 생산 도구의 소유와 관리 등에 대한 자치권을 인정받았다. 길드는 부정한 거래를 하다 발각된 회원을 추방할 수 있었다. 통상적으로 길드의 활동은 도시 정부의 규제를 받았다. 지금까지도 유럽의 대도시에는 길드홀이 남아있다. 위키백과에서 인용.

라운 회복력과 가변성을 통해 오늘날 우리에게 전해지며, 몇 세기에 걸쳐 기본적인 사업도구로부터 효율적인 계산기계로 변모한 것이 이 베니스식이다.

이의 성문화와 보존에 책임있는 남자, 세계 최초의 인쇄된 부기논문의 저자는 르네상스의 수학자, 수도사, 마법사, 레오나르도 다 빈치의 영원한 동반자인 루카 바르토로메오 드 파치올리(Luca Bartolomeo de Pacioli)이다. 유럽 전역에 걸친 모든 후속 부기논문의 기원으로서 루카 파치올리의 부기책자는 현대회계의 기원일 뿐만 아니라 중세 베니스식 자체가 우리 시대까지 살아남도록 보장하였다. 그래서 많은 회계사들은 루카 파치올리를 '회계의 아버지'로 명명하였으며, 복식부기의 모든 이야기는 그에게 특별히 주목을 해야 한다. 파치올리의 생애뿐만 아니라 그의 시대도 좀 더 자세히 조사할 가치가 있다. 왜냐하면 그의 시대에 이탈리아는 복식부기 자체의 지속력에 직접적인 영향을 준 수학의 르네상스와 소통 혁명으로 흔들렸기 때문이다.

제 2 장 상인과 수학

파치올리의 업적은 인쇄술, 인도-아라비아 숫자의
대중화, 상업자본주의의 부상 등 세상을 함께 변화시킨
몇 가지 핵심요소가 한데 어우러진 결과물이다.

프랭크 스웨츠[1)]

그 어떤 것도 굳건히 서 있지 않고 고대왕조도 존재하지 않는
변화를 사랑하는 우리 이탈리아에서는
하인이 쉽게 왕이 될 수 있다.

에니아 실비오 피콜로미니(나중에 교황 비오 2세), 1458[2)]

역주1) 이 문장의 출처는 다음과 같다. Swetz, F. J.(1987), *Capitalism and Arithmetic: The new math of the fitteenth century*, Open Court, La Salle, p.281.

역주2) 이 문장의 출처는 다음과 같다. Burchhardt, Jacob(1986, 1999), *The Civilization of the Renaissance in Italy*, Barnes & Noble, New York. p.15. 교황 비오 2세(1405-1464)는 교황이 되기 전에 이름은 에니아 실비오 바르토로메오 피콜로미니이었으며, 1458년 교황에 즉위한 후에, 비오 2세가 되었다. 그는 가톨릭 교회의 수장이며, 교황령의 통치자이었다. 르네상스 시대에 인본주의자이었으며, 교황이 되기 전에 자신의 생애를 라틴어로 작성하여 *Commentaries*의 저자로 유명하였다. 이 책은 1584년 출간되었다. wikipedia에서 인용.

유럽에서 활자가 (1454년) 발명되고, 콘스탄티노플이 (1453년) 오스만 튀르키예에 의해 함락[3]된 지 40년 후인 1494년, 베니스에서 루카 파치올리의 수학백과사전에 "계산과 기록의 상해"(Particulars de computis et scripturis)라는 복식부기논문이 실렸다. 콜럼버스가 아메리카를 (1492년) 발견하고, 바스코 다 가마[4]가 인도로 가는 항로를 (1498년) 발견한 1490년대에도 대학교에서는 수학을 점성술로 가르쳤고, 마녀가 화형에 처해졌다. 그러나 500년이 지난 후에도 그의 복식부기논문은 현대회계의 기초로 남아있으며, 복식부기시스템은 세계 전역에서 여전히 이용되고 있다. 이것은 경이적인 일이다.

루카 파치올리의 어린 시절에 관한 기록은 없다. 우리가 그의 초기 생애에 관해 아는 것이라고는 오늘날 투스카니(Tuscany)라고 하는 산세폴크로의 조그만 시장도시인 그의 탄생지와 1446년인가 1447년인 그의 탄생연도이다. 그가 태어나기 5년 전, 이 도시는 유명한 앙기아리 전투[5]에서 공동의 적인 밀라노를 패배시킨 후 동맹자인 교황에 의해 피렌체에

역주3) 콘스탄티노플(지금의 이스탄불)의 함락은 1453년 5월 29일 동로마 제국의 수도인 콘스탄티노플이 오스만 제국에 의해 함락당해 동로마제국이 역사 속으로 사라진 사건을 말한다. 이 사건으로 이천년이 넘는 세월동안 존재해 왔던 로마제국은 멸망을 고하게 되고, 오스만 제국의 동지중해 및 발칸반도로의 진출과 지배권확보에 중요한 역할을 하게 되었다. 또한 문화적으로 동로마제국의 그리스 고전학 연구학자들이 대거 서유럽으로 망명하고 결국 서유럽의 르네상스를 일으키는 계기가 되었다. 위키백과에서 인용.

역주4) 바스코 다 가마(Vasco da Gama, 1469-1524)는 포르투갈 출신의 탐험가로서 바르톨로메우 디아스가 1488년 희망봉을 발견한 이후 포르투갈의 숙원이던 인도항로를 개척하였다. 위키백과에서 인용.

역주5) 앙기아리 전투(battle of Anghiari)는 1440년 6월 29일 피렌체 공화국이 이끄는 이탈리아 동맹군과 밀라노 공화국의 군인들이 토스카나 주의 작은 마을인 앙기아리에서 집결해서 벌어진 전투이다. 전투는 이탈리아 중부에 대한 피렌체의 지배권을 사수해 내며 피렌체의 승리로 끝이 났다. 위키백과에서 인용.

매각되었다. 이와 관련해서 마키아벨리[6]가 다음과 같이 언급한 바 있다. “교황은 앙기아리에서 승리하였음에도 불구하고 다양한 사업에 필요한 자금이 부족했기 때문에, 총 25,000두카트[7]를 받고 보르고 산세폴크로 성을 피렌체에 매각하였다”(Machiavelli, 1882). 이것은 산세폴크로가 그 당시 이탈리아 전위예술의 중심이었던 피렌체의 영향을 받아 인본주의(고전 그리스와 로마의 이교도문학, 특히 키케로의 작품연구에 초점을 둔 지적 연구)와 혁신적인 원근법 회화라는 새로운 예술의 영향을 받았다는 것을 의미하기 때문에 중요한 의미가 있다.

제1절 산세폴크로

산세폴크로는 지리적으로 이탈리아 심장부에 있으며, 로마의 거의 바로 북쪽에 위치하면서, 피렌체 남동쪽으로 약 80km 떨어진 테베레[8] 계곡 상부의 비옥한 평야에 있다. 산세폴크로라는 지명은 그리스도의 무덤[성묘, 또는 이탈리아어로는 산토 세폴크로(*Santo Sepolcro*)로 알려져 있

역주6) 마키아벨리(Niccolo Machiavelli, 1469-1527)는 르네상스 시대 이탈리아의 사상가, 정치철학자이다. 그는 레오나르도 다 빈치와 함께 르네상스인의 전형으로 알려져 있다. 그의 대표저서로는 군주론, 정략론, 피렌체사 등이 있다. 위키백과에서 인용.

역주7) 두카트(Ducat)는 베니스(베네치아) 공화국에서 처음 만들어져 1284년부터 제1차 세계대전이전까지 유럽각국에 통용된 금화 또는 은화단위를 말한다. 1554년부터 1559년까지 발행된 베네치아두카트는 체키노(Zecchino)라고 불리기도 했다. 시기별로 두카트의 다양한 종류들은 금속 함유량이나 구매력이 달랐다. 그 가운데 베네치아의 두카트 금화는 세계적으로 쓰였다. 위키백과에서 인용.

역주8) 테베레(Tiber)강은 이탈리아에서 세 번째로 긴 강이며, 중부이탈리아에 있다.

다]에 관한 전설에서 유래한 것이다. 전설에 의하면, 10세기말, 두 명의 기독교순례자, 에기디오와 아르카노가 예루살렘 성지의 유물을 가지고, 예루살렘에서 집으로 돌아가고 있었다. 이 둘은 로마에서 테베레 계곡을 통해 북쪽으로 가는 도중, 밤이 되어 잠시 쉬기 위해 멈추었다. 그들은 잠을 자는 동안 꿈 속에서, 야영을 한 곳에 성지에서 가져온 신성한 유물을 보관할 예배당을 지으라는 계시를 받았다. 그들은 그 목소리에 복종하여 예배당을 지어 산토 세폴크로에 헌납하였다. 그곳은 곧 기독교순례자의 명소가 되었으며, 그 후 수년 동안 보르고 산세폴크로라는 마을이 예배당 주변에서 성장하였다. 1012년 원래의 예배당은 수도원으로 교체되었는데 산세폴크로로 알려진 도시에 오늘날에도 여전히 남아있다.

21세기에도 산세폴크로의 오래된 성벽 중심지는 거의 파치올리 시대의 모습이다. 도시 전역에 걸쳐 돌로 포장된 좁은 거리는 격자무늬의 밝은 중앙광장까지 이어지는데 여기서 몇몇 퇴색된 테라코타 건물은 11세기의 것이다. 현대적인 산세폴크로는 구 시가지의 성벽 너머 아펜니노 산맥[9] 기슭과 초록빛 테베레 계곡을 가로질러 뻗어 있다.

파치올리는 그의 탄생지에서 여전히 기억되고 있으며, 루카 파치올리에게 헌정된 거리가 있다. 산 프란세스코 교회 근처 구 시가지의 북쪽 벽 옆에 있는 프라 루카 파치올리 광장에는 수도사의 복장을 하고 책을 펼쳐 들고 있는 수학자의 흰대리석상이 있는데, 이는 그의 가장 위대한 작품인 백과사전, 산술·기하·비·비례총람(*Summa de arithmetica, geometria, proportione et proportionalita*)의 출간 500주년을 기념하고

역주9) 아펜니노산맥(이탈리아어: Appennini, Appennino)은 이탈리아반도를 종단하는 긴 산맥이다. 길이는 약 1,200km, 너비는 약 30-250km이고, 최고봉은 코르노그란데산으로 2,912m이다. 아펜니노산맥은 크게 북부, 중부, 남부의 세 부분으로 구성되어 있다.

있다.[10] 그리고 시립박물관 맞은 편 건물에는 1878년 세워진 명판에 대수학·기하학·복식부기에 대한 그의 업적과 르네상스의 두 거인 레온 바티스타 알베르티[11]와 레오나르도 다 빈치와의 우정을 기리고 있다.

그러나 오늘날 산세폴크로는 또 다른 15세기 위대한 아들의 출생지로 더 유명한데, 그는 파치올리보다 나이가 더 많은 동시대인이고, 화가이며, 수학자인 피에로 델라 프란체스카[12]이다. 피에로의 **부활**(1463년경에 그려진 무덤에서 솟아오르는 그리스도의 프레스코화)은 산세폴크로의 상징이자 관광산업의 주안점이 되었다. 기이한 운명의 소용돌이 속에서 이 도시는 2차 세계대전 중에 이 그림 때문에 살아남을 수 있었다. 1944년 포대 사령관 앤서니 클라크가 지휘하는 영국의 제8군은 산세폴크로 주변에 배치되어 이 도시를 파괴하려고 하였다. 야포 포대가 발사하기 시작하였을 때, 클라크는 '산세폴크로'라는 이름이 그에게 매우 친숙한 이유가 갑자기 생각났다. 그는 몇 년 전에 올더서 헉슬리[13]가 쓴 '최고의 그림'('The Best Picture', 1925)이라는 에세이를 읽었는데, 이

역주10) 파치올리의 흰대리석상을 보려면 다음을 참조.
https://upload.wikimedia.org/wikipedia/commons/thumb/3/3c/Statua-Luca-Pacioli-Sansepolcro.JPG/620px-Statua-Luca-Pacioli-Sansepolcro.JPG

역주11) 레온 바티스타 알베르티(Leon Battista Alberti, 1404-1472)는 르네상스 시대 이탈리아의 위대한 예술가, 건축가, 저술가이다. 상세한 것은 제3장 역주 21)을 참조.

역주12) 피에로 델라 프란체스카(Piero della Francesca, 1415-1492)는 15세기 중·후반 활동한 초기 르네상스시대에 이탈리아 화가, 수학자, 기하학자이다. 그는 수학 특히 기하학을 연구한 초창기 화가 중 한 명이며, 미술사상을 철저하게 연구한 인물이기도 하다. 투시도법을 이론적으로 연구하여 이것을 작품에다 응용하였다. 벽화나 초상화에 우수한 작품을 많이 남겼다. 서양 미술사 교과서에 단골로 등장하는 인물이다. 위키백과에서 인용.

역주13) 올더서 헉슬리(Aldous L. Huxley, 1894-1963)는 영국출신의 작가이다. 그는 소설과 다양한 분야에 걸친 수필로 유명하나, 단편이나 시, 기행문, 각본 등도 집필하였다. 대표소설로는 멋진 신세계가 있다. 위키백과에서 인용.

〈그림1〉 부활(The Resurrection)

작가: Piero della Francesco
제작년도: 1460년대
전시장소: Mueso Civico, Sansepolcro
https://en.wikipedia.org/wiki/The_Resurrection_(Piero_della_Francesco)

에세이는 그가 섬멸하려고 하던 바로 그 마을인 작은 투스칸(Tuscan) 마을에 있는 숭고한 그림을 묘사하고 있었다. 헉슬리는 자신의 에세이에서 산세폴크로를 "벽으로 둘러싸인, 언덕 사이의 넓고 평평한 계곡에 위치한 작은 마을; 연철의 예쁜 발코니가 있는 멋진 몇 개의 르네상스 궁전; 그다지 특이하지 않는 교회, 그리고 마침내, 세계 최고의 그림이 있는 곳"(*ibid.*)으로 묘사하였다. 피에로의 **부활**은 무덤에서 나오는 그리스도를 나타낸 것으로, 가장자리에 단단히 받쳐진 한쪽 다리, 관객을 정면으로 겨냥한 그의 시선, 상처가 난 그의 근육질의 가슴과 출혈, 그리고 잠에서 깨어나지 못한 그의 네 명의 경비원 등으로 되어 있다고 묘사하였다. 헉슬리는 다음과 같이 서술하였다. "우리는 그 아름다움을 파악하는데 상상력이 필요하지 않다. 세계에서 가장 위대한 그림이 온전하고 실제적인 모습으로 우리 앞에 서 있다"(*Ibid.*). 클라크 장군은 헉슬리의 말을 떠올리면서 폭격을 즉시 중단하도록 명령하였다. 이로써 마을과 피에로의 **부활**은 구조되었다. 이후 산세폴크로는 클라크 장군을 기리기 위해 거리를 앤서니 클라크로(the via A. Clarke)라고 이름을 지어서 이 구세주를 영원히 기렸다.

'회계의 아버지'의 탄생지에 걸맞게, 산세폴크로의 기원부터 파치올리의 탄생 10년까지 산세폴크로의 이야기는 일종의 매매에 관한 것이다. 산세폴크로는 처음에는 교회가 통치하였지만, 14세기 말 교황의 조카가 아드리아해 연안의 리미니 지배자(말라테스타 가문[14])에게 산세폴크로를 팔았다. 산세폴크로는 말라테스타 가문의 지배하에 번성하였으며, 테베레 계곡의 풍족한 곳에서 목재, 양모, 비단, 가죽, 푸른 염료로 유명한

역주14) 말라테스타 가문(the Malatesta family)은 1295년부터 1500년까지 이탈리아의 리미니와 로마냐 지역 일대를 통치한 이탈리아의 귀족 가문이다.

청색물감 등을 거래하는 분주한 시장도시가 되었다.

말라테스타 가문의 지배는 다음 세기에 종교개혁을 촉발할 일종의 거래로 끝이 났다. 즉, 1430년 두 명의 사생아인 말라테스타 가문의 아들들은 교황으로부터 자신들의 출생을 합법화하는 서신을 받는 대가로 교황에게 산세폴크로를 주었다. 그 후 10년 동안 이 도시는 새로운 교황 에우제니오 4세[15]와 동맹을 맺은 인근 피렌체 사람들과 함께 공동의 적인 밀라노에 맞서 싸웠다. 이 분쟁은 앙기아리 전투에서 승리하고 산세폴크로가 피렌체의 수중에 넘어오면서 1440년 종식되었다. 새로운 지배자들 덕분에 1440년대 후반 이 도시는 인구가 약 4,300명인 부유한 무역중심지가 되었고(주요한 도시인 우르비노 인근의 인구는 전성기에 6,000명도 채 되지 않았다), 새로 얻은 부를 궁전을 짓고 예술작품을 의뢰하기 위해 주로 피에로 델라 프란체스카에게 사용하였다.

우리가 루카 파치올리에 대해 처음으로 아는 것은 그가 어렸을 때 지역 상인인 폴코 데 벨폴치 가족에게 아마도 견습생으로 인계되고 그곳에서 수학을 접하였을 것이라는 점이다. 회계의 역사에 대한 루카 파치올리의 기여를 완전히 이해하기 위해서는 1453년 콘스탄티노플이 튀르키예에게 함락된 후 이탈리아 수학에서 일어난 심오한 변화를 이해해야 한다.

제2절 수학이야기

15세기 이탈리아 수학은 두 개의 중요한 새로운 요소인 인도-아라비아 산술과 고대 그리스수학을 흡수하였는데, 고대 그리스수학은 처음에는

역주15) 에우제니오 4세(Eugenius IV, 1383-1447)는 제207대 교황이다.

2차 아라비아어 자료를 통해 발견되고, 나중에는 콘스탄티노플이 함락된 후 그리스 원본을 통해 재발견되었다. 15세기에는 기원전 6세기 이후로 분리되었던 두 가지 수학 흐름 즉, 피타고라스[16)]와 그 후계자들의 철학적-사변적 수학과 상인들이 이용하는 상업적 산술이 다시 통합되는 것도 목격되었다. 이러한 두 흐름의 통합은 획기적인 변화를 가져왔다. 그것은 수학의 점진적인 부상에 박차를 가하여 유럽의 공용어로서 라틴어의 궁극적인 쇠락을 초래하였으며, 새로운 시대, 즉 과학의 시대를 열었다.

수학은 이집트 성직자의 암흑술(the dark arts)과 초기 상인의 상업활동에서 탄생한 두 가지 고대 출처에서 비롯되었다. 수학에 관해 처음으로 알려진 저작 중 하나인 이집트 파피루스, <u>모든 어두운 것을 알기 위한 지침</u>(*Directions for Knowing All Dark Things*, 기원전 2000년)의 제목은 난해한 지식과의 연관성과 어둠의 힘에 대한 인식적 접근을 명확하게 전달한다. 이 파피루스는 분수 · 산술 · 기하학을 다루었으며, 성직자를 위한 것이었다. 약 2400년 후 아우구스티누스[17)]가 한 경고에서도 수학과 마법 · 암흑술의 지속적인 연관성을 보여준다. 즉, "선량한 기독교인은 수학과 공허한 예언을 하는 모든 사람을 조심해야 한다. 수학자가 악마

역주16) 피타고라스(Pythagoras, 기원전 570-495)는 이오니아의 그리스 철학자이자, 피타고라스 학파라는 단체의 교주이다. 기원전 6세기 말 피타고라스는 철학에 큰 영향을 끼쳤고 종교 교리를 가르쳤다. 그는 위대한 수학자나 신비주의자, 과학자로서 흔히 추앙받으며, 특히 그의 이름을 딴 유명한 정리인 피타고라스의 정리로 가장 널리 알려져 있다. 위키백과에서 인용.

역주17) 히포의 아우구스티누스(라틴어: Augustinus Hipponensis) 또는 성 히포의 아우렐리우스 아우구스티누스(라틴어: Sanctus Aurelius Augustinus Hipponensis; 354년-430년)는 4세기 북아프리카인 알제리와 이탈리아에서 활동한 기독교 보편교회시기의 신학자이자 성직자, 주교로 개신교, 로마가톨릭교회 등 서방 기독교에서 교부로 존경받는 인물이다. 마르틴 루터와 장 칼뱅과 같은 종교개혁가들에게도 큰 영향을 주었다. wikipedia에서 인용.

와 계약을 맺어 영혼을 어둡게 하고 인간을 지옥의 속박에 가두는 위험이 이미 존재한다"(Swetz, p.284). 앞으로 살펴보는 바와 같이, 수학과 마법의 연관성은 루카 파치올리에 의해 유지되어, 오늘날까지도 지속되고 있다.

고대 그리스 역사학자 헤로도토스[18]에 의하면, (신성하고 사변적인 수학의 한 분야가 될) 기하학은 이집트에서 기원하였으며, 해마다 발생하는 나일강의 범람에 필요한 토지조사와 연관성이 있었다. 따라서 '기하학'(geo-metry)은 '지구'와 '측정'에 해당하는 그리스어에서 유래한다. 한편, 상업적 산술은 초기 지중해의 위대한 상인인 페니키아인이 개발하였다. 그러나 역설적이게도, 수학을 상인의 세속적 욕구를 넘어서서 형이상학의 영역으로 끌어올림으로써 수학을 정화한 사람은 페니키아상인의 아들인 피타고라스이다. 피타고라스와 그의 추종자들은 수학에서 순수지식을 추구하였고, 수학을 적용하여 얻을 수 있는 부를 추구하지 않았다고 자랑하였다. 그래서 피타고라스 이후의 수학은 일상의 기업거래에서 상인이 이용한 계산과 우주의 은밀한 조화를 표현하기 위해 철학자가 이용한 숫자라는 두 개의 큰 흐름으로 분리되었다.

피타고라스학파는 수학을 네 개의 주제 즉, 산술(또는 절대 수), 음악(적용 수), 기하학(정지된 크기), 천문학(움직이는 크기)으로 구분하였으며, 기하학을 모든 교육의 초석으로 간주하였다. 이러한 네 가지 주제는 '4대 교양과목'(quadrivium)으로 알려졌으며, 르네상스 시대까지 유럽에

역주18) 헤로도토스(Herodotus, 기원전 484년-기원전 425년)는 고대 그리스의 역사가이다. 그는 서양문화에서 역사학의 아버지로 여겨진다. 그는 체계 있게 사료를 수집하고 어느 정도 사료의 정확성을 검증하였으며, 잘 짜여지면서도 생생한 줄거리에 따라 사료를 배치한 최초의 역사가로 알려져 있다. 기원전 490년에서 480년-479년까지 이어진 그리스-페르시아 전쟁을 기록한 자신의 저작, 역사를 통해 유명해졌다. 위키백과에서 인용.

서 교양교육의 기초가 되었다. 피타고라스학파는 [파이(π)와 같이] 자연에서 발견한 숫자관계가 우주의 질서와 조화를 설명할 수 있고 어떤 면에서 우주를 구성하는 요소이지, 오늘날 우리가 일반적으로 생각하는 것처럼 그것을 측정하고 서술하는데 이용되는 도구는 아니라고 생각하였다.

우주의 비밀이 숫자에서 발견된다는 사상은 자신의 아카데미 입구에 글("기하학을 모르는 사람은 아무도 내 문에 들어오지 못하게 하라")을 쓴 플라톤[19)]을 비롯한 여러 세대의 고대 그리스 철학자들에게 영향을 주었다. 플라톤은 또한 <u>대화편</u> 중에서 가장 많이 읽히지 않는 <u>티마이오스</u>[20)]에서, 숫자는 창조된 세계의 언어라고 생각하였다. 즉, "조물주가 태양을 만들어서 생물들이 셈하는 방법을 배우게 되었고, 누구나 생각하듯 낮과 밤의 연속이 없었더라면, 수를 생각해내지 못했으리라. 낮과 밤, 달과 해를 보면서, 수에 대한 지식을 창안했으며, 우리에게 시간 개념이 생겨났고, 여기에서 철학이 유래했다"(Russell, 1984, p.157; 서상복 옮김, 2009, p.215). 숫자의 형이상학적 성질에 관한 플라톤의 믿음이 서양의

역주19) 플라톤(Plato, 기원전 424-348)은 다양한 서양 학문에 영향력 있는 그리스의 철학자이자 사상가, 객관적 관념론의 창시자이다. 그는 소크라테스의 제자, 아리스토텔레스의 스승이며, 대학의 원형인 고등교육기관 '아카데메이아'의 교육자이다. 그는 아카데메이아에서 폭넓은 주제를 강의하였으며, 특히 정치학, 윤리학, 형이상학, 인식론 등 많은 철학적 논점에 관해 저술하였다. 플라톤 저술 가운데 가장 중요한 것이 그의 <u>대화편</u>이다. 위키백과에서 인용.

역주20) <u>티마이오스</u>(*Timaeus*)는 기원전 360년경에 쓴 플라톤의 저작이다. 플라톤 저술들은 보통 세 시기로 구분하는데, <u>티마이오스</u>는 그 가운데 세 번째 시기 작품에 해당한다. 소크라테스와 대화상대자들인 티마이오스, 크리티아스, 헤르모크라테스, 그리고 익명의 한 사람 사이 이야기를 대화체로 쓰고 있으며 우주와 인간, 혼과 몸 등에 관해 이야기하고 있다. 박종현 · 김영균(2000) 역주. <u>플라톤의 티마이오스</u>, 서울: 서광사.

철학·신학·수학을 심오하게 하였다. 공성기관이나 나선펌프와 같은 발명품으로 일상의 문제에 수학을 적용한 것으로 유명한 고대의 위대한 수학자인 아르키메데스[21]조차도 "철학자가 과학의 결과를 실용화하려는 것은 바람직하지 않다"(*ibid.*, p.64)고 생각했다.

피타고라스의 연구를 포함하여 고대 그리스수학에 대한 지식은 그리스 수학자 유클리드가 기원전 300년경에 자신의 책 기하학원론(*Elements*)[22]에서 편찬하였는데, 이 책은 고대 그리스에서 표준교과서가 되었으며, 20세기까지 유럽에서 교육의 기초가 되었다. 유클리드 기하학원론은 역사상 가장 성공적인 교과서이었으며, 1900년대에 이르러 사용되지 않을 때까지 성경 다음으로 가장 많이 팔린 책이었다.

로마가 멸망한 후, 그리스 수학은 8세기 샤를마뉴가 세운 대성당과 수도원 학교에 단편적이고 축소된 형태로 남아 있었으며, 이 학교는 문법, 논리학, 수사(학)이라는 '3대 교양과목'과 함께 피타고라스의 (4대 교양과목 중 하나인) 수학을 가르쳤다.[23] 그러나, 가르친 수학은 회계처리, 교

역주21) 아르키메데스(Archimedes, 기원전 287-212)는 고대 그리스의 철학자, 수학자, 천문학자, 물리학자, 공학자이다. 아르키메데스는 고대 시기의 가장 뛰어난 수학자 가운데 한 명으로 평가받고 있다. 수학과 관련된 아르키메데스의 업적으로는 십진법의 도입, 포물선으로 둘러싸인 도형의 넓이 계산, 원주율의 계산과 같은 것들이 있다. 위키백과에서 인용.

역주22) 그리스어로 에우클레이데스라고 하는 유클리드(Euclid)는 고대 그리스의 수학자인데, 그의 책 기하학원론(*Elements*)은 기원전 3세기에 집필한 책으로, 총 13권으로 구성되어 있다. 원래 제목인 그리스어 '스토이케이아(그리스어: Στοιχεῖα)'는 '원소', '구성 요소', '글자' 등을 뜻한다. 흔히 '세계 최초의 수학 교과서'라 일컬어지는 이 책은 기하학 원본이라 불리기도 하며, 에우클레이데스는 여기서 정의 131개와 공리 5개, 공준 5개에만 근거를 두고 465개의 명제 각각을 엄밀하게 증명할 수 있는 방법들을 기록해두었다. 이무현 번역(1997), 유클리드 기하학원론, 교우사.

역주23) 중세기의 학교에서는 7대 교양과목 중에서 산술, 음악, 기하학, 천문학은 상위에 해당하는 4대 교양과목(quadrivium)이고, 문법, 논리학, 수사학은 하위에 해당하는 3대 교양과목(trivium)이다.

회예배를 위한 음악, 토지측량을 위한 기하학, 기독교 축일과 금식 날짜를 계산하기 위한 점성술 등에 필요한 기초적인 수준이었다(*Ibid.*, p.136; 전게서, p.198). 또한 그것은 로마숫자, 주판, 로마의 학자 보이티우스[24]의 그리스 수학(특히 유클리드 기하학) 라틴어 번역을 이용하였다. 중세 유럽의 교육받은 사람에게 알려진 수학은 기독교 교회에 의해 통제된 초보적인 수준이었다.

그러나 아라비아세계에서 수학은 꽃이 피었다. 1200년까지, 아라비아인은 지중해에서 가장 정교한 수학자들이었다. 그들은 '3의 법칙'(the rule of three)을 포함해, 인도숫자 · 대수학 · 산술을 채택해서 발전시켰다. 3의 법칙은 상호 관련되는 세 가지 사실을 통해 해답을 찾는 간단한 방법으로 상업적 산술문제의 대부분을 해결하는데 이용되었다. 예를 들면, "무게가 60파운드, 머리무게가 몸무게의 3/5, 꼬리무게가 머리무게의 1/3인 생선이 있다. 몸무게는 얼마인가?"[25]

가장 위대한 아라비아 수학자 중 한 명은 바그다드의 무함마드 이븐 무사 알콰리즈미[26]이다. 9세기에 그가 저술한 인도식 계산에 따른 덧셈

역주24) 보이티우스(Boethius, 480-524)라고 하는 아니키우스 만리우스 세베리누스 보이티우스는 로마 최후의 저술가 · 역사가 · 철학자이었다. 그리스 고전을 라틴어로 번역하는데 중심인물이었다. 위키백과에서 인용.

25) 이 예는 피에로 델라 프란체스카의 상업적 계산에 관한 논문인 산술론(*Trattato d'abaco,* 1450)에서 인용한 것이다. 역주) 몸무게는 33.3파운드이다.

역주26) 아부 압둘라 무함마드 이븐 무사 알콰리즈미(Muhammad ibn Musa al-Khwarizmi, 780년?~850년?)는 페르시아 바그다드의 수학자로 페르시아 최초의 수학책을 만들었는데, 인도에서 도입된 아라비아 숫자를 이용하여 최초로 사칙연산(덧셈, 뺄셈, 곱셈, 나눗셈)을 만들고 0과 위치값을 사용한 수학자이다. 그는 '대수학의 아버지'로 불리기도 한다. 알고리즘(algorithm)이라는 말은 그의 이름에서 나왔고, 대수학을 뜻하는 영어단어 Algebra(대수학)는 그의 저서 *al-jabr wa'l-muqabala*로부터 기원한다. 그는 아버지로부터 수학을 배웠으며 뛰어난 재능을 보였다. 또한 엄청난 양의 책을 저술하였는데, 그 주제로는 천문학, 수학, 지리학 등이 있다. Wikipedia에서 인용.

과 뺄셈의 책(*Book of Addition and Subtraction According to the Hindu Calculation*)은 인도수학에 대한 가장 오래된 저작이며, 이 책의 12세기 라틴어 번역본은 유럽에서 이 주제에 관한 주요한 문헌 중 하나가 되었다. 알콰리즈미는 대수학에 관한 논문, 회복과 균형의 책(*Kitab al-jabr wa'l-muqabala*)도 저술하였는데, 그 논문은 우리에게 (논문제목의 'al-jabr'에서) 영어단어 'algebra'(대수학)를 제공하였다. 알콰리즈미는 대수학을 전통적으로 더 화려했던 기하학과 동등한 중요성을 지닌 수학의 한 분야로 간주한 최초의 사람이었고, 대수학 분석을 그 자체의 학문으로 확립하였다.

아라비아수학과 그 그리스어 문헌은 12세기에 두 가지 중요한 번역이 이루어진 이슬람 스페인을 통해 서유럽에 최초로 소개되었다. 첫 번째, 유클리드 기하학원론의 번역은 대담한 영국인 수도사, 바스의 아데라드[27)]가 한 것으로, 그는 아라비아를 배우기 위해 스페인을 여행하는 동안 코르도바(Cordova)에 있는 유명한 무어대학(Moorish college)에서 유클리드에 관한 그들의 연구를 발견하였다. 12세기의 두 번째 위대한 수학 번역은 알콰리즈미의 연구에 관한 것으로, 최첨단 이슬람 학문을 찾아 스페인으로 여행한 또 다른 떠돌이 영국인 체스터의 로버트[28)]가 라틴어

역주27) 바스의 아데라드(Adelard of Bath, 1080-1142)는 12세기 영국의 자연철학자이다. 유클리드의 기하학원론(아라비아어판)을 12세기에 라틴어로 번역하였다. 그는 아라비아와 그리스의 과학저작을 아라비아어판에서 라틴어로 번역하여 서구에 소개하였으며, 아라비아숫자를 유럽에 소개한 사람 중 한 명으로 유명하다.

역주28) 체스터의 로버트(Robert of Chester)는 12세기 영국의 아라비아주의자이었다. 그는 역사적으로 중요한 아라비아책을 라틴어로 번역하였다. 1144년 연금술의 구성에 관한 책(*The book of the composition of Alchemy*)은 유럽에서 이용하게 된 첫 번째 연금술에 관한 책이었고, 1145년 알콰리즈미의 대수학에 관한 책(*The Compendious Book on Calculation by Completion and Balancing*)을 번역 소개하였다. Wikipedia에서 인용.

로 번역한 것이다. 로버트의 번역으로 유럽학자에게 인도-아라비아수학가 소개되었다. 그러나, 알다시피, 유럽 사람들은 동양에서 온 새로운 수학을 받아들이는 데 느렸다. 1202년 피보나치[29]의 산반서(*Liber abaci*, 원래의 제목은 알콰리즈미의 논문을 따라 *Algebra et almuchabara*이었다)가 등장하면서, 인도-아라비아 표기법과 대수학의 사용이 교회와 길드의 격렬한 저항으로 모든 지점에서 확인되었는데, 이로써 유럽 전역으로 퍼지기 시작하였다는 것을 알 수 있었다. 산반서가 등장한 13세기에 예언적 철학자 로저 베이컨[30]은 인도-아라비아 수학을 모든 과학을 위한 기초, 대학 교육에의 관건, ('셀 수 있는 능력이 풍부'해야 한다고 그가 생각한) 신학자에 필요한 연구로 촉진하고자 하였을 때, 그는 마법교회에 의해 고발되어 종신형을 선고받았다. 이로부터 400년 후, 르네 데카르트[31]가 유사한 주장을 하고 유럽철학에 혁명을 일으켰다.

학구적인 유럽이 인도-아라비아의 학습을 거부하고 불법화하였지만,

역주29) 레오나르도 피보나치(이탈리아어: Leonardo Fibonacci, 1170년~1240년-1250년), 피사의 레오나르도 또는 레오나르도 피사노(Leonardo da Pisa, Leonardo Pisano)라고도 하는 이탈리아의 수학자로 피보나치 수(첫째 및 둘째 항이 1이며, 그 뒤의 모든 항은 바로 앞 두 항의 합인 수열을 말한다. 1, 1, 2, 3, 5, 8, 13....)에 대한 연구로 유명하다. 그는 유럽에 아라비아의 수 체계를 소개하기도 했다. 위키백과에서 인용.

역주30) 로저 베이컨(Roger Bacon, 1214-1292))은 영국의 철학자 · 자연과학자이다. 경이적 박사(doctor mirabilis)라고 불렸다. 영국 서머싯의 일체스터에서 탄생, 옥스퍼드대학교에서 수학의 중요성을 배우고, 파리대학교에서 경험의 중요성을 배웠다. 귀국 후 프란체스코회 수도사가 되어 옥스퍼드대학교에서 가르쳤으나 의혹과 박해, 이단선고와 투옥 등 곤경을 겪었다. 위키백과에서 인용.

역주31) 르네 데카르트(René Descartes, 1596-1650)는 프랑스의 철학자, 수학자, 과학자, 근대철학의 아버지, 해석기하학의 창시자로 불린다. 그는 합리론의 대표주자이며 본인의 대표 저서 방법서설에서 '나는 생각한다, 고로 존재한다.(Cogito ergo sum)'는 계몽사상의 '자율적이고 합리적인 주체'의 근본 원리를 처음으로 확립한 것으로 유명하다. 위키백과에서 인용.

이탈리아 상인들은 새로운 수학에 관심을 가지고 받아들일 준비가 되어 있었는데, 이 수학은 이탈리아에서 '아바코'(abbaco) 수학으로 알려지게 되었다. 파치올리에 의하면, 아바코는 주판과 거의 관련이 없기 때문에, '**아라비아유형**'(*modo arabico*) 또는 그리스어 단어의 변형에서 파생하였다. 사실상, 주판을 불필요하게 만든 것은 계산방법이었다. 칠판에 계산기(counter)를 사용하여 합계를 계산한 다음 그 결과를 로마 숫자로 기록하여 계산한 흔적을 남기지 않는 기존의 두 부분으로 구성된 시스템 대신, 아바코는 펜으로 종이에 인도-아라비아 숫자를 더하기 · 빼기 · 곱하기 · 나누기 등 오늘날 당연하게 간주되는 것을 가능하게 만들었다. 피보나치의 산반서는 이탈리아 라틴계 수도원학교의 교육시스템을 바꾸었다. 즉, 인도-아라비아의 수학을 배우고, 모국어로 읽고 쓰는 법을 배운 상인의 아들을 위한 아바코 학교[32], 유럽 현지어의 성문화 · 표준화와 학문 언어로서의 라틴어의 종말을 촉진할 혁신을 가져왔다. 1338년까지 피렌체에는 거래을 배우려고 한 11세 이상의 소년을 위한 아바코 학교가 6개 있었다(소녀들은 학교에 거의 다니지 않았다)(Swetz, *op. cit.*, p.283). 이러한 학교를 통해서 이탈리아사람은 유럽에서 가장 잘 교육받은 사람이 되었다.

이 어린 상인들의 교사를 '아바시스트'(abbacist)라고 하였는데, 많은 교사들은 피보나치의 라틴어 산반서에 수록된 문제와 해답에 근거해서 그들 자신의 고유한 교재를 집필하였다. 루카 파치올리 시대의 이 중요하고도 영향력 있는 수학적 전통은 1290년에서 1600년 사이에 작성된

역주32) 아바코 학교(abbacco school)는 상인이나 그의 조수들을 위한 학교로 상업학교라 할 수 있다. 다음을 참조. Grendler, P. F.(1989), *Schooling in Renaissance Italy: Literacy and Learning, 1300-1600*, Johns Hopkins Press, Baltimore, pp.22-23, 306-323.

약 288개의 아바코 사본과 대부분 대수학을 다룬 153개의 인쇄된 아바코 논문이 1960년대 이탈리아 고문헌에서 발견되면서 역사가에게 비로소 알려지게 되었다. 수세기에 걸쳐 이 논문들은 이탈리아 남학생들에게 인도-아라비아의 표기법을 소개하고, 덧셈 · 뺄셈 · 곱셈 · 나눗셈에 대한 규칙을 제공하였다. 뿐만 아니라, 대부분 3의 법칙을 이용하면서 할인 · 동업자분할 · 물물교환 · 환전 등과 같은 일반적인 상업문제를 해결하기 위한 일반 규칙을 포함하고 있으며, 그렇게 하면서 성직자 · 학자 · 귀족의 특권층을 넘어 수학을 일반사람에게도 보편화하였다. 무엇보다도 먼저 아바코 수학은 문화혁명을 촉발하였다. 원근법의 수학을 가능하게 함으로써 15세기 이탈리아의 예술 · 조각 · 건축을 변형시켰고, 자연을 관념화하기 보다는 자연을 수학적으로 관찰 · 측정하는데 주안점을 두어 궁극적으로 과학의 혁명을 일으켰다.

유럽대학교의 드문 분위기 속에서 1100년경 파리 · 볼로냐 · 살레르노 · 옥스퍼드 · 케임브리지에서 등장하기 시작한 아바코 수학은 여러 세대의 이탈리아 상인과 장인이 상업역학과 물질세계를 이해하는 방식을 변경시키고 있었지만, 수학 기술은 대부분 허구로 간주되었다. 수학은 부활절과 기타 기독교축제를 기념하기 위한 날짜를 정하기 위해 하늘의 위치와 같은 것들을 계산하는 데 유용한 정보를 제공할 수 있었지만, 그 이상을 제공하지는 않았다. 아바코 전통과는 완전히 대조적으로, 대학수학은 일상생활에 이용하기 위한 언어로 간주되지 않았다. 그 당시의 수학은 '점성술'로 가르쳐졌으며(1510년대까지도 파치올리는 교황 레오 10세[33])에게 '점성술사'로 불리었고, 1598년에는 피사의 수학교수가 점성

역주33) 교황 레오 10세(Pope Leo X, 1475-1521)은 제217대 교황(재위: 1513-1521)이다. 본명은 조반니 디 로렌초 데 메디치(Giovanni di Lorenzo de' Medici)으로 유명한 메디치 가문 출신이다. 재위 중에 성 베드로 대성전의 건축 기

술을 강의해야 했다.) 1400년경에 와서야 수학은 매우 느리게 독립적인 대학학문이 되기 시작하여 그 자체를 위해 그리고 물리세계에 더 광범위하게 적용하기 위해 연구되었다. 그리고 1500년대 중반이 되어서야 페라라(Ferrara)를 제외한 이탈리아의 모든 대학교에서 점성술이라는 이름이 '수학'으로 바뀌었다.

제3절 루카 파치올리의 교육

그렇다면 '회계의 아버지'는 이탈리아 수학과 교육의 이 분할된 흐름에서 어디에 속하는가? 파치올리는 아이들에게 읽기 · 쓰기 · 문법을 가르치기 위해 마을에서 설립해서 비용을 지불한 지역공동학교에 다녔을 것이며, 이 학교는 14세기 말에 이미 잘 설립되어 있었다. 매년 6세에서 15세까지 약 100명의 아이들이 산세폴크로 공동학교에 다녔는데, 이 학교는 마을생활의 질서를 유지하고, 특히 아이들을 관리하는데 중요한 역할을 빠르게 맡았다. 이것은 1392년 11월 20일자 편지에 분명하게 나타난다. 이 편지에서 마을 사람들('산세폴로크로 지역의 모든 사람')은 통치자 말라테스타 영주에게 다음과 같이 호소하였다. "저희에게는 항상 관례적으로 매년 42플로인의 급여를 영주전하의 재정관리를 통해 받는 훌륭하고도 충분한 자격있는 외국문법대가가 있었습니다."(Banker, p.63). 그러나 가장 최근의 문법대가는 적절한 급여를 받지 못해 떠났습니다. "이로 인하여 저희 아이들과 어린애들은 스스로에 대한 자존감이 낮아지

금을 마련하기 위하여 '면죄부'(대사) 판매를 승인했으며, 이로 인하여 마틴 루터가 95개조 반박문을 게시하여 1517년 종교개혁이 촉발되었다. 위키백과에서 인용.

고 불량하게 되었습니다. 문법대가가 있는 것이 지역의 공동체에 얼마나 유용한가; 그리고 문법대가가 없는 것이 얼마나 해롭고 결함이 있는 일인가를 저희의 위대한 영주에게 명확하고 분명하게 말하고자 합니다."

피렌체가 산세폴크로를 인수한 후 산세폴크로의 학생으로서 파치올리는 피렌체의 인본주의뿐만 아니라 보이티우스의 4대 교양과목 및 3대 교양과목에 기초한 오래된 중세 스콜라주의[34]의 잔재를 배웠을 것이다. 산세폴크로 대가나 아바코 학교에 관한 기록은 남아 있지 않지만, 파치올리가 소년시절에 폴코 데 벨폴치와의 도제생활을 통해 그 마을에서 어떤 수학을 배울 수 있었든 간에, 아마도 그것은 그가 평생을 그것의 연구에 바치도록 영감을 주기에 충분하였을 것이다. 여기서 그는 수학적 계산을 동시에 수행하고 기록하는 새롭고도 민첩한 표기법인 인도-아라비아 숫자도 접하였을 것이다. 그리고 그는 갑자기 할 수 있게 된 표현의 순수한 힘과 마법에 틀림없이 충격을 받았을 것이다.

불과 500년 전만 해도 대부분의 유럽인에게는 이해할 수 없었던 인도-아라비아 수학이 오늘날 우리에게는 너무나 '정상적'인 것처럼 보여서(우

역주34) 스콜라주의(영어: Scholasticism)에서 스콜라는 고대 그리스어에서 '여유'라는 뜻을 가진 스콜레(σχολη)를 라틴어로 (schola) 소리 나는 대로 적은 낱말로서 오늘날 '학파'라는 뜻으로 이해되고 있으며, 특히 9세기에서 15세기에 걸쳐서 유럽의 정신세계를 지배하였던 신학에 바탕을 둔 철학적 사상을 일컫는 데 쓰이고 있다. 때문에 철학사에서는 이 시기의 철학을 통틀어서 흔히 스콜라주의라 부르고 있다. 스콜라 철학은 기독교의 신학에 바탕을 두기 때문에 일반 철학이 추구하는 진리 탐구와 인식의 문제를 신앙과 결부시켜 생각하였으며, 인간이 지닌 이성 역시 신의 계시 혹은 전능 아래에서 이해하였다. 가령 스콜라 철학에서는 신의 존재 문제를 애써 다루었는데, 여기서 스콜라의 철학자들은 이 문제를 단순히 물질적 혹은 추상적인 방법론으로 관찰 또는 연구하지 않고 언제나 기독교의 신앙에 따라 해결하고자 노력하였다. 이와 같은 노력의 산물 혹은 수단으로서 스콜라의 철학자들은 아리스토텔레스의 전통 아래 광범위하게 논리학을 발전시킨 것으로 평가되고 있다.

리의 문명은 이 수학에 의존하고 있다), 우리는 그것을 규범으로 확립하고, 현실에 대한 우리의 수학적, 양적 접근방법을 산출하는데 필요했던 혁명의 거대함을 망각한다. 파치올리는 중세로마로부터 인도-아라비아어와 그리스어의 융합까지, 그리고 15세기 생활의 모든 영역 특히 21세기 가장 유명한 두 영역인 르네상스의 회화와 건축에 적용되는, 이탈리아 수학변형의 초기 수십 년 동안을 살았다. 1430년대 브루넬레스키[35]의 유명한 산타 마리아 델 피오레 대성당[36]의 돔을 가능하게 한 것이 아바코 수학이었는데, 이 성당은 거의 600년 후인 오늘날에도 여전히 피렌체의 스카이라인을 지배하고 있다. 그리고 산세폴크로는 그 당시 새로운 수학의 가장 위대한 주장자 중 한 명인 피에로 델라 프란체스카의 고향이었다. 당대에 수학자로서의 천재성과 화가로서의 재능으로 잘 알려진 피에로는 수학에 관한 세 편의 논문[아바코논문인 산술론(*Trattato d'abaco*), 회화에 수학을 적용하는 것에 관한 원근법회화론(*De prospectiva pingendi*), 모든 시각적 외관을 플라톤의 5가지 주요한 3차원 기하학적 도형, 즉, 신성한 완전성과 질서를 상징하는 것으로 여겨지는 플라톤의 다면체[37]로 환원하려는 시도인 오정다면체론(*Libellus de*

역주35) 필리포 브루넬레스키(Filippo Brunelleschi, 1377-1446)는 이탈리아 르네상스 시대 대표적인 건축가의 한 명. wikipedia에서 인용.

역주36) 피렌체 대성당(Duomo di Firenze)이라고도 하는데, 1296년 기공하고 1436년 완공하였다. 정식 명칭은 "꽃의 성모 마리아"라는 뜻의 산타 마리아 델 피오레 대성당(Cattediale di Santa Maria del Fiore)이다. 브루넬레스키가 설계한 돔으로 유명하며, 실외는 하얀색으로 윤곽선을 두른 초록색과 분홍색의 대리석 판으로 마감되어 있다. 위키백과에서 인용.

역주37) 정다면체(正多面體, Platonic solid) 또는 플라톤의 다면체는 볼록 다면체중에서 모든 면이 합동인 정다각형으로 이루어져 있으며, 각 꼭짓점에서 만나는 면의 개수가 같은 도형을 말한다. 무수히 많이 존재할 수 있는 정다각형과는 다르게 정다면체는 정사면체, 정육면제, 정팔면제, 정십이면체, 정이십면체의 5종류만이 존재한다. 위키백과에서 인용.

quinque corporibus regularibus)]을 저술하였다. 갓 탄생한 인쇄시대에 전형적인 것처럼, 그의 논문은 결코 인쇄형태로 출판되지 않았고, 피에로의 친구인 우르비노 공작[38]의 도서관에 원고로 보관되어 있었다.

피에로는 오랫동안 파치올리의 교사로 간주되었지만, 최근의 학계는 그가 파치올리에게 수학을 가르친 것뿐만 아니라 심지어 그가 교사이었다는 어떠한 기록도 발견하지 못하였다. 어쨌든, 파치올리가 1464년 산 세폴크로를 떠나 베니스로 가서 아바코 교사가 되기 전, 그는 학생으로서 직접적으로 또는 마을문화에 대한 피에로 델라 프란체스카의 영향을 통해 간접적으로 피에로의 가르침을 흡수하였다. 나중에 파치올리의 많은 연구는 피에로의 논문에 기초하였으며, 그 일부를 그대로 재현하였다. 그가 때때로 인정하는 것처럼, "그리고 저는 이 논문에서 우리가 잘 이해하는 이 주제에 관해 매우 귀중한 개요를 이미 준비한 우리 동포이자 동시대 그의 분야의 대가인 권위있는 페트로 드 프란체스키[39]의 문헌을 통해서 원근법에 관한 충분한 지식을 제공할 것을 약속합니다......" (Taylor, p.28). 그리고 이러한 이유로 두 사람의 이름이 1550년 출판된 지오르지오 바사리[40]의 <u>르네상스 미술가평전</u>을 시작으로 역사연표에 영

역주38) 우르비노 공작(the Duke of Urbino)은 메디치가의 로렌조 디 피에로(Lorenzo di Piero de'Medici, 1492-1519)를 의미하는데, 그는 1516년부터 1519년까지 피렌체공국의 통치자이었다.

역주39) 여기서 페트로 드 프란체스키(Petro de Franceschi)는 피에로 델라 프란체스카를 의미한다.

역주40) 지오르지오 바사리(Giorgio Vasari, 1511-1574)는 메디치가의 후원 아래 다양한 프레스코화를 제작한 이탈리아 르네상스 시대의 화가이며, 우피치궁 설계 등을 맡았던 건축가였다. 평생 왕성한 활동을 통하여 많은 작품을 남겼으나 정작 그의 이름이 후대에게 잘 알려지게 된 것은 1550년 그가 출간한 <u>르네상스 미술가평전</u>(이근배 역, 2018, 한길사)이라는 책 때문이다. 그는 이 책을 통하여 르네상스 시대에 활동하던 예술가들의 전기를 쓴 덕분에 미술사학자로 더 유명하다. 그의 저서는 세계 최초의 본격적인 미술사

원히 남게 되었다. 바사리는 자신의 르네상스 미술가평전의 한 장(chapter)을 피에로 델라 프란체스카에게 헌정하였으며, 두 번째 문단에서만 루카 파치올리 수도사를 '프라 루카 델 보르고'(Fra Luca del Borgo)로 언급하였다. 바사리는 깃펜을 여러 번 쳐서 다음과 같이 기록하면서 그 두 사람을 영원히 함께 묶었다.

> (자기가 알고 있는 모든 지식은 스승인 피에로부터 배웠으니) 마땅히 스승의 영예와 명성을 높이는 데 힘써야 할 어떤 자가 사악하게도 자기 은사인 피에로의 명성을 말소해 버리고 스승에게 돌아갈 명예를 가로채서, 그 어진 늙은이의 노고와 업적을 모두 자기의 이름인 보르고 태생 프라 루카(Fra Luca)라는 이름으로 출판했다. 그 노인은 위에 말한 지식 이외에도 탁월한 화가였다(Vasari, 1998, p.163; 이근배 옮김, 2018, p.831).

바사리는 계속해서 피에로를 칭찬하고 파치올리를 비난하였다. 피에로 저서들의 내용은 "매우 우수해서 당시 최고 기하학자로서 명성에 부응하고도 남았지만"(전게서, p.849) 그의 제자인 파치올리가 그것들을 자신의 작품으로 하였다고 바사리는 주장하였다(전게서, p.844를 참조). 파치올리가 피에로의 제자라는 소문을 내기 시작한 것이 바사리이었다.

(史)로 르네상스 예술을 이야기할 때 결코 빼놓을 수 없는 중요한 자료라는 평가를 받고 있다. 이 때문에 바사리를 "미술사학의 아버지"라고 평가하는 이들도 있다. 위키백과에서 인용.

파치올리에 관한 최초이자 유일한 단행본 전기인 테일러[41)]의 저서, 왕도는 없다: 루카 파치올리와 그의 시대는 바사리의 이야기를 상세히 다루고 있다. 테일러에 의하면, "도서관에서 오랫동안 잠자고 있던 수학을 꺼내어, 수학을 실행하고 일상생활에 사용하려는 욕망을 파치올리에게 일깨운 사람"(*ibid.*, p.163)은 피에로이었다. 두 사람의 관계에 대해 역사가들이 제시한 증거 중 하나는 피에로가 현재 밀라노에 있는 신비한 몬테펠트로 제단화, 우르비노의 페데리코 다 몬테펠트로[42)]가 의뢰한 **성모자상**[43)]에 파치올리의 초상화를 포함시켰다는 것이다(Yamey, 1989, p.130). 여기서 파치올리는 오른쪽에서 두 번째 성인인 도미니코회 성 베드로 순교자로 나타나 있다. 그의 특징적이고 독특한 머리상처는 여전히 피를 흘리고 있다(성 베드로 순교자는 1252년 두 명의 베니스인이 고용한 암살자에 의해 머리를 맞아 사망하였다). 이것이 파치올리의 초상화라는 것은 널리 인정되고 있는 그럴듯한 견해로, 이탈리아 역사가가 처음 제안하였고, 공상의 나래를 펼치지 않는 엄격한 경제사학자인

역주41) 테일러(Taylor, R. Emmett, 1889-1956)는 미국의 회계학자. 1942년 간행된 파치올리의 전기인 *No Royal Road: Lua Pacioli and his times*가 대표저술이다.

역주42) 우르비노의 페데리코 다 몬테펠트로(Federico da Montefeltro of Urbino, 1422-1482)는 이탈리아 르네상스 시대에 가장 성공적인 용병 대장 중 한 사람이었다. 1444년부터 사망할 때까지 우르비노의 군주로 군림하였고, 우르비노의 군주들 중에서 지적인 휴머니스트이자 무예와 영예에서도 가장 뛰어났다는 평가를 받는다. 그는 바티칸 다음으로 이탈리아에서 가장 큰 도서관건설을 의뢰하였고, 우르비노 공작 저택인 두칼레 궁전에서 대규모의 인문주의자 모임을 조직하였다. 위키백과에서 인용.

역주43) 그림의 중앙에는 성모 마리아가 왕좌에 앉아 있고, 잠자는 아기 예수가 있다. 성모의 주위에는 왼쪽부터 세례자 성 요한, 성 베르나르도, 돌로 가슴을 치는 성 제롬, 상흔을 보이고 있는 상 프란시스, 머리에 상처가 있는 성 베드로 순교자, 전도사 성 요한, 이들 뒤에는 4명의 대천사가 있고, 앞에는 무릎을 꿇은 군사령관의 복장을 한 페데리코 다 몬테펠트로가 있다.

〈그림2〉 성모자상[Madonna and Child with Saints, Angels and Federico da Montefeltro(San Bernardino Altarpiece)]

작가: Piero della Francesca,

제작년도: 1472년

전시장소: Piriacolea di Brera, Milan

https://en.wkikipedia.org/wiki/Brera_Mado

바실 야미[44)]가 주장한 바 있다(*Ibid.*, p.133). 이 초상화에 나타난 성 베드로 순교자의 얼굴은 파치올리의 유일한 공식 초상화와 매우 흡사하다. 즉, 둘 다 같은 검은 머리, 두건이 달린 눈, 얇은 입술과 강하고 튀어나온 턱을 가진 입을 가지고 있다.

그러나 파치올리 삶의 궤적에서 분명한 것은 그가 화가 젠틸레 벨리니[45)], 조반니 벨리니[46)], 산드로 보티첼리[47)], 도메니코 기를란다요[48)], 피에트로 페루지노[49)], 레오나르도 다 빈치 등을 비롯한 당대 최고의 예술가들 특

역주44) 바실 야미(Basil Yamey, 1919-2020)는 남아프리카공화국 태생의 경제학자이자 회계역사가이었다. 그는 영국 London School of Economics에서 경제학과 회계학 교수를 역임하였다. 그는 복식부기가 근대 자본주의 등장의 중요한 자극요소 또는 전제조건이라는 베르너 좀바르트의 주장을 거부하였다. 다음을 참조, Yamey(1949), "Scientific bookkeeping and the rise of captialism", *The Economic History Review*, 1(2/3), pp.99-113. 그리고 회계역사에 대한 관심을 예술에 접목하여 *Art and Accounting*(1989)이라는 저서를 출간하기도 하였다.

역주45) 젠틸레 벨리니(Gentile Bellini, 1429-1507)는 유명한 화가 야코포 벨리니의 맏아들이며, 1474년부터 베니스 총독의 공식 초상화가이었고, 베니스의 귀족들의 초상화를 많이 그렸다. 마호메트 2세와 그 신하들의 초상을 그리기 위해 콘스탄티노플에 가서(1479-1481), 크게 명성을 떨쳤다. 위키백과에서 인용.

역주46) 조반니 벨리니(Giovanni Bellini, 1430-1516)는 베니스의 역사장면과 도제의 초상화로 유명하다. 위키백과에서 인용.

역주47) 산드로 보티첼리(Sandro Botticelli, 1445-1510)는 르네상스 시대의 유명한 화가. 그는 풍경과 육체의 미 등 감각적이고 관능적인 것보다는 정신적이고 지성적인 것, 그리고 형이하학적인 물질보다는 사상과 감정의 표현을 나타내고자 하였다. 그의 작품으로는 비너스의 탄생, 아펠레스의 중상, 수태고지, 신비스런 탄생 등이 있다. 위키백과에서 인용.

역주48) 도메니코 기를란다요(Domenico Ghirlandaio, 1449-1494)는 피렌체의 생활과 풍속을 나타내고자 하였다. 그곳의 산타 마리아 노벨라 성당 내에 그린 성모전 연작의 일부인 성모 마리아의 탄생의 장면은 명확히 당시의 귀인의 산실을 찾아보는 귀부인의 일행을 묘사하고 있다. 피렌체의 생활과 풍속을 웅변으로 설명하였다. 위키백과에서 인용.

역주49) 피에트로 페루지노(Pietro Perugino, 1445-1523)는 1481년 보티첼리, 기를란디요, 로셀리 등과 함께 로마의 시스티나 예배당의 벽화를 제작한 한 사람

히 저명하거나 영향력 있는 사람들과 관계를 발전시키는데 재능이 있었다는 것이다. 그래서 그가 산세폴크로에서 피에로를 찾았을 가능성이 있다. 그러나 파치올리는 자신의 작품에서 피에로를 동료로 여러 번 언급하였지만, 결코 그를 스승으로 부르지 않았으며, 1492년 피에로가 사망한 후 우르비노 도서관에서 피에로의 수학을 접하였을 가능성이 더 크다. 그들의 관계가 어떠하든간에, 피에로와 그의 수학은 파치올리의 삶과 연구의 중심이었다. 그리고 파치올리가 수학을 어떻게 배웠는가에 관계없이, 젊은 파치올리는 15세기 유럽의 뉴욕인 베니스에서 자신의 재산을 모으기 위해 출발할 때, 아바코 수학에 대한 지식으로 무장하고 있었다.

이다. 시스티나 예배당에 그린 **교회의 열쇠를 받는 성 베드로**는 호평을 받았으며, 라파엘로는 페루지노의 제자가 되었다. 1495년 제작한 **피에타**는 관상과 정감에 넘친 비극이 담겨져 있다. 위키백과에서 인용.

제3장

루카 파치올리: 산세폴크로에서 유명인사로

거장 루카에게서 기초부터 곱셈을 배운다......

레오나르도 다 빈치, "해야 할 일"의 목록, 1495[1)]

우리는 호메로스와 같은 시인, 데모스테네스와 같은 웅변가,

아리스토텔레스와 같은 철학자를 알고 있지만,

무엇보다도 모든 이탈리아 세계는 산술학을 복원한

형제(루카 파치올리)를 아는 것이 옳다고 생각한다.

크레모나의 다니엘 카에타니, 1509[2)]

역주1) 이 문장은 레오나르도가 1495년 작성한 노트북 중에 있는 문장이다. 이 글의 전체 문장은 다음과 같다. "Find a master of hydraulics and get him to tell you how to repair a lock, canal and mill in the Lombard manner." "Draw Milan." "Learn multiplication from the root from Maestro Luca." wikipedia에서 인용. 레오나르도 디 세르 피에로 다 빈치(Leonardo di ser Piero da Vinci, 1452-1519)는 이탈리아의 르네상스를 대표하는 석학이다. 화가(대표작 **모나리자**), 조각가, 발명가, 건축가, 해부학자, 지리학자, 음악가였다. 2007년도 11월에 네이처(*Nature*)지가 선정한 인류역사를 바꾼 10명의 천재 중에 가장 창의적인 인물 1위에 레오나르도 다 빈치가 차지했다. 위키백과에서 인용.

역주2) 크레모나의 다니엘 카에타니(Daniele Caetani of Cremona, 1461-1528)는 이탈리아의 크레모나(Cremona)에서 태어나 언어학교수, 문인 등으로 활약하다가 전염병으로 성 프란체스코 수녀원에 안장되었다. wikipedia에서 인용.

루카 파치올리는 19살인 1464년, 조그만 시장마을 산세폴크로를 떠나 방랑자와 무법자들이 판치는 폐허가 된 로마도로를 따라 유럽에서 가장 크고 국제적 도시 중 하나인 베니스를 향해 동쪽으로 여행을 떠났다. 작가 얀 모리스[3)]는 베니스의 변덕스러운 환경을 잘 그려내었다. 즉, "섬으로 점점이 흩어져 있고 진흙 둑과 반쯤 잠긴 들판으로 막힌 이 축축한 땅은 좁은 물가에 의해 바다로부터 보호받는다. 이 아름다운 황무지가 베니스 석호이다"(Morris, 1993, p.244). 석호와 대운하가 만나는 지역을 관장하는 곳은 과거 베니스 공화국의 권력 중심지인 두 칼레 궁전[4)]인데, 이 궁전은 동양과 서양의 융합건축물로 러스킨[5)]이 세계의 중심건물이라고 서술한 바 있다. 대운하를 따라 더 가면 파치올리 시대의 월스트리트인 리알토[6)](Rialto)가 있다. 여기에 12세기 유럽 최초의 국영은행이 문을 열었다. 이후 300년 동안 리알토는 영국에서 이집트까지의 국제환전을 지배하였다. 13세기 후반, 베니스의 **두카토**(*ducato*, 두카트 또는 '공국의 주화')는 피렌체의 **피오리노**[7)](*fiorino*)를 대신하여 세계 전역에서 무역의 화폐표준이 되었다. 1472년, 베니스 원로원이 "우리 영토의 돈은 이 공화국의 힘, 아니 심지어 영혼이다"(Lane · Mueller, 1985, p.xiii)라고 선언할 때 그 중요성을 입증하였다. 두카트는 무엇보다도 더 보호를 받았고, 이

역주3) 얀 모리스(Jan Morris, 1926-2020)는 역사가, 작가, 여행작가이다. 옥스퍼드, 베니스, 홍콩, 뉴욕시 등의 초상화로 유명하다. 위키백과에서 인용.

역주4) 두 칼레 궁전(Doge's Palace). 베니스에 있는 고딕양식의 건물, 북부이탈리아에서 가장 유명한 건물이다. 위키백과에서 인용.

역주5) 존 러스킨(John Ruskin, 1819-1900)은 빅토리아 시대 영국의 중요한 예술 평론가이자 후원자, 소묘화가, 수채화가, 저명한 사회운동가이자 독지가이었다. 그는 지질학부터 건축, 신화, 조류학, 문학, 교육, 원예와 경제학에 이르는 다양한 주제의 글을 썼다. 위키백과에서 인용.

역주6) 베니스의 중심지역이름.

역주7) 피오리노는 1252에서 1533까지 주조된 이탈리아의 표준적인 금화. 다음을 참조. https://www.fiorino.us/about-franco/why-fiorino

를 위반해서 잡힌 사람은 엄중한 처벌을 받았다. 즉, 두카트를 훼손한 사람은 오른손을 잘랐고, 주화위조로 잡힌 사람은 눈을 멀게 하고, 여자는 코를 잘랐다.

10대의 파치올리가 처음 본 베니스는 웅장하고 여전히 상업적으로 우위를 점하고 있었다. 1460년대까지 베니스 인구는 약 150,000명으로, 파리, 나폴리 다음으로 대륙에서 세 번째로 큰 도시였다. 1453년 오스만 튀르키예가 주요한 교역중심지인 콘스탄티노플을 비교적 최근에 정복하였음에도 불구하고, 베니스는 지중해를 여전히 지배하고 있었다. 이탈리아의 다른 도시국가와는 달리, 베니스는 상업의 요구를 교회의 지배보다 더 중요하게 여겼다. 튀르키예가 콘스탄티노플을 함락한 지 1년 후, 베니스공화국은 그리스도교 국가들의 적인 오스만 제국[8)]과 평화조약을 체결하고 평소처럼, 즉 수많은 충돌에 휘말리지 않은 상태에서 사업을 계속하였다. 이교도와의 금지된 거래로 인해, 15세기 베니스는 교황의 분노를 받았고 파문도 여러 번 당하였다.

실용주의는 베니스의 지도원칙이었으며, 엄청난 부와 권력을 가져왔다. 베니스가 상업적으로 두각을 나타내기 시작한 것은 비잔틴 제국과의 유리한 교역조건에 기초한 9세기이었다. 즉, 당시에는 음식을 보관할 수 있는 능력 때문에 금보다 더 선호되는 상품인 소금의 독점; 그리고 파도의 지배. 베니스와 바다의 관계는 생존에 필수적이었기 때문에 매년 성대한 결혼식이 거행되었다. 997년부터 800년 동안, 베니스 시는 통치자인 총독[9)]의 이름으로 아드리아해와 결혼하였다. 즉, 매년 승천 대축일[10)]

역주8) 오스만 제국(튀르키예 제국, 오스만 튀르키예, 또는 튀르키예)은 14세기부터 20세기 초까지 유럽 동남부, 서아시아, 북아프리카 대부분을 통치하던 광대한 제국이다. 위키백과에서 인용.

역주9) 중세시대 베니스, 제노바의 통치자를 총독(Doge)이라고 하였다.

에 총독은 결혼예복을 입고 석호를 건너 아드리아해 입구까지 항해하여 다이아몬드 반지를 소금기 가득한 심해에 던지며 맹세하였다. "오 바다여, 우리의 참되고 영원한 지배의 표시로 그대와 결혼하노라"(*Ibid.*, p.287).

베니스의 힘은 상업적 이점과 정치적 실용주의를 지닌 영적 의식의 이음새 없는 결속 위에 세워졌다. 석호에서 배가 난파되었다고 전해지는 베니스의 통치하는 복음전도사 성 마르코[11]의 이야기조차도 사실은 속임수와 상업적 기회주의의 이야기이다. 828년 알렉산드리아의 한 교회에서 두 명의 베니스상인이 성 마르코의 미라를 훔쳐서 새 궁전의 총독에게 바쳤고, 이후 성 마르코는 원래의 거의 잊혀진 성 테오도르(Theodore)를 대신하여, 베니스의 수호성인이 되었다. 테오도르보다 더 뛰어난 성인인 성 마르코의 납치는 도시의 독립성과 영향력이 커진다는 것을 의미한다. 그 통치는 1203년 88세의 총독 엔리코 단돌로[12]가 평화롭게 성지로 향하는 순례자그룹을 우회시켜 베니스를 위해 콘스탄티노플을 정복하도록 속였을 때 더 확장되었다. 그들은 현재 산마르코(San Marco) 박물관에 있는 네 마리의 청동 말을 포함하여 비잔틴 시대의 보물을 가지고 돌아왔다. 따라서 베니스 해양제국과 막대한 부의 토대가 놓여졌다.

베니스는 1453년까지 콘스탄티노플의 상업무역을 통제하였다. 콘스탄

역주10) 승천 대축일(Ascension Day)은 예수가 부활한 날인 부활절(Easter)로부터 40일째 되는 날.

역주11) 마르코(Mark, 성경에서는 마가, 서기 12-68년)는 기독교 최초의 복음서로 알려진 '마르코의 복음서'의 저자이자, 초대 알렉산드리아 총대주교로 여겨지는 인물로 로마 가톨릭교회와 동방 정교회에서 공경하는 성인이다. 위키백과에서 인용.

역주12) 엔리코 단돌로(Enrico Dandolo, 1107-1205), 1192년부터 1205년까지 베니스의 총독.

티노플이 함락되기 전, 콘스탄티노플에 기반을 둔 베니스상인 야코모 바도어[13]의 바쁜 삶이 그의 장부에 보존되어 있는데, 이는 도시 전체가 파괴된 상태에서 살아남은 유일한 상업문서이다.[14] 프라토의 프란체스코 다티니[15] 장부가 14세기 최첨단 상업실무인 것처럼, 혁신적인 바도어는 15세기 베니스 기업가의 본보기이다. 1436년에서 1439년까지 완전히 새로운 인도-아라비아 숫자로 작성된 바도어의 장부는 베니스의 상업생활과 레반트[16]의 분주한 상업활동에 관한 귀중한 기록이다.

바도어는 유럽과 아시아의 무역로가 만나는 콘스탄티노플에서 3년 이상 상업활동에 종사하며, 그 자신과 베니스상인의 대리인으로서 무역을 한 귀족이었다. 콘스탄티노플의 번화한 시장에서 그는 향신료·향·가죽·양모·노예를 구입하여 그의 형제가 베니스 시장에서 판매할 수 있도록 베니스로 배송하였다. 11월과 6월의 첫 2주 동안은 바도어가 항상 가장 바쁜 시기였는데, 그 이유는 상인들이 크리스마스 때와 7월에 베니스로 돌아와 정기적으로 상품을 판매해야 한다는 베니스 원로원의 규정에 따라 그의 선단이 이탈리아로 돌아갈 준비를 하는 시기였기 때문이다.

역주13) 야코모 바도어(Jachomo Badorer, 1403-1442)는 베니스귀족의 상인으로 콘스탄티노플에서 무역하면서 3년 이상(1436. 9. 2.-1440. 2. 26.)을 보냈다. 그의 거래장부는 1453년 튀르키예에 의해 콘스탄티노플이 함락된 후, 완전하게 살아남은 유일한 기록이기 때문에 중요하다. 이 장부의 가치는 15세기 전반에 거래, 재무, 회계실무의 원천으로서 독특하다. 다음의 문헌을 참고, Peragallo, E.(1983), "Development of the Compound Entry in the 15th century ledger of Jacomo Badoer, A Venetian Merchant", *The Accounting Review*, 58(1), pp.98-104.

14) 이 설명은 다음 논문에서 인용하였다. Peragallo(1977, pp.881-892).

역주15) 프라토의 프란체스코 다티니(Francesco Datini of Prato)에 관해서는 다음을 참조. Origio, I.(1957), *The Merchant of Prato: Francesco di Marco Datini*, Janathan Cape, London; 남종국 옮김(2009), 프라토의 중세상인: 이탈리아 상인 프란체스코 다티니가 남긴 유산, 앨피.

역주16) 레반트(the Levant)는 동부 지중해 및 그 섬과 연안제국을 의미한다.

바도어는 비잔틴 시장의 힘든 일상에서 벗어나기 위해, 인근 해안에 있는 제노바 식민지인 페라(Pera) 교외의 별장을 임대하였다.

베니스 무역은 원로원의 통제를 철저하게 받았으며, 바도어가 콘스탄티노플에 가져간 네 척의 갤리선은 무장되었고 아마도 전함도 동반하였을 것이다. 자연재해와 '튀르키예의 위험'을 포함한 바다여행의 위험 때문에 바도어 시대에 새로운 산업이자 그가 모험을 시작한 산업인 해상보험이 발달하였다. 바도어는 (위험요소에 따라) 3%~19%의 보험료를 부과하면서, 3년 동안 단 한번의 보험손실만 입었는데, 이는 베니스 해군이 상인들을 보호했다는 증거이다.

바도어는 콘스탄티노플에 도착하면, 첫 주에 상품을 내리고 베니스에서 가져온 환어음을 나눠주면서 보냈다. 환어음과 은행이체는 르네상스 사업가들의 두 개의 신용수단이었는데, 그들의 이익에 매우 잘 부합하였다. 하나는 다른 도시에 거주하는 상인 간의 자금이체를 처리하였고 다른 하나는 현지 시장내에서 자금이체를 처리하였다. 환어음은 르네상스 금융에서 널리 사용되었다. 그것의 주요 목적은 금이나 다른 귀중한 자산을 운송하는 데 따르는 위험 없이 거주 상인과 외국 대리인 사이에 자금을 이체할 수 있게 하는 것이었다. 그것은 차입수단으로도 사용되었다. 바도어는 이러한 어음을 발행하는 데 1%의 수수료를 부과했으며, 고리대금에 대한 교회의 반대 때문에 르네상스 금융에서 흔히 볼 수 있는 것처럼 이자지급을 위장하려고 시도하지 않았다.

공식적인 교회정책에도 불구하고, 베니스인의 금리에 대한 태도는 오늘날 우리의 태도와 더 가까웠다. 즉, 그들은 이자가 시장에서 결정되고 공개적으로 실행되는 한, 자금을 이자로 빌리는 것이 합법적이라고 생각했다. 만약 금리가 약 5%~8%로 합리적이라면, 베니스 법원은 계약금징수를 집행하였을 것이다. 바도어는 자신의 환어음을 결제하기 위해, 리알토(Rialto)와 같은 방식으로 은행업무가 조직된 콘스탄티노플의 현지 은행가들에게 최소 4개의 계좌를 개설하였다. 은행의 일차적인 기능은 돈을 빌려주는 것이 아니라 예금자의 자금을 이체하는 것이었는데, 예금자는 다른 도시에 있는 채권자들의 계좌로 자금이체를 승인하기 위해 개인적으로 자신을 드러내었다.

가장 중요한 것은 바도어가 복식부기시스템이 부정확함(예를 들면, 그의 원장은 균형이 정확하게 맞지 않다)에도 불구하고 본질적으로 이 시스템을 이용하여 자신의 장부를 보관하였다는 것이다. 주로 매출채권과 매입채무를 기록한 그의 원장은 왼쪽 페이지에 차변, 그 맞은 편 페이지에 대변을 보여주고 있는데, 이는 베니스 복식부기의 특징이었고 오늘날에도 여전히 이용되고 있는 두 개의 열을 가진 시스템이다. 그러나 오늘날의 회계사와는 달리, 바도어는 가치평가문제에는 관심이 없었다. 즉, 그는 시장가치를 이용하여 원가로 상품의 취득을 기록하거나 시장에서 화폐로 거래가 이루어지지 않을 때(물물교환이 여전히 일반적이었을 때), 추정된 화폐가치로 기록하였다. 그도 사업의 건전성을 정상적으로 평가할 수 있도록 순이익을 기록하기 위해 손익계정을 이용하였다. 초기 원장의 많은 경우처럼, 바도어 원장의 기장은 단락형식이었으며, 오른쪽 여백에는 비잔틴 화폐로 표시된 대략적인 화폐가치의 열(column)이 있었다. 바도어가 비잔틴 화폐를 이용함으로써 베니스의 두카트(ducats)와 튀르키예의 **아스페리**(*asperi*) 사이의 지속적인 환전과 리알토에서 결정된 변동환율을 이용한 계산이 수반되었다. 이 귀중한 정보는 베니스와의 정기적인 서신을 통해 그에게 전달되었다. 리알토의 분주한 환율시장은 국제교역의 중심지인 베니스에서 매일 실시된 많은 환전에 정기적인 최신환율을 제공하였다.

베니스상인들이 크게 성공하게 되자, 14세기까지 무역상들은 유럽을 가로질러 리알토로 여행을 하고, 자신의 아들들을 보내어 상업 기술, 특히 아바코 산술, 환전, 그들의 유명한 부기시스템에 관한 전문기술을 배웠다. 독일에서 엄청나게 많은 상인들이 도착하여, 이들을 수용하기 위해 폰다코 데이 테데치(Fondaco dei Tedeschi) 또는 독일인 교역소로 알려진 5층짜리 복합단지가 리알토 근처에 건설되었다. 그래서 아바코 수학에 재능있는 루카 파치올리같은 야심찬 청년이 베니스에서 부를 추구하는 것은 당연하였다.

파치올리가 1460년대 베니스에 도착하였을 때, 베니스의 막대한 부는 퇴폐의 수렁에 빠졌고, 운하의 악취는 향·향수·향신료로 위장되었으며, 주민들은 말라리아, 전염병, 만연한 권태에 시달렸다. 당시의 유명한 베니스 의사는 주민의 건강이 좋지 않은 이유를 성적 과잉, 탐식, 좌식생활, 급격한 온도변화 때문이라고 할 정도였다. 산마르코 성가대는 유럽 전역에 알려졌고 음악이 거리를 가득 메웠다. 오늘날 우리가 알고 있는 악단이 유행하게 되었고 열정적인 춤이 일반적이었다. 산마르코 광장은 총독 궁전에 비잔틴 양식의 입구를 최근에 추가하여 새롭게 바뀌었다. 이는 그리스도교국과 동방 사이의 주요 세력으로서의 베니스의 위치를 선포하고, 오스만 제국이 지중해 동부에 대한 베니스의 지배권을 점차적으로 위협함에 따라 주의를 분산시키기 위한 것이었다. 보수공사에는 베니스 예술가 젠틸레 벨리니가 맡은 궁전의 대회의실에 있는 22개 프레스코 벽화[17]를 점진적으로 다시 칠하는 작업이 포함되었다. 이후 10년(1479년) 동안, 그가 이 작업을 중단한 것은 시대의 징후를 나타낸다.

역주17) 갓 깔아놓은 석회석에 벽화를 그리는 기법이다. wikipedia에서 인용.

즉, 그 해에 총독은 베니스와 오스만 제국 사이의 평화조약조건의 일환으로 오스만 제국 술탄 메흐메드 2세[18]에게 젠틸레를 2년 동안 보냈다.

10대인 파치올리는 베니스로 여행하여 부유한 모피상인 안토니오 데 롬피아시 경의 세 아들 가정교사 겸 아바코 교사로서 자리를 잡았으며, 베니스가 제공하는 모든 기회를 포착하였다. 그는 수학공부를 계속하였으며, 베니스 본토 남쪽 섬인 주데카(Giudecca)에 기반을 둔 롬피아시의 대리인으로 일하는 귀중한 상업적 경험을 하였다. 주데카는 원래 추방장소로, 이후 유대인이 최초로 정착한 곳(따라서 그 이름)이었지만, 15세기에 이르러 세련되고 인기있는 베니스 지역이 되었다. 20년 후인 1487년, 파치올리는 페루자(Perugia)에서 자신의 위대한 수학백과사전을 집필하면서, 롬피아시와 그의 아들들을 애틋하게 기억하였다. 파치올리는 1470년 세 형제에게 헌정된 자신의 최초 저술(지금은 분실)인 아바코 교재를 언급하면서, "모범적인 제자들인 주데카 가문의 프란체스코, 파올로, 바르톨로 세 형제는 베니스의 훌륭한 상인인 안토니오 데 롬피아시 경의 아들이며, 나는 부성애와 형제애로 가득한 그들의 집에서 안식처를 찾았다"(Taylor, *op. cit.*, p.49)고 썼다.

파치올리는 주데카 가문의 가족과 함께 살았으며 그의 일차적인 의무는 롬피아시의 10대 아들에게 가족기업을 위해 산술과 부기를 가르치는 것이었다. 또한 그는 수학・천문학・신학・자연철학을 배우고자 하는 유럽 전역의 학생들이 모여들었던 1408년 설립된 학교인 리알토 학교[19]

역주18) 메흐메드 2세(Mehmed bin Murad II, 1432-1481)는 오스만 제국의 제7대 술탄이며, 처음으로 카이사르와 칼리프의 칭호를 쓴 인물이다. 1444년부터 1446년까지 짧은 기간 통치하다가 퇴위되고 1451년부터 다시 즉위하여 1481년 죽을 때까지 집권하였다. 그는 젊은 나이에 콘스탄티노폴리스를 함락하고 동로마 제국을 멸망시켰으며 오스만 제국의 판도를 대폭으로 넓혀 '정복자'란 별명으로 불렸다. 위키백과에서 인용.

에 입학하여 수학연구에서 베니스의 명성을 이용하였으며, 그곳에서 파치올리는 베니스의 수학 대중 독자[20](public reader) 도메니코 브라가디노 밑에서 공부하였다. 1433년부터 시작된 관행에서 베니스의 공식적인 교수와 강사에게 국가가 (주택임대료와 사업이익에 부과되는 세금으로부터) 높은 급여를 지급하였기 때문에, 그곳에서는 학문적 자리에 대한 수요가 높았다. 베니스는 또한 대수학을 공개강의한 최초의 이탈리아 도시이었으며, 파치올리 자신도 40년 후에 수학강의를 하기 위해 리알토 학교로 돌아갔다. 파치올리는 롬피아시의 해운사업 대리인 역할을 하면서, 아드리아해 전역을 여행하였는데, 아마도 멀리 그리스와 성지까지 여행하였을 것이다.

제1절 레온 바티스타 알베르티와 영원한 도시

가장 중요한 것은 파치올리가 롬피아시와 함께 일하는 동안, 1470년 레온 바티스타 알베르티[21]와 함께 로마로 여행을 하기 위해 베니스를

역주19) 리알토 학교(The Scuola di Rialto)는 15세기와 17세기 사이에 베니스의 학습문화센터이었다. 아리스토텔레스철학과 자연철학의 연구를 중심으로 설립된 장소이었지만, 시간의 경과에 따라 전통적인 모든 예술분야와 신학의 교육으로 나아갔다.
https://link.springer.com/referenceworkentyr/10.1007/978...

역주20) 중세시대에 일반대중에게 큰 소리로 책을 읽어주는 사람.

역주21) 레온 바티스타 알베르티(Leon Battista Alberti, 1404-1472)는 이탈리아 초기 르네상스의 철학자이자 건축가이다. 전공 분야는 법학, 고전학, 수학, 희곡, 시학이며, 또 회화나 조각에 있어서는 창작뿐만 아니라 이론의 구축에도 기여하였다. 음악과 운동경기에도 뛰어났고, 제자리에서 사람 키를 뛰어 넘었다고 전해진다. 교황 에우제니오 4세 밑에서 고대 건축을 연구하였으며, 1450년 건축론 10권을 저술하여 건축가로서의 경험과 미학적인 원리

떠날 때 가지고 간 귀중한 기술인 베니스식 부기와 롬피아시의 업무를 배웠다는 것이다. 파치올리가 위대한 피렌체 인본주의자 알베르티와 어떻게 만났는가를 역사는 말하지 않지만, 알베르티는 이제 파치올리의 신뢰할 수 있는 멘토이자 영원한 도시(로마)의 내부 성소에 대한 안내자가 되었다.

그 당시 로마는 인구 60,000명이 안 되는 폐허의 도시이었으며, 외곽 교외가 자연상태로 돌아간 작은 지방도시였다. 그러나 로마는 그 당시 유럽에서 가장 강력한 기관인 교회의 중심지였다. 그리고 교회관리인으로서 알베르티(1471년 그는 교황청의 비서이었다)는 교황 바오로 2세(Pope Paul II), 그의 후계자 식스토 4세(Sixtus IV)[22], 식스토 4세의 조카 줄리아노 델라 로베레[23](나중에 파치올리의 후원자가 되었다) 등을 포함해서 교회를 통치한 사람들에게 파치올리를 소개할 수 있는 지위에 있었

를 세웠다. 그의 이론은 옛 고전의 아름다움을 찾아내는 것을 출발점으로 하였는데, 그의 설계는 후에 바로크 건축에 큰 영향을 주었다. 그의 설계에 의해 지어진 건축물로는 밀라노의 산프란체스코 성당과 피렌체의 산타 마리아 노베를라 성당 등이 있다. 저서로 건축론(1450), 회화론(1435) 등이 있다. 위키백과에서 인용. 그에 관해서는 Vasari(1998)에 잘 소개되어 있다.

역주22) 교황 식스토 4세(Pope Sixtus IV, 1414-1484)는 제212대 교황(재위: 1471년 8월 9일-1484년 8월 12일)이다. 본명은 프란체스코 델라 로베레(이탈리아어: Francesco della Rovere)이다. 그의 대표적인 업적으로는 시스티나 예배당을 세우고 바티칸 도서관을 확장하는 등 학문과 예술을 장려함으로써 로마가 초기 르네상스 시대에 들어서게 한 것을 들 수 있다. 또한 그는 스페인 종교 재판을 허용하고, 콘스탄츠 공의회의 교령들을 무효화하였다. 위키백과에서 인용.

역주23) 줄리아노 델라 로베레(Giuliano della Rovere, 1443-1513)는 1503년에 제216대 교황이 된 교황 율리오 2세의 본명이다. 기독교 역사가들에 의해 '무서운 교황' 또는 '전사 교황'이라는 별명이 있으며, 재위기간 동안 활발한 대외 정책과 더불어 성 베드로 대성전의 신축 등 야심적인 대규모 건축 공사를 추진하였으며, 미켈란젤로에게 시스티나 예배당의 천장화를 그릴 것을 지시하는 등 예술에 대한 애호가로도 유명하다. 위키백과에서 인용.

다. (르네상스 후원시스템은 예술가뿐만 아니라 세속적 성공을 갈망하는 모든 사람에게 필수적인 사회경제적 관계의 주요한 망(web)의 하나를 형성하였다. 파치올리는 평생 동안 재정적 지원, 보호, 호의를 베풀고, 유력 인사 연결망에 접근할 수 있게 해 준 후원자들이 있어서 운이 좋았다.)

역사가 야코프 부르크하르트[24]는 알베르티를 최초의 만능천재라고 불렀고, 그는 신체와 정신 모두의 천재였다. 알베르티는 지적으로 훌륭하고 신체적으로도 아름답고 뛰어난 운동선수였다. 1438년경 3인칭으로 쓴 자서전에 의하면, 그는 "서 있는 사람을 발이 묶인 채로 뛰어 넘을 수 있었다. 대성당(피렌체의 산타 마리아 델 피오레 대성당)에서 동전을 멀리 던져 둥근 천장에 부딪히게도 하고", "야생마를 길들이고 등산하는 것을 즐겼다". 그러한 자기 칭찬이 르네상스 시대에는 일반적이었고, 알베르티의 근거는 충분하였다. 수학의 기량이 뛰어나고, 예술 · 건축 · 일상생활에 수학을 적용하는데 열정적으로 헌신한 대표적인 인본주의 사상가인 그는 또한 (1450년대에 유럽에서 발명된) 인쇄기와 현지어로 글 쓰는 것의 엄청난 잠재력을 최초로 이해한 사람 중 한 사람이었는데, 그 이해를 파치올리에게 전달하였다. 알베르티는 원근법 수학을 최초로 공식화하여 화가들이 작품에서 자연스러운 깊이감을 표현할 수 있는 방법, 즉 평면에 3차원의 인상을 전달할 수 있는 방법을 설명하였다. 1435년 그는 자신의 방법을 라틴어로 *De pictura*(회화론)를 출간하였는데, 이것은 회화론에 관한 첫 번째 논문이었다. (이것은 다음 해 현지어로 출간되

역주24) 야코프 크리스토프 부르크하르트(Jacob Christoph Burckhardt, 1818-1897)는 스위스 태생으로, 스위스의 미술사와 문화사를 연구한 역사가로서 중요한 업적을 남긴 인물이다. 그는 문화사의 중요한 선구자의 한 사람으로 인정받고 있다. 대표적인 저작은 이탈리아 르네상스의 문화(*Die Kultur der Renaissance in Italien*, 1860; 이기숙 옮김, 2003, 한길사)이다. 위키백과에서 인용.

었다.) 파치올리가 가르친 원근법 회화라는 새로운 방법을 레오나르도 다 빈치와 피에로 델라 프란체스카가 채택하여 이탈리아 미술에 혁명을 일으켰다.

알베르티는 근본적으로 중세사상에서 벗어나, 물질적 부를 가치있게 여겼다. 그는 유럽에서 새롭게 등장한 화폐에 대한 존경심을 표시하였으며, 자신의 시대를 화폐가 부족하고, 농민이 대다수이며, 물물교환이 주요한 교환방식이고, 사람들은 주로 자급자족해서 살았고, 부가 구원의 장애물로 간주되던 시대인 중세시대와 구별하여 특징지었다. 1430년대 알베르티는 돈은 "모든 사물의 뿌리이다"; "돈을 가지면 시내의 집이나 시골의 저택을 가질 수 있고, 모든 길드 장인들이 그를 위해 노고를 아끼지 않고 일하게 할 수 있다. 돈을 가지고 있지 않은 사람은 아무것도 가지고 있지 않은 것이다. 그 어떤 목적을 위해서도 돈을 가지고 있어야 한다"(Braudel, p.579; 주경철 옮김, p.831)라고 썼다. 역사가 페르낭 브로델[25)]이 주장한 바와 같이, 알베르티의 글에서 새로운 무엇인가가 유럽인의 의식에 들어왔는데, 그것은 돈에 대한 찬미와 함께 근검절약과 시간가치에 대한 관심, 즉, "젊은 시절에 좋은 모든 부르조아 원칙"(*ibid.*; 전게시)이었다. 르네상스 시대의 부에 대한 근본석으로 새로운 이러한 태도는 우리가 거의 예술적 개화만을 축하하는 오늘날에는 좀처럼 기억되지

역주25) 페르낭 브로델(Fernand Braudel, 1902-1985)은 프랑스의 역사학자이다. 그는 경제학, 인류학, 지리학과 같은 다른 분야의 효과를 고려한 연구로, 지구의 역사에 관한 20세기의 연구에 혁명을 일으켰다. 그는 사회과학에서 꼼꼼한 사학적 분석에 집중하였던 아날학파의 저명한 회원이다. 그의 저서로는 *La Méditerranée et le monde méditerranéen à l'époque de Philippe II*. Paris: Armand Colin, 1949, 1966; 주경철 외 번역(2017). 지중해: 펠리페 2세 시대의 지중해 세계, 까치. *Civilisation matérielle, économie et capitalisme*, Paris: Armand Colin, 1979; 주경철 옮김(1996), 물질문명과 자본주의, 까치. 등이 있다. 위키백과에서 인용.

않는다.

이미 수학백과사전을 계획하고 있던 파치올리는 바티칸 도서관에서 일할 것이라는 희망으로 로마에 매력을 느꼈다. 알베르티의 지도로 교황 니콜라오 5세[26)]가 1455년까지 건축한 바티칸 도서관은 유럽에서 가장 많은 필사본을 소장하고 있었는데, 2년 전 콘스탄티노플의 함락으로 더 크게 강화되어 그리스 학자와 필사본 특히, 고대 그리스의 과학・수학과 같은 연구가 이탈리아로 유입되었다. 그 결과, 1470년대 파치올리는 그리스・아라비아 수학 텍스트 대부분에 접근할 수 있었는데, 이 텍스트들은 로마・피렌체・베니스・밀라노・우르비노의 유명한 르네상스 도서관들에서 이탈리아 학자들이 처음으로 이용할 수 있었다.

제2절 순회 수학자

1472년 알베르티가 죽었을 때, 파치올리는 로마를 떠나서 배움과 그리스학문의 또 다른 중심지인 나폴리로 향하였다. 그는 나폴리에서 2년 후 페루자로 떠나기 전에 상인과 아바코 교사로서의 일을 발견하였으며, 그리하여 순회 교사로서 생활을 시작하였다. 파치올리는 인도-아라비아 수학의 순회하는 영업사원이 되었으며, 처음에는 아바코 전문가로서 나중에는 대학에서 수학교수로서 가르치면서, 이탈리아 전역을 떠돌며 여생을 보냈다.

이탈리아는 그 당시 일련의 전쟁 중인 도시국가이었기 때문에, 그러한

역주26) 교황 니콜라오 5세(Pope Nicholas V., 1397-1455)는 제208대 교황이다. 위키백과에서 인용.

광범위한 여행은 교회의 보호를 받지 않는 한 위험하였다. 수도자들은 교회의 허락을 받고서야 방해받지 않고 여행을 할 수 있었고, 거의 모든 곳에서 숙소를 찾을 수 있었다. 아마도 이러한 이유와 교회가 제공한 경력 기회 때문에, 파치올리는 로마를 떠난 직후에 프란체스코 수도사의 서약을 하였다. 1475년 그는 자신의 새 후원자 줄리아노 델라 로베레와 당시의 교황(식스토 4세)이 모두 소속되어 산세폴크로에 영향력이 있었던 콘벤투알 프란체스코회[27]에 가입하였다. 수도회는 가장 자유로운 프란체스코회이었으며, 수도회 때문에 파치올리는 수학을 가르치고 평신도만큼 많은 자유를 가지고 시골을 여행할 수 있었다. 그리고 그의 수학적 성취와 교회의 강력한 친구들 덕분에 파치올리는 형제애의 여러 규칙, 특히 재산소유권에 관한 규칙에서 특별 면제를 받았다(그가 남긴 유언에 의하면, 파치올리는 부유한 사람으로 사망하였다).

페루자에서 파치올리는 그의 위대한 연구, <u>산술·기하·비·비례총람</u>에 착수하였는데, 이것은 그가 물려받은 세 가지 주요한 수학전통 즉, 중세유럽수학, 아라비아수학, 콘스탄티노플에서 유럽에 최근에 건너온 고대 그리스수학 등 당시 유럽에 알려진 모든 수학을 종합한 최초의 백과사전이었다. 그는 생계를 유지하기 위해 아바코 교사로 일하였다. 페루자 시의회는 파치올리를 처음에는 아바코 산술 공개 강사, 나중에는 기하학 공개 강사로 임명하였다. 그는 다양한 이탈리아 방언과 외국어를 구사하는 약 150명의 학생들에게 라틴어로 수업을 하였다.

1477년 12월 파치올리는 제자들을 위한 세 권의 비간행 아바코 교재 중에서 두 번째(유일하게 현존하는) 교재인 <u>페루자의 학생을 위한 수학</u>

역주27) 꼰벤뚜알 프란체스코회(Conventual Franciscans)는 꼰벤뚜알 작은형제회라고도 하는데, 1209년 아사시의 성 프란체스코가 설립한 프란체스코회의 지파인 로마가톨릭교회의 수도회이다. 위키백과에서 인용.

논문에 대한 연구를 시작하여 다음 해 4월에 완성하였다. 그 교재에는 파치올리가 무단으로 다른 곳에서 복사한 상업관세에 관한 부분이 포함되어 있다. 이것은 바사리가 제기한 것 같은, 총람(*Summa*)에서 그의 차용과 이후의 표절혐의를 보게 되는 유익한 맥락을 제공한다. 즉, 출처없이 차용하는 것은 파치올리가 활동하였던 아바코 전통에서는 일상적이고 수용 가능한 관행이었다. 아바코 교사들은 쉽게 이용할 수 있는 교재가 없었으며, 그래서 그들은 모두 피보나치의 산반서에 궁극적으로 근거한 다른 교재를 복제하여 그들 자신의 교재를 집필하였다. 1470년대 후반 이탈리아에 인쇄기가 보급된 이후에 이러한 교재가 인쇄되기 시작하였을 때, 비로소 저작권 문제(따라서 표절 문제)가 발생하기 시작하였다.

1481년 파치올리는 페루자를 떠나 지금은 크로아티아(Croatia)의 도시이지만 그 당시에는 베니스 영토인 달마티아(Dalmatia)의 수도인 자라(Zara)로 향하였다. 그곳에서 학생들을 위한 세 번째이자 가장 발전된 아바코 교재를 집필하였다. 파치올리는 이탈리아로 돌아와서 그 당시 수학이 포함된 과정인 신학으로 석사학위를 받았고, 1484년에는 당대 최고의 학문적 지위인 '매지스터'(magister)나 마스터에 도달하였다. 이를 통해 그는 대학수준에서 수학을 가르칠 수 있는 자격을 얻었으며, 아바코를 가르치는 것보다 더 많은 급여를 받았다. 파치올리 시대에 이탈리아에는 대학이 13개 있었고, 각 대학은 한 두 명의 수학자만 고용하였지만, 파치올리는 그 중 두 곳(페루자와 로마)에서 최초의 수학 학과장으로 임명되었다. 파치올리처럼 아바코 수학과 대학 수학을 동시에 훈련받은 것은 매우 드문 일이었다. 르네상스 이탈리아 전체에서 다른 두 명의 수학자만이 유사한 전문지식과 훈련을 받은 것으로 알려져 있다.

파치올리는 총람에 대한 연구를 지속하면서, 1480년대 초 피렌체에서 많은 시간을 보내었고, 화려한 메디치 공립도서관에서 수학에 몰두하였다. 그가 칭찬한 이 도서관에는 저명한 아라비아 수학자 이븐 알하이삼[28] 연구에 입각한 광학에 관한 13세기 핵심논문인 비텔로[29]의 원근법(*Perspectiva*)과 훌륭한 수학 필사본이 있었는데, 이 논문은 피에로 델라 프란체스카와 같은 르네상스 화가들이 사용하는 인공원근법 수학의 중요한 원천이었다. 피렌체에서 파치올리는 최근에 로마에서 돌아온 보티첼리를 포함하여 당대의 뛰어난 많은 예술가, 조각가와 만나고 친구가 되었는데, 보티첼리는 로마에서 시스티나 예배당[30] 벽에 프레스코화를 그린 예술가 중 한 명이었다.

1486년 파치올리는 페루자에서 수학교수로 임명되었다. 여느 21세기의 학자처럼, 그는 이 시기에 대해 글을 쓰려고 시도하는 동안 가르치는 일에 대한 부담감을 느꼈다고 썼다, 즉, "만약 내가 이러한 질문을 적절히 다루지 못한 것 같다면, 이 사랑스러운 8월의 도시 페루자에서 매일 읽고, 강의하고, 가르치는 것에 부담을 느끼면서, 나의 말투를 바로 잡고, 다른 걱정을 느끼는 사람을 불쌍히 여기도록 기도한다."(Taylor, *op. cit.*, p.129). 파치올리는 페루자대학교에서 계약이 만료되자, 17년 만에 처음으로 고향으로 돌아갔다.

역주28) 이븐 알하이삼(Ibn al-Ḥasanm, 965~1040)은 아라비아인이면서도 학자이며, 신학, 물리학, 천문학, 수학, 안과학, 철학, 공학, 과학적 방법 등에 광범위한 분야에 걸쳐서 수많은 업적을 남겼다. 특히 그는 광학 이론에 가장 큰 공헌을 했는데, 광학과 시각의 연구에 대한 책인 광학의 서는 1270년 라틴어로 번역되어서 출판되기까지 했다. wikipedia에서 인용.

역주29) 비텔로(Witelo, 1220-1278)는 폴란드의 자연과학자, 철학자. wikipedia에서 인용.

역주30) 시스티나 예배당(Sistine Chapel)은 바티칸의 교황이 공식적으로 거주하는 교황청에 있는 예배당이다. wikipedia에서 인용.

자신의 동료 프란체스코회원들과 함께 집에 있었던 파치올리는 즉시 수도원 당국과 결별하였다. 즉, 1491년 그는 콘벤투알 프란체스코 수도회의 수장과 격렬한 의견충돌을 일으켰고 그 수도회에서 거의 파문을 당할 뻔하였다. 의견충돌이 정확하게 무엇에 관한 것인가는 알려지지 않았지만, 같은 해 수도회가 파치올리에 대해 제기한 불만과 관련이 있을 수 있으며, 이로 인해 프란체스코회는 수도사가 산세폴크로 젊은이를 가르치는 것을 금지하였다. 이 불명확한 에피소드는 1490년대 레오나르도 다 빈치와의 오랜 친밀감으로 인해 파치올리의 동성애 가능성에 대한 추측을 불러있으켰다.

그렇지 않았다면, 파치올리는 산세폴크로에서 1490년대 이탈리아에서 수학에 관해 알려진 모든 것에 대한 원고를 조용히 마무리하는 데 시간을 보내었을 것이다. 그에게는 운좋게도 우르비노 동쪽 언덕 너머에 유럽 최고 도서관 중 하나가 있었다. 도서관은 책을 좋아하는 우르비노 공작, 귀도발도[31]가 설립하였는데, 그는 파치올리의 친구이면서 (앞에서 언급한 피에로 델라 프란체스카의 유명한 몬테펠트로의 제단화를 의뢰한 사람인) 페데리코 다 몬테펠트로의 아들이었다. 저명한 지식인 귀도발도는 야코버스 크레모넨시스[32]의 아르키메데스 번역, 알콰리즈미의 대수학, 피에로 델라 프란체스카의 오정다면체론을 포함하여 당대의 중요한 수학 필사본 대부분을 수집하였다. 이 연구서들은 피보나치의 산반서와 함께 파치올리의 두 베스트셀러인 총람과 신성비례(*De divina*

역주31) 귀도발도 디 몬테펠트로(Guidobaldo di Montefeltro, 1220/1225-1298)는 이탈리아의 지도자, 정치인, 종교인, 몬테펠트로 지역의 영주. 위키백과에서 인용.

역주32) 야코버스 크레모넨시스(Jacobus Cremonensis, 1395 또는 1410-1454)는 Iacopo da San Cassiano나 Iacobus Cremonensis라고도 하는데, 이탈리아의 인본주의자이자 수학자이다. 그는 아르키메데스의 저작을 그리스어에서 라틴어로 번역하였다. Wikipedia에서 인용.

proportione, 황금비율에 대한 '신성비례')의 기초가 되었다.

1494년 친구들과 새로운 후원자, 마르코 사누토[33)]의 격려에 힘입어 프라 루카 파치올리는 자신이 배운 것을 전부 출판할 준비가 되었다.

제3절 파치올리와 인쇄기

49세가 된 파치올리는 대중에게 출판물을 제공할 수 있게 된 최근에 도착한 인쇄기가 열어준 새로운 기회를 이용하고자 두 번째로 베니스 여행을 하였다. 파치올리의 경우, 이 자료, 즉 그의 수학백과사전, 산술·기하·비·비례총람은 지금까지 해 온 그의 일생 연구의 정점이었다. 지금까지 살펴본 바와 같이, 파치올리는 15세기 이탈리아에서 거의 독보적인 업적을 달성하였다. 즉, 그는 상업(아바코)수학과 사변(대학)수학 모두에서 경험 많은 선생이었다. 또한 유럽에서 가장 분주한 무역중심지에서 6년간 상인의 조수로 일하였으며, 거의 20년 동안 그 당시 지중해에 알려진 수학의 전체체계(재발견된 고대 그리스 수학, 중세 학자의 라틴 수학, 발전된 아라비아 수학)를 연구하고 있었다. 그가 베니스로 가져간 방대한 원고에는 주로 유클리드의 기하학원론과 피보나치의 연구를 기반으로 수집된 수학지식이 들어 있었다. 그의 원고는 인도-아라비아 산술과 그 파생물인 대수학을 다룬 최초의 인쇄된 책이 되었으며, 베니스 부기에 관한 최초의 인쇄된 논문을 포함하였다. 유럽의 과학생활과 상업생활에 대한 이러한 두 가지 큰 기여(대수학과 복식부기의 전파)로 인해

역주33) 마르코 사누토(Marco Sanuto 또는 Marino Sauto, 1466-1536)는 귀족출신으로 베니스의 역사가이고 일기작가이었다. 그의 가장 유명한 작품은 베니스의 역사를 기록한 *Diarii* 이다.

서 총람은 오늘날 파치올리를 상기시키는 연구가 되었다.

당대의 뛰어난 수학자로서 파치올리는 그의 방대한 원고의 인쇄에 자금을 대 줄 후원자와 원고를 기꺼이 인쇄할 베니스의 인쇄업자를 발견할 수 있었다. 인쇄업자는 파가니노 데 파가니니[34]이었는데, 그는 새로운 소통기술(인쇄술)이 도시에 잘 정착되고 있던 1483년 베니스에 인쇄소를 설립하였다. 인쇄는 아마도 마인츠(Mainz)의 금속노동자 요하네스 구텐베르크[35]가 30년 전(1454년) 독일에서 발명하였지만, 숫자를 정확하고 효율적으로 인쇄하는 기술은 파가니니가 인쇄소를 개업하기 1년 전(1482년)에 발명되었다. 새로운 산업의 떠오르는 중심지인 베니스에 기반을 둔 독일인 인쇄업자 에르하르트 라트돌트[36]는 고대의 많은 연구가 베니스에서 인쇄되었지만, 숫자를 재생할 방법이 없었기 때문에 수학적인 것은 거의 아무것도 나타나지 않았다는 것을 알아차렸다. 그래서 라트돌트

역주34) 파가니노 데 파가니니(Pagnino de Paganini, 1450-1538)는 르네상스 시대 이탈리아의 인쇄업자이고, 베니스공화국의 출판업자이다. 루카 파치올리의 산술・기하・비・비례총람을 처음으로 출판한 사람이다.

역주35) 요하네스 구텐베르크(Johannes Gutenberg, 1398~1468)는 약 1450년 경(1454년 발명)에 금속활판 인쇄술을 사용한 독일의 금(金) 세공업자이다. 본명은 요하네스 겐스플라이슈(Johannes Gensfleisch)이고, 구텐베르크는 통칭이다(영미권에서는 구텐버그라고 발음한다). 구텐베르크의 업적은 활자 설계, 활자 대량 생산 기술을 유럽에 전파한 것이다. 그러나 그의 진정한 업적은 이런 기술과 유성 잉크, 목판 인쇄기 사용을 결합시켰다는 점이다. 그는 활자 제작 재료로 합금을 사용하고, 활자 제작 방식으로 주조를 채용하였다. 위키백과에서 인용. 1377년 고려시대 충주 흥덕사에서 간행된 직지심체요절이 세계 최초의 금속활자본으로 공인받고 있는데, 현재 프랑스 국립박물관에 보관되어 있으며, 1234년 상정고금예문 50권을 인쇄하였다는 기록도 있다. 따라서 금속활자본은 우리나라가 최초로 발명하였다고 할 수 있으나, 다른 나라에 전파하지는 못한 것 같다.

역주36) 에르하르트 라트돌트(Erhard Ratdolt, 1447-1528)는 독일의 인쇄업자이자 출판업자이었다. 그는 베니스(1476-1485)에서 처음 일한 다음 아우크스부르크(1486-1522)에서 일했다. 1482년 베니스에서 숫자와 수학기호를 인쇄하는 방법을 발명하였다. wikipedia에서 인용.

는 숫자표와 기타 수학기호를 정확하게 재생할 방법을 고안하였으며 1482년 인본주의 프로그램의 첫 번째 수학교재인 유클리트의 기하학원론을 인쇄하였다.

4년 전인 1478년, 베니스 공화국은 수학에 관해 가장 오래된 인쇄본 중 하나인 트레비소 산술(*Treviso Arithmetic*)이라는 현지어로 된 아바코 논문을 출간하였다. 그것은 인쇄역사에서 결정적인 순간이었다. 즉, 인본주의자들은 유클리트의 인쇄본을 요구하고 있었지만, 최초로 인쇄된 수학책은 상인을 위한 것이지 학자를 위한 것이 아니었다. 초기 인쇄업자들은 학자와 교회의 경쟁적인 의제만큼이나 상업적 명령과 실제적 필요성에 따라 어떤 책을 출판할지 결정해야 했고, 이것은 로테르담의 유명한 에라스무스[37] 같은 인문주의자들의 분노를 불러일으켰다. 에라스무스는 자신의 연구를 널리 보급하기 위해 인쇄술을 광범위하게 이용하였지만, 인쇄술이 발명된 직후 인쇄기가 학자들의 통제를 벗어나 상인과 기업가의 손에 넘어갔다는 사실에 분노하였다. 파치올리의 멘토, 레온 바티스타 알베르티는 신기술의 혁신적 의미를 가장 먼저 이해한 사람 중 한 사람이었다. 알베르티는 1460년대 로마에서 집필하면서, 인쇄가 제공한 소통의 비약적 도약을 실감하였다. 즉, "우리는 이 시대에 문사를 아래로 눌러 100일 만에 원본에서 200권 이상의 책을 세 명 이하의 노동으로 인쇄할 수 있게 한 독일 발명가를 크게 인정하였다. 단 한 번 아래로 누르기만 하면 큰 종이가 인쇄되기 때문이다."

역주37) 에라스무스(Erasmus)는 원명이 데시데리위스 에라스무스(Desiderius Erasmus, 1466~1536)이며, 일반적으로 에라스무스로 부르는데 네덜란드태생의 로마 가톨릭교회 성직자이자 인문주의자이다. 종교개혁운동에 영향을 준 기독교신학자이다. 위키백과에서 인용.

베니스에서 인쇄된 최초의 책[키케로의 가족에게 보내는 편지(*Epistolae ad familiares*), 고대로마고전]은 1469년 출판되었다. 그러나 베니스의 인쇄소들은 다루기 힘든 고전과 종교작품 인쇄'원고'의 판로를 찾기 위해 고군분투하였고, 5년 이내에 베니스의 12개 인쇄소 중에서 9개가 파산하였다. 새로운 기술이 상업적으로 성공하지 않을 것 같았다. 그러나 베니스의 상인은행(원)들은 다르게 생각하였다. 그들은 인쇄본의 상업적 잠재력을 곧 실감하였으며, 인쇄소를 운영하는데 필요한 많은 금액을 투자하였다. 베니스상인들에게, 인쇄본은 다른 것과 마찬가지로 단순한 상품에 불과하였으며, 후추, 비단, 왁스, 기타 사치품 등과 같이 유럽의 무역경로를 따라 판매될 수 있었다. 베니스는 새로운 소통기술의 중심지, 르네상스의 실리콘 밸리가 되었으며, 사업과 상업에 관한 많은 최초의 인쇄물들이 석호의 도시(베니스)에서 출판되었다.

1494년 파치올리가 돌아왔을 때, 베니스는 남부유럽의 출판중심지가 되었는데, 268개 이상의 인쇄소가 대부분 독일과 프랑스의 전문가에 의해 운영되고 있었다. 이들은 유리한 사업조건 때문에 베니스에 왔다. 즉, 많은 노동력, 값싼 인쇄비용, 상인을 위해 상인이 운영하는 안정적인 자유주의 정부, 쉽게 이용할 수 있는 후원, 성공적인 인쇄에 필요한 번역가, 교정자, 학술고문 등을 제공할 수 있는 활발한 지적 공동체 등. 필경사가 손으로 쓴 필사본의 오래된 중세 소통기술에 비해 시간과 노동을 절약하는 인쇄기의 장점은 매우 컸다. 예를 들면, 1483년, 리폴리 출판사가 플라톤의 대화편(*Dialogues*)[38)]의 번역을 준비하고 인쇄하는데 드는 비용은 필경사가 동일한 작업을 복제하는 비용보다 세 배나 더 많았다. 그러나

역주38) 국내에는 다음의 번역본이 있다. 최명관 편역(2008), 플라톤의 대화편, 도서출판 창.

출판사는 1,025권, 필경사는 1권을 제작하여, 인쇄본이 필사본보다 300배 이상 저렴하게 되었다. 책은 새로운 계층의 독자에게 빠르고 널리 보급되고 저렴해졌다. 즉, 1500년 베니스에서 책 한 권의 가격은 교사나 숙련공의 일주일치 급여로, 오늘날 좋은 데스크탑 컴퓨터의 가격과 맞먹는 수준이었다.

인쇄기 때문에 학생과 교사를 위한 여러 권의 교재와 지침서에 대한 수요가 폭발적으로 증가하였으며, 광범위한 대중이 이들을 갑자기 이용할 수 있게 됨으로써 지식과 기술을 공개하는 것보다 영업비밀을 지키는 데 더 관심이 많았던 길드에 의해 생겨나서 중세유럽에 만연한 비밀문화를 무너뜨리는 데 도움이 되었다. 인쇄기와 함께 악기연주에서 복식부기의 계정 기록에 이르기까지 이전에는 난해하게 느껴졌던 기술을 설명하는 방법책들(how-to books)이 '쇄도'하였다[오늘날 매년 수백 권의 자가출판(DIY[39]) 책이 출판되는 것과 유사].

역사가 폴 로렌스 로즈[40]에 의하면 새로운 기술에 대한 이러한 열정은 지식을 전파하는 인쇄기의 힘에 대해 '거의 선교적 믿음'을 갖고 있던 르네상스 수학자들 사이에서 두드러졌다(Rose, p.293). 파치올리는 이 새로운 세계로 가는 길을 인도한 사람이었다. 파치올리는 현지어 번역을 멸시하기는커녕, 라틴어에 능통하였음에도 불구하고 학문적 전통을 깨고 민중의 언어인 이탈리아어로 자신의 백과사전을 집필하였다. 그는 로마숫자와 옛 방법을 산술에 여전히 이용하는 그러한 상인들을 한탄하면서 새로운 수학과 인도-아라비아 숫자의 이용을 또한 장려하였다. 그

역주39) DIY는 do it yourself의 준말.

역주40) 폴 로렌스 로즈(Paul Lawrence Rose, 1944-2014)는 펜실베이니아 주립대학교의 유럽사 교수이면서 유대학 교수이었다. 그는 반유대주의, 독일사, 유럽지성사, 유대사에 정통하였다.

의 총람은 새로운 인쇄프로그램의 상징이었다.

파치올리는 이러한 초기 인쇄시대에 전형적인 것처럼, 백과사전을 인쇄하는 동안 베니스에 머물면서, 매일 파가니니 인쇄소를 방문하여 원고를 수정하고 새로운 자료를 추가하였다. 약 2,000부 정도이었을 것으로 추정되는 초기 인쇄 작업은 615페이지 분량의 책을 하루에 한 장(또는 두 페이지)의 속도로 완성하는데 9-12개월 걸렸을 것이다. 파치올리는 총람에서 그 제작에 관해 글을 썼는데, 자신이 손으로 원고를 수정하면서, “그 영리한 사람 파가니노 데 파가니니의 작업장에서 근면” (Taylor, *op. cit.*, p.179)하게 밤낮으로 일한다고 말하였다.

제4절 산술 · 기하 · 비 · 비례총람

총람은 파치올리의 후원자 마르코 사누토가 자금을 제공하여 인쇄되었는데, 그는 파치올리가 서문에서 장황하게 칭찬하는 지성, 미덕, 사려 깊은 관대함을 가진 유명한 귀족가문출신의 수학교수이었다. 파치올리는 사누토가 영원을 바라보며, “이 책을 후손에게 전해질 수 있도록 만들 수 있었다”(*ibid.*, p.188)고 말한 바 있다.

그러나 파치올리는 총람을 우르비노 공작, 귀도발도 디 몬테펠트로에게 헌정하였는데, 파치올리는 수학연구를 위해 그의 도서관을 이용하였고, 그는 한때 파치올리의 제자이기도 하였다. 파치올리는 우르비노 공작에 대한 헌사에서 연구목적에 관해 설명하고 있는데, 책들이 라틴어로 쓰여지고 은밀한 학문적 엘리트를 대상으로 하던 시기에 이 연구는 혁명적이었다. 총람은 ‘모든 사람’이 읽고 일상생활에서 이용할 수 있도록 민중의 언어로 쓰여 있다(*Ibid.*, p.190). 파치올리는 귀도발도의 신하들에게 "유용하기를 바라기" 때문에 이 책을 썼다고 공작에게 말하고 있다. 그리고 그는 "웅변적인 스타일에 무지하지 않으며, 키케로의 웅변에 정통하기 때문에 웅변의 물결로 말해야 한다는 것을 알고 있지만", 백과사전을 현지어로 쓰기로 결심하였다는 것을 강조하기 위해 많은 노력을 기울였다. "만약 이것이 라틴어로 쓰여진다면 모든 사람이 그것을 이해할 수 없기 때문에, 나는 문헌에서 배운 사람이나 배우지 않은 사람들에게 유익과 기쁨을 가져다 줄 수 있도록 그것을 썼다."

파치올리는 수학이 천문학 · 우주학 · 신학, 건축 · 회화 · 조각 · 음악에서, 사업 · 법 · 군사전략까지 거의 모든 인간활동에 적용된다고 말하고 있다. 그는 "국가의 성채, 도시의 성벽, 탑, 참호, 언덕, 고분 그리고 다른 모든 전쟁의 방어 · 공격 무기는 왜 기하학과 비율에 불과한가"(*ibid.*, p.193)라고 말하면서, 거대한 기중기를 비롯한 무기를 만드는데 사용한 수학지식으로 시라쿠스(Syracuse)를 로마로부터 방어한 아르키메데스의 유명한 예를 들고 있다. '아르키메데스의 갈고리'[41]로 알려진 그것은 추정컨대 항구로부터 적의 선박들을 들어올려 전복시켜서 그들의 모든 병사를 익사시켰다. 파치올리는 "다른 과학과 인문학도 각각 주의깊게 살펴보면, 조화 · 측정 · 비율을 어떤 식으로든 사용하지 않는 것이 없다"라고 말하면서 결론을 내리고 있다. 그에 의하면, 이러한 세 가지 수학적 속성이 없으면, "모든 것은 존재하지 않는다."

<u>총람</u>의 제목과 서문은 라틴어로 되어 있지만, 본문은 라틴어와 그리스의 단어와 축약어, 지방방언의 표현 등으로 점철된 이탈리아어인 피렌체

역주42) 아르키메데스의 갈고리(Claw of Archimedes)는 수륙양용공격에 대해 시라쿠스 성벽의 해안쪽을 방어하기 위해 아르키메데스가 고안한 고대무기이다. wikipedia에서 인용.

현지어로 되어 있는데, 이것은 상인 · 사업가 · 학생 · 예술가 · 기술자 등의 많은 청중뿐만 아니라 라틴어로 읽는데 익숙한 더 관대한 학자들도 이해할 수 있었다.

파치올리는 의도적으로 현지어를 옹호하였는데, 그 이유는 "더 많은 사람이 그것을 읽을 수 있다면 주제가 더 많은 열매를 맺을 것"이기 때문일 뿐만 아니라 그가 처음으로 이해한 것처럼 라틴어가 수학을 설명하는데 전혀 적합하지 않기 때문이다. 그의 산문을 독자들에게 가능한 한 명확하게 하기 위해, 파치올리는 일상생활에서 이미지와 비유도 가져왔다. 예를 들면, 그는 여덟 가지 다른 곱셈방법을 설명하고 있다. 여섯 번째 방법은 페이지에 숫자가 표시되는 방식 때문에 일반적으로 정사각형, 셀(cell), 체(sieve) 또는 그물(net)로 알려져 있다. 그러나 파치올리는 그것을 '젤로시아'(*gelosia*)라고 불렀는데, 이는 그가 말한 바와 같이, "작품의 배열이 격자 또는 '젤로시아'와 비슷하기 때문이다. 젤로시아로 젊은 여성이나 수녀가 거주하는 집 창문에 설치하는 것이 관례인 격자를 이해하므로, 그들을 쉽게 볼 수 없다. 고결한 도시인 베니스에는 그런 사람이 많이 있다."(*ibid.*, p.201). 베니스의 일상적인 풍경에서 영감을 받은 이미지와 일화가 있는 이 구절은 파치올리 수학의 전형이다.

<u>총람</u>은 두 권으로 나누어지지만, 162개의 사본으로 추정되는 현존하는 모든 사본은 하나를 제외하고는 한 권으로 제본되어 있다(Sangster · Stoner · McCarthy, pp.111-134). 제1권은 9개 장으로 구성되어 있다. 즉, 제1장에서 제7장까지는 산술을 다루고, 제8장은 대수학에 관한 최초의 체계적인 현지어 설명이며, 상업에 관한 제9장은 12절로 나누어지는데, 10개의 절은 물물교환이나 환어음과 같은 문제, 제11절은 부기에 관한 것, 제12절은 환율 · 무게 · 척도에 관한 것이다. 제1권의 대부분은 피보

나치에서 파생되었다. 총람의 제2권은 한 개의 장만으로 구성되어 있는데, 이것은 아르키메데스, 유클리드, 피보나치, 베네데토 다 피렌체[42], 피에로 델라 프란체스카 등의 연구를 요약·갱신하면서 기하학에 관한 최초의 현지어 인쇄본이다. 파치올리가 1460년대 베니스에 있는 동안, 장기간 무시된 피보나치의 산반서 사본을 발견하였는데, 그는 그 가치를 즉시 이해하였다. 파치올리는 피보나치의 많은 업적을 현지어로 번역하고 총람에 수록함으로써, 유럽수학에 이 기념비적인 연구를 복원하였다.

파치올리의 유명한 부기논문인 총람의 제1권, 제9장, 제11절은 복식부기 역사에서 매우 중요하므로 섬세한 주의가 필요하며, 다음 장에서 별도로 논의할 것이다.[43] 그러나 총람을 뒤에 남겨놓기 전에, 총람이 유럽수학에 매우 중요한 기여를 하였다는 점은 주목할 가치가 있다.

파치올리는 처음으로 인도-아라비아 숫자와 기본산술을 이탈리아의 광범위한 청중에게 소개하였다. 그는 이러한 새로운 숫자로 계산하는 규칙 예를 들면, 덧셈·뺄셈·나눗셈·분수·제곱근의 규칙과 위에서 언급한 '젤로시아' 방법과 같은 다양한 곱셈방법의 예와 곱셈표를 포함하기 위한 규칙을 설명하였다. 15세기에는 숫자로 하는 곱셈은 매우 어려운 것으로 간주되었으며 나눗셈도 거의 불가능하여, 전문가만 해야 하는 기술로 간주되었다. 파치올리는 두 개의 새로운 기호 즉, 더하기의 기호와 빼기의 기호도 발명하였는데, (이들은 오늘날 우리가 이용하는 기호는 아니지만) 이들은 이탈리아 르네상스 수학에서 표준 표기법이 되었다.

역주42) 베네데토 다 피렌체(Benedetto da Firenze, 1429-1479)는 15세기 수학자이다.
역주43) 이원로(2011)가 복식부기 부분을 번역하고 상세한 해설을 한 바 있다.

가장 중요한 것은 총람이 유럽에서 인쇄된 최초의 현지어 책으로 대수학을 포함하고 있으며, 이 책은 아바코 전통의 대수학에서 극적으로 벗어났다는 것을 나타낸다는 것이다. 총람은 구체적인 문제를 풀기 위한 수단으로 대수학을 이용하는 것에서 추상적인 주장을 하기 위한 언어로 대수학을 이용하는 것으로 이동하고 있다(Heeffer, 2009). 즉, 파치올리는 대수적 유도법을 일반화하여 보편적으로 유효한 정리로 공식화한다. 16세기까지 대수학자들은 총람을 광범위하게 이용하여 과학혁명과 현대과학의 토대를 놓는데 도움이 되었다. 총람을 이용한 수학자 중에는 불과 15일 학교생활을 하고는, 산술에 관한 논문(1556)과 숫자에 관한 논문(사후인 1560년 출판)을 집필한 니콜라스 타르타글리아[44]와 추문·점성술·철학에 사로잡힌 도박꾼이자 살인범일 가능성이 있는 악명 높은 지롤라모 카르다노[45] 등이 있는데, 대수학에 관한 카르다노의 대기술[46]은 그 당시에 가장 발전된 연구이었다.

총람에는 피에로 델라 프란체스카의 연구에 기반한 르네상스 예술가·건축가를 위한 선형원근법 수학에 관한 최초의 인쇄본도 수록되어 있다.

역주44) 니콜라스 타르타글리아(Nicholas Tartaglia, 1500-1557)은 이탈리아의 수학자이며 탄도학의 창시자이었고, 베니스 부기담당자(bookkeeper)이었다. 최초로 아르키메데스와 유클리드를 이탈리아어로 번역하였다. wikipedia에서 인용.

역주45) 지롤라모 카르다노(Girolamo Cardano, 1501-1576)는 르네상스 시대에 가장 영향력있는 수학자 중 한 명이었으며, 확률의 기초에 핵심적인 인물 중 한 명이다. 오늘날 그는 대수학에서 이룬 성과로 유명하며, 1545년 출판한 책 대기술(*Ars Magna*)에서는 유럽에서 최초로 음수를 체계적으로 사용한 바 있다. wikipedia에서 인용.

역주46) 대기술(*The Ars Magna,* The Great Art, 1545)은 지롤라모 카르다노가 쓴 라틴어로 된 중요한 대수학책이다. 1545년 초판이 출판되었으며, 그 제목은 대기술 또는 대수칙에 관한 제1권(*Artis Magnae, Sive de Regulis Algebraicis Liber Unus, Book number one about The Great Art, or The Rules of Algebra*)이다. 제2판은 1570년 출판되었다. wikipedia에서 인용.

파치올리는 우르비노 공작의 도서관에 있는 피에로의 "회화예술과 원근감 있는 선의 힘에 관해 집필한 방대한 연구"를 언급하면서 그의 헌사에서 이를 인정하고 있다.

제5절 출판

파치올리의 산술·기하·비·비례총람은 베니스에서 1494년 11월 20일 출판되었는데, 르네상스 시대 최초의 수학백과사전이 되었으며, 구텐베르크 인쇄기로 인쇄된 초창기 책 중 하나이었다.[47] 파치올리의 백과사전이 당대의 수학·상업지식 전체를 수록하고 있다는 점을 감안하면, 그 방대함도 그에 상응한다. (인쇄본보다 더 가치 있는 것으로 여겨지던) 필사본과 닮은 외형과 분명한 무게감으로 부유한 서적 구매자들에게 큰 책이 인기를 끌었던 당시에도 총람은 예외적으로 큰 책이었다. 그것은 크기가 25cm x 30cm이며, 빽빽하게 인쇄된 페이지가 615페이지에 달하는데, 이는 오늘날 활자로 인쇄된 1,500페이지 분량의 교과서와 맞먹는 분량이다. 총람은 초창기에 인쇄된 책 중에서 가장 아름다운 책 중 하나로도 널리 간주되고 있다. 산세폴크로 도서관에 있는 1494년판은 가죽장정에 금속이 박혀있다. 내부 페이지는 얇은 종이이고, 인쇄는 선명하며, 고딕체의 대문자는 수도사의 예복을 입고 나침반을 들고 있는 프라루카 파치올리의 목판화로 장식되어 있다. 여백에는 설명 그래프, 도표, 계산이 있다.

역주47) 유럽에서 최초의 인쇄본은 1456년 출간된 마조린(Mazorin) 성경이다.

총람은 가격이 119솔디(soldi)로 비싼 편이었만(인기있는 이솝 우화는 불과 2솔디이었다), 베니스, 피렌체, 밀라노, 기타 이탈리아 도시의 부유한 상인·장인·귀족 등이 이용할 수 있는 수준이었다(Sangster·Stoner·McCarthy, pp.111-134). 총람은 수십 년 동안 꾸준히 판매되어 저자를 유명하게 만들고 상업적 성공도 거두었다. 지적저작권이라는 개념이 낯설었던 초기 인쇄시대에 매우 이례적으로 파치올리는 최초 출판에 대해 10년 저작권을 부여받았고, 1508년 그는 1494년 초판의 재인쇄에 대한 20년 저작권을 베니스 원로원에 청원하였는데, 청원이 그에게 수용되었다. 총람이 처음 출판된 지 10년 후, 파치올리의 부기논문은 별도로 발췌하여, 투스카니의 파가니노 데 파가니니가 파치올리의 이름하에 완벽한 상인교실(*the Perfect School of Merchant*)로 출판하였다.

전체 총람의 두 번째 판은 가르다(Garda)호수[48]가에 있는 토스코라노(Toscolano)에서 1523년 출판되었으며, 인쇄업자들이 비용을 지불하였다. 이 판은 훨씬 더 수용적인 대중의 환영을 받았고, 파치올리는 감히 민중의 언어로 글을 썼다는 이유로 사후에(그는 1517년 사망) 널리 찬사를 받았다. 총람은 100년 동안 이탈리아에서 가장 널리 읽히는 수학책이 되었으며, 수학과 부기에서 여러 세대의 독자를 훈련시켰다.

역주48) 가르다 호수(Garda Lake)는 이탈리아 북부에 있는 이탈리아 최대의 호수이며 인기있는 휴양지이다.

제6절 유명인사

총람의 출판으로 루카 파치올리는 이탈리아 전역에서 명성을 얻었고, 당대 최고의 명예 중 하나를 받았다. 즉, 그의 초상화가 의뢰된 것이다. 파치올리는 우리가 진정한 초상화를 가지고 있는 유럽 최초의 수학자가 되었으며, 아마도 그려진 초상화를 가진 최초의 수학자일 것이다. **프라 루카 파치올리의 초상화**는 아마도 1495년 야코포 데 바르바리[49)]가 베니스에서 그렸을 것이며, 오늘날 나폴리 국립 카포디몬테 화랑(Galleria Nazionale di Capodimonte)에 전시되어 있다. 초상화는 회색 프란체스코 수도사복을 입은 파치올리가 수학문제를 풀고 있는 모습을 보여준다. 한 손은 석판에 분필로 그려진 도표를 가리키고, 다른 손은 펼쳐진 원고 페이지에 얹혀 있으며, 그 옆에는 빨간 색의 큰 책, 아마도 총람과 12면체(5개의 플라톤 다면체[50)]중 하나, 입방체와 같이 면이 모두 동일한 정다각형인 정다면체)의 목제모형이 있다.

파치올리 옆에는 우르비노 공작, 귀도발도라고 오랫동안 추정되어 온 적갈색 머리의 젊은 남자가 서 있는데, 특히 이 초상화가 그에게 헌정된 것으로 알려져 있다. 그러나 최근에, 영국수학자 닉 맥키논[51)](1993)은 이 초상화를 분석하여 실제 기하학수업을 묘사하고 있다고 생각하고,

---

역주49) 야포코 데 바르바리(Jacopo de' Barbari, 1460/70-1516)는 이탈리아의 화가, 판화가이다. 1500년 베니스에서 독일로 이동하여, 북유럽에서 활동하는 최초의 이탈리아 르네상스 예술가가 되었다.

역주50) 정다면체 또는 플라톤의 다면체는 볼록다면체 중에서 모든 면이 합동인 정다각형으로 이루어져 있으며, 각 꼭지점에서 만나는 면의 개수가 같은 도형을 말한다. 정다면체는 5종류(4면체, 6면체, 8면체, 12면체, 20면체)만이 존재한다. 위키백과에서 인용.

역주51) 닉 맥키논(Nick Mackinnon)은 영국 윈체스터대학(Winchester College)의 수학교수.

〈그림3〉 파치올리의 초상화(Portrait of Luca Pacioli)52)

작가: Jacopo de' Barbari

제작연도: 1495-1500

전시장소: Capodimonte Museum, Naples(나폴리)

https://en.wikipedia.org/wiki/Portrait_of_Luca_Pacioli

역주52) 파치올리의 초상화 왼쪽에는 유리로 만들어진 이중절단정육면체(8개의 정삼각형과 18개의 정사각형으로 만들어진 다형체)가 매달려 있다. 반쯤 물이 채워진 이 다면체의 면에는 외부의 푸른 하늘과 풍경이 반사되어 있다. 파치올리가 가리키는 흑판의 모서리에는 기하학의 선구자 유클리드의 이름이 새겨져 있다. 테이블 위에 각도기, 컴퍼스 등 기하학 연구에 필요한 물건이 배치되었고, 오른쪽 구석의 파치올리 이니셜이 새겨진 저서 위에 정12면체 모델이 놓여 있다. [출처] - 국민일보(2012년 4월 8일자 기사). http://news.kmib.co.kr/article/view.asp?arcid=0005979422

젊은 남자가 사실상 독일 예술가이자 미래의 수학자, 알브레히트 뒤러[53] 라고 주장하였는데, 뒤러는 실제로 1495년 베니스에 있었으며 새로운 이탈리아 회화의 비밀을 조사하고 있었다. 그리하여 맥키논은 파치올리의 초상화가 "알브레히트 뒤러에게 전달되어 알프스의 북쪽 세계에 전파된 고대 그리스 기하학과 새로운 이탈리아 예술의 기초가 된 르네상스의 가장 위대한 순간 중 하나를 포착하고 있다."(Mackinnon, pp.130-219)고 설득력 있게 주장하고 있다. 만약 그가 옳다면, 파치올리는 수학과 상업의 역사뿐만 아니라 유럽예술의 역사에서도 중추적인 역할을 하였다.

제7절 밀라노

초상화가 그려진 직후, 파치올리는 베니스를 떠나 밀라노로 향하였는데, 밀라노에는 42세의 엔지니어이자 연극의 대가[54]가 선형원근법에 대한 산술과 논문을 위해 1494년 총람의 사본을 매입하였다. 이 엔지니어의 주장에 따라, 파치올리는 야심찬 통치자 루도비코 스포르자[55]에 의해 밀라논 법원에 소환되었다. 피렌체의 메디치로부터 영향을 받은 루도비코는 자신의 왕국을 진정한 르네상스 도시, 예술과 학문의 중심지이자 지식인으로 가득찬 궁정으로 전환하는 중에 있었다. 그는 근대화의 일부로 수학강의를 최근에 도입하였으며, 1496년에는 루카 파치올리를 초빙

역주53) 알프레히트 뒤러(Albrecht Dürer, 1471-1528)는 독일의 화가, 인쇄업자, 독일 르네상스의 이론가이었다. wikipedia에서 인용.

역주54) 이는 레오나르도 다 빈치를 가리킨다.

역주55) 루도비코 스포르자(Ludovico Maria Sforza, 1452-1508)는 이탈리아의 중재자(Arbiter of Italy)라고도 하는데, 1494년부터 1499년까지 밀라노의 공작으로 통치한 이탈리아의 르네상스 귀족이었다. wikipedia에서 인용.

하여 밀라노의 수학 학과장으로 임명하였다.

파치올리를 밀라노로 이사하게 한 것에 책임이 있는 엔지니어는 레오나르도 다 빈치이었는데, 그는 14년 전에 이 도시에 도착하였다. 바사리는 레오나르도가 엔지니어나 화가로서가 아니라 음악가로서 밀라노 궁정에 처음 나타났으며, "말의 두개골 모양으로 대부분은 은으로 자신이 제작한 리라(고대현악기)를 가져갔는데, 그것은 소리를 더욱 풍부하고 공명하게 만드는 매우 이상하고 참신한 디자인이었다"[56)]고 말하고 있다. 그러나 레오나르도는 루도비코에게 더 존경받는 직업인 군사엔지니어로 승진하기를 열망하면서 자신의 소개서에서 다음과 같이 썼다. 즉, "요컨대, 저는 대포 · 장갑차 · 공성기계 · 터널천공장치 · 다리 등을 포함하여 공격이나 방어를 위한 매우 다양한 기계를 고안할 수 있습니다". 부차적으로, 레오나르도는 "저는 그림에서 할 수 있는 모든 것을 할 수 있습니다"라고 언급하였다.

파치올리가 1496년 루도비코의 스포르자 성(Castello Sforza)[57)]에서 레오나르도를 만났을 때, 이 예술가는 역학 · 수리학 · 건축 · 공학에 몰두하고 있었다. 익명의 소식통에 의하면, 레오나르도는 "훌륭한 사람이었고, 균형이 잘 잡혀있고, 우아하고 아름다운 면이 있었다. 당시에는 긴 옷이 유행이었지만 무릎까지 오는 장미색 튜닉[58)]을 입었다. 가슴 한가운데까지 가늘고 긴 수염이 말려 잘 관리되고 있었다"(Kemp, p.44).

---

56) 레오나르도의 이야기의 경우, 달리 지적한 것이 없다면, 나는 차알스 노콜(Charles Nicholl)의 훌륭한 전기, 레오나르도 다 빈치: 정신의 싸움(*Lonardo da Vinci: The fights of the mind*, London, 2004)을 인용하였다.

역주57) 스포르자 성은 이탈리어어로 스포르체스코(Sforzesco) 성으로 밀라노의 군사요새이며, 15세기 Franseco Sforza에 의해 세워졌다.

역주58) 튜닉(tunic)은 고대 그리스나 로마인들이 입던, 소매가 없고 무릎까지 내려오는 헐렁한 상의이다. wikipedia에서 인용.

두 사람은 산술과 기하학에 집착하였고, 레오나르도가 말한 바와 같이, "우주의 모든 것"을 포용하고, 그들 없이는 "아무것도 할 수 없다"고 생각하였다.

그 당시, 레오나르도는 두 가지 야심찬 예술 프로젝트를 진행중이었다. (한 번도 주조되지 않았던) 루도비코 부친을 기리기 위해 청동으로 만든 거대한 기마조각과 스포르차 성에서 도보로 약 10분 거리에 있는 산타 마리아 델레 그라치에(Santa Maria delle Grazie) 성당의 거대한 프레스코이었다. 성당과 그 건물은 루도비코에 의해 스포르차 왕조를 영화롭게 하기 위해 완전히 개조되었고, 레오나르도는 전통적으로 구내식당에 이용되는 주제인 최후의 만찬으로 수도사의 식당에 그림을 그리라는

〈그림4〉 최후의 만찬(Last Supper)

작가: Lenardo da Vinci
제작연도: 1495년-1498년
전시장소: the Church of Santa Maria delle Grazie
https://en.wikipedia.org/wiki/Last_Supper

의뢰를 받았다. 그가 한 모든 일과 마찬가지로 레오나르도의 프레스코화 접근방식은 과학적이었다. 그는 파치올리의 총람에서 산술을 독학하였으며, 이제 파치올리 자신이 레오나르도의 초현실적인 **최후의 만찬** 제작을 선형원근법 수학으로 도와주기 위해 밀라노에 있었다. 1498년 완성된 **최후의 만찬**은 즉각적인 파란을 일으켰고, 파치올리는 그것을 칭찬한 최초의 사람 중 한 사람이었다. 레오나르도의 프레스코화는 다양한 크기로 널리 복제되었고, 그 때도 지금처럼 그것을 보기 위해 밀라노로 (프랑스 왕을 포함한) 방문객들이 몰려들었다. 레오나르도는 예술에 관한 자신의 논문에서 원근법을 "선의 힘으로 가까운 것을 멀리, 작은 것을 크게 만드는 수학적 연구의 가장 미묘한 발명과 조사"(Veltman, p.62)라고 말하고 있다.

제8절 세계에서 가장 오래된 마법 교과서

루카 파치올리는 밀라노에서 보낸 3년 동안, 루도비코 스포르차에게 헌정한 책, 신성비례[59]를 포함하여 여러 가지 프로젝트에서 레오나르도 다 빈치와 협력하였다. 파치올리는 1498년 신성비례를 완성하였지만, 11년 동안 인쇄하지는 않았다. 밀라노 궁정에서의 그의 바쁜 삶은 1499년 10월 스포르차 성을 점령한 프랑스 루이 12세[60]의 군대가 밀라노를 침공

역주59) 신성비례(*De divina porportione*)는 루카 파치올리가 집필하고 레오나르도 다 빈치의 삽화가 있는 수학책이며, 1498년 완성되었지만 1509년 밀라도에서 처음 인쇄되었다. 이의 주제는 수학비례(제목은 황금비율을 가리킨다)이며, 기하학, 원근법을 통한 시각예술, 건축 등에 적용되었다. Wikipedia에서 인용.

역주60) 루이 12세(Louis XII, 1462-1515년)는 프랑스의 왕이다. 샤를 6세의 동생인

하면서 갑작스럽게 끝이 났다. 프랑스군이 인근 산 심플리치아노(San Simpliciano) 수도원 숙소에서 파치올리를 끌고 와서, 그의 수학모형을 악마의 작품이라고 생각하고는 파괴하였다고 전해진다. 파치올리는 레오나르도와 함께 밀라노를 탈출하여 이사벨라 데스테[61](누이 베아트리체는 루도비코와 결혼하였다)가 밀라노 궁정에서 온 난민을 수용하고 있는 만토바(Mantua)로 갔다. 파치올리는 감사의 마음으로 밀라노에서 집필하고 있던 두 번째 책을 이사벨라와 그녀의 남편인 만토바 후작에게 헌정하였다. 숫자의 힘(*De viribus quantitatis*)이라는 이 책은 마법 · 오락 · 수학 · 속담 등의 개설서이었다. 이 책은 파치올리 생전에는 출판되지 않았고, 볼로냐(Bologna)대학교 도서관에 500년 동안 있으면서 1997년까지 출판되지 않았다.

대부분의 파치올리 저술처럼, 그것은 현지어로 집필되었다. 세 개의 절 중에서 첫 번째 절은 (파치올리의 원본에는) "늑대, 염소, 양배추 다발"을 가진 남자가 자신과 한 번에 다른 물건 하나만을 실을 수 있는 배를 타고 강을 건너려는 유명한 수수께끼와 같은 가장 초기에 알려진 종합적인 수학 게임과 문제의 모음이다. 두 번째 절은 카드 속임수와 장미 꽃잎에 문장을 쓰는 빙법으로부터 녹은 납으로 손을 씻는 방법에 대한 지침에 이르기까지 다양한 수수께끼와 농담으로 되어 있는데, 파치올리는 시원한 우물물에 손을 담그고 흔든 다음 불 위에 녹은 납 냄비에 넣으면, 손은 익지 않을 것이며 "기적처럼 보일 것이다"라고 설명한다(McDonald,

---

루이 1세 드 발루아의 손자이며, 아쟁쿠르 전투 이후 잉글랜드에서 25년을 보낸 샤를 도를레앙의 아들이다. 위키백과에서 인용.

역주61) 이사벨라 데스테((Isabella d'Este, 1474-1539)는 만토바의 후작부인이고 주요한 문화적 정치적 인물로서 이탈리아 르네상스의 지도적 여성 중 한명이다. 그는 예술 후원자일 뿐만 아니라 패션 선구자이기도 하였다. wikipedia에서 인용.

2007). 이 속임수는 **호기심해결사**(*MythBuster*)[62]의 2009년도 시즌 막판에서 애덤 새비지와 제이미 하이네만이 검정한 바 있으며, 놀랍게도 섭씨 450도까지 가열된 납에도 그것이 작동한다는 것을 발견하였다. 세 번째 절은 22개의 수수께끼를 포함하는 속담과 시구의 모음이다.

제9절 베니스와 황금비율

파치올리는 1499년 후반 만토바에 있는 이사벨라 데스테의 난민수용소를 떠난 후, 피렌체에서 레오나르도 다 빈치와 함께 살면서 피렌체 대학교 수학교수로 일하였다. 그후 그는 1508년 베니스로 돌아와서 신성비례의 인쇄와 유클리드 기하학원론의 라틴어번역을 감독하였다. 그러나 파치올리는 두 번째의 위대한 인쇄프로그램을 착수하기 전인 1508년 8월 11일 리알토 다리 근처에 있는 산 바르톨로메오(San Bartolomeo) 성당에서 유클리드 제5권에 관한 입문강의를 시작하였다. 건축가, 인쇄업자, 대사, 행정관, 신학자, 예술가, 철학자 등을 포함하여 약 500명의 사람들이 유명한 수학강의를 듣기 위해 왔다. 그 중에는 유명한 베니스 인쇄업자 알두스 마누티우스[63]가 있었으며, 그는 에라스무스를 데리고

역주62) 이것은 미국의 대중 과학 오락프로그램이다. 미국, 한국에서는 디스커버리 채널에서 방송했고 영국에서는 BBC2채널에서 방송했다. 특수 효과 전문가인 애덤 새비지(Adam Savage)와 제이미 하이네만(Jamie Hyneman)이 진행하는 본 프로그램은 다양한 소문들(urban legends)을 과학적인 방법으로 증명한다. 위키백과에서 인용.

역주63) 알두스 마누티우스(Aldus Manutius, 1449-1515)는 15세기 이탈리이 베니스에서 활동한 출판인이다. 출판업에 종사하면서도 큰 교육 이념을 꿈꿨다며 20세기 후반 전자출판 시대 이전의 출판 전체 역사를 통틀어 진정한 세계 최초의 출판인이라고 말한다. 상세한 것은 다음을 참조. Lowry, Martin

리알토 근처에 머물면서 에우리피데스[64] 번역본과 고대속담 모음집의 인쇄를 감독하였다. 흥미롭게도, 에라스무스는 1509년 이탈리아를 떠난 후, 유명한 풍자소설, 우신예찬[65]을 썼는데, 그 작품에서 그는 청중을 속이기 위해 수학을 이용하는 과학자를 조롱하고 있었다. 이러한 과학자에 대한 그의 묘사에는 루카 파치올리가 유클리드에 관한 강연에서 이용한 방법을 다소 정확하게 풍자하고 있다. 즉, "그들은 특히 대중들을 천박하다며 깔보는 바, 삼각형이나 사각형이나 원 등 수학도형을 가지고, 또 이런 것들과 유사한 것들을 거듭 끌어들이고 미로와도 같은 도형들을 섞어 놓으며, 더군다나 유사한 문자들을 전장의 병사들처럼 앞세워 한 줄씩 열을 맞추어 진군시킴으로써 문외한인 대중들을 깜깜절벽으로 몰아붙입니다"(Erasmus, p.75; 김남우 옮김, pp.131-132). 에라스무스는 자신의 책에서 철학자・상인・성직자 등 특별한 지식이나 지식의 중요성을 주장하는 모든 사람의 허세를 꺾기 시작하였다.

에라스무스가 여기서 파치올리를 염두에 두고 있었다면, 이 특별한 경우에는 그럴 만한 이유가 있었을 것이다. 파치올리는 일반적으로 가장 접근하기 쉬운 방식으로 가능한 한 가장 많은 청중에게 수학을 제공하는

(1979), *World of Aldus Manutius*, Cornell University Press; 심정훈 번역(2020), 알두스 마누티우스, 도서출판 길.

역주64) 에우리피데스(Euripides, BC 약480년~BC406년)는 고대 아테네에서 활동한, 아이스킬로스, 소포클레스와 더불어 가장 뛰어나다고 평가 받는 비극 시인이다. 오늘날 그가 쓴 18편의 비극이 남아 있다. 합리적인 예지・자유주의적・인도주의적 사상을 내포한 그의 극은 근세 유럽 비극 문학에 큰 영향을 주었다. 위키백과에서 인용.

역주65) 우신예찬(*In Praise of Folly*)은 한바탕 웃을 수 있는 풍자의 형식을 빌려 사람들의 풍속을 비판함으로써 악습과 폐단을 교화하고 충고하고자 한 에라스무스의 역작이다. 출간된 것은 1511년이며, 출간되자마자 유럽 각지에서 큰 호응을 얻어 유럽 각국의 언어로 번역된 작품이다. 위키백과에서 인용. 국내 번역본은 김남우 옮김(2011), 우신예찬, 열린책들. 참조.

것을 목표로 삼았지만, 특히 그는 기독교와 수학을 융합하고자 할 때 상상의 비약을 하는 경향이 있었다. 그는 군중에게 비례에 관한 유클리드 제5권은 기하학원론의 가장 어려운 부분 중 하나이며, 그 비례는 "가장 높고 분할되지 않는 삼위일체의 가장 깊은 존재를 홀로 관통하는 특성"이라고 말하였다. 이 말은 단지 에라스무스로부터 날선 비판을 받을 수 있는 일종의 말장난이었다.

다음 해, 파치올리는 자신의 유클리드 라틴어판과 신성비례를 인쇄하면서 파가니노 데 파가니니의 인쇄소에 돌아왔다. 파치올리에 의하면, 신성비례는 르네상스 시대 매우 중요한 주제인 수학과 자연과학을 예술에 적용하는 것에 대해 루도비코 스포르자의 궁정에서 정기적으로 열린 열띤 토론에서 영감을 받았다. 이러한 토론에 대한 응답으로, 파치올리는 "철학, 원근법, 회화, 조각, 건축, 음악, 기타 수학분야를 연구하는 것을 좋아하는 모든 사람"(Taylor, *op. cit.*, p.255)을 위해 예술의 수학적 기초를 설명하는 책을 쓰기로 결정하였다.

파치올리는 루도비코에게 자신의 신성비례를 헌정하면서, 자신의 난해한 수학적 추측이 "공허한 증기로만 귀를 즐겁게 하는 늙은 여자의 이야기도 아니고, 거짓되고 터무니없는 농담도 아니며, 거짓되고 신뢰할 수 없는 시적 상상도 아니다"(*ibid.*, p.258)라고 그에게 확신하고 있다. 그러나 파치올리가 실용적 목적을 선언하였음에도 불구하고, 신성비례는 또한 그의 가장 신비로운 연구이다. 그것은 오늘날 피(phi, Φ)나 황금중용[66] 또는 황금비율[67]로 더 잘 알려진 '신성비례'에 관한 것이며 5개의

역주66) 황금중용(golden mean) 또는 황금중도(golden middle)는 과도함과 부족함이라는 두 극단 사이의 바람직한 중간을 의미하며, 그리스 사상에서 유래한다. 위키백과에서 인용.

역주67) 수학에서 황금비율은 약 1.618이며, phi(Φ)와 동일하다. 위키백과에서 인용.

정다면체(플라톤의 다면체)와의 관계에 관한 것이다. 짧은 부분이 긴 부분과 연결되어 긴 부분이 전체와 관련되도록 선을 나눌 때 발생하는 황금비율은 피보나치 수열과 밀접하게 연결되며, 인체를 포함한 자연세계에서도 마찬가지로 이상한 빈도로 반복한다(예를 들면, 배꼽은 황금비율에 따라 신체를 나눈다); 조개껍질의 나선형 성장에서; 돌고래의 눈, 지느러미, 꼬리가 몸통에서 차지하는 비율; 해바라기의 종자머리.

레오나르도가 신성비례를 위해 60개의 아름다운 기하학적 그림 세트를 만들었는데, 파치올리는 그의 헌신을 인정하였다. 레오나르도의 삽화, 강력한 후원자, 접근가능성 덕분에, 신성비례는 당대 파치올리 저서 중에서 가장 잘 알려지고 성공적인 것이 되었다.

제10절 미친 여왕의 체스

파치올리는 체스[68]에 관한 최초의 책이라는 소문이 있는 체스게임론(*De ludo scacchorum; on the game of chess*)이라는 책을 한 권 더 집필했다고 주장하였지만, 사본이 발견되지 않았기 때문에 많은 사람들이 그 존재를 의심하였다. 그러나 이탈리아 북서부의 한 도서관에서 사본이 2006년에 발견되어 파치올리의 주장이 확인되었다. 파치올리가 1470년대 아바코를 가르치면서 도시들을 여행하는 동안, 퀸(queen)과 비숍(bishop)의 권한이 극적으로 강화되고 폰(pawn)의 권한이 확장된 것이 특징인 새로운 유형의 체스가 남부유럽에서 퍼지고 있었다. 이것은 여왕

역주68) 서양식 장기를 말하는데, 6종류의 흰말과 검은 말(킹 1마리, 퀸 1마리, 루크 2마리, 비숍 2마리, 나이트 2마리, 폰 8마리)로 모두 16개의 말이 있다. 체스판에는 8x8의 크기로 64칸으로 이루어져 있다. 위키백과에서 인용.

을 체스판에서 가장 강력한 말로 만들었기 때문에, "미친 여왕의 체스"(scacchi alla rabiosa, mad queen's chess)라고 하였으며, 이탈리아 궁정에서 급속하게 유행하였다. 이 주제에 관한 파치올리의 책에는 퀸, 비숍, 폰의 새로운 권한이 체스판에서 어떻게 작용하였는지를 포함하여 백 개 이상의 체스문제와 지침이 포함되어 있다.

파치올리의 체스게임론 재발견은 (아마도 미래지향적인 검은 삽화와 붉은 삽화를 만든) 레오나르도 다 빈치와의 연계가능성 때문에 흥미를 유발하였다. 그러나 이 책은 파치올리 지성의 깊이뿐만 아니라 수학자로서의 광범위한 관심을 명확하게 보여주기 때문에 파치올리 삶의 맥락에서 유의미하다. 이 책에 수록된 수수께기 일부는 매우 복잡하고 정교해서 유명한 천재인 레오나르도에게 기인한 것으로 알려져 있다. 레오나르도가 이 저서에 연루되었을 가능성이 매우 높지만(이 저서는 아마도 두 사람이 유명한 체스선수인 이사벨라 데스테의 궁정에 함께 있었던 1500년경에 편집되었을 것이다), 파치올리 자신이 수수께끼의 배후에 있는 지성이었을 가능성이 더 크다.

제11절 파치올리의 말년

파치올리는 베니스의 출판사를 통해 자신의 유클리드와 신성비례를 본 후, 1509년 말 산세폴크로로 돌아왔다. 수도원의 주의깊은 수도사들은 그를 환영하면서도 프란체스코 수도회 총원장에게 그에 대한 고소장을 제출하였다. 그는 프란체스코 수도회가 요구하는 청빈 서약을 지키지 않을 뿐만 아니라, "이 루카 사부님"은 남을 지도할 수 있는 모범수도사가 아니라, "우리가 매일 이해하고 보는 것에 따라서 시정되어야 할 사람"(*ibid.*, p.365)이라고 주장하였다. 산세폴크로에 있는 프란체스코 수도회 원장은 파치올리로부터 교황의 호의와 모든 행정업무를 박탈해야 한다고 요청하였다. 역사는 파치올리의 비행에 대한 세부사항을 기록하지 않았으며, 이 비행의 성질에 관한 추측, 예를 들어 파치올리는 그의 국제적인 생활방식, 명성 및 수학천재이기 때문에 고향에서 덜 배운 형제들 위에 군림하였을 것이라는 추측이 많이 있었다. 또는 비난받을 만한 그의 행동은 성적 및 기타 세속적 방종과 관련된 더 추악한 성질을 가지고 있다는 것이다. 파치올리에 관해 어떠한 불만이 제기되었든 간에, 그것은 곧 철회되었고, 3개월이 채 되지 않은 1510년 2월 22일 파치올리는 꼰벤뚜알 프란체스코회 총원장에 의해 산세폴크로에 있는 수도회 원장으로 임명되었다.

1514년, 파치올리는 로마대학교 수학교수로서의 마지막 학술적 임명을 받았다. 대학교수명단에 있는 그의 목록은 우리가 가진 그의 마지막 기록이다. 그는 몇 년 후 아마도 1517년 사망하였을 것이다.

파치올리와 동시대인인 크레모나의 다니엘 카에타니는 르네상스 수학 지식을 수집·정리·단순화하고 이용가능하게 하는 그의 탁월한 재능에 중점을 두어 이 수도사의 업적에 대한 16세기 초반의 견해를 다음과 같이 표현하고 있다.

> "수학의 과학은 억측과 추측에 가려진 후, 너무 많은 신체가 다양하고 복잡한 수치로 환원되어 실용적이지 못한 것을 루카스 만이 설명을 통해 단순화하여 아주 무지한 사람조차도 그가 눈앞에서 설명한 대로 이해할 수 있도록 만들었다. 그리고 과거에 누가 감히 이렇게 주목할

> 만한 시작을 하였는가? 루카스 파치오루스(Lucas Paciolus) 이전에는 가장 학식있는 수학자조차도 안 하였다는 점에서 그는 가장 희귀한 양상을 가진 거의 유일한 사람이었다."(*Ibid.*, p.320).

파치올리는 자신의 수학지식, 이를 체계화·공식화·최신화하는 재능, 인쇄기를 통해 최대한 많은 청중에게 자신의 언어로 수학의 비밀을 전파하려는 열정 등으로 당대에 유명하게 되었다. 그러나 그의 지속적인 명성은 그의 27페이지 부기논문, "계산과 기록의 상해"에 달려있다. 그리고 이제 우리는 이 저작에 관심을 기울인다.

제4장

파치올리의 기념비적인 1494년 복식부기논문

좋은 상인이 되려면 변호사보다 더 많은
기술이 필요하다는 속담이 맞다.
루카 파치올리, 1494[1)]

이탈리아의 귀중한 책 [파치올리의 부기 논문]은
당대에 사용되었던 원칙이 현재 부기 방법의 기초로
남아 있을 정도로 우리에게 많은 영향을 주었다.
존 가이스빅, 1914[2)]

역주1) 이 문장의 출처는 다음과 같다. 이원로 번역·해설(2011, p.44).

역주2) 이 문장의 출처는 다음과 같다. Pacioli(1494)의 영역본인 Geijsbeek(1914, p.3). 존 가이스빅(John B. Geijsbeek, 1872-1949)은 1872년 네덜란드에서 출생. 1893년 미국으로 이주. 덴버대학교에서 법학과 상업학을 전공. 덴버대학교 상과대 학장 및 회계학교수로 활동. 미국 공인회계사회 교육분과위원회 위원장을 역임. 1914년 루카 파치올리의 총람의 복식부기부분을 영문으로 번역·출판하여 상당한 명성을 획득하였다. 이원로 번역·해설(2011)에서 인용.

오늘날 루카 파치올리는 산술·기하·비·비례총람의 작은 일부인 "계산과 기록의 상해"라는 27페이지, 24,000단어의 부기논문으로 잘 알려져 있다. "계산과 기록의 상해"는 네덜란드어, 독일어, 프랑스어, 러시아어를 포함해서 14개의 다른 언어뿐만 아니라 영어로도 번역된 총람의 유일하게 중요한 부분이다.

앞으로 살펴보는 바는 바와 같이, 동일한 책의 수많은 사본을 (인쇄기에 앞선 필기문화에 비하여) 비교적 싸고 빠르게 보급할 수 있는 인쇄기의 힘 때문에, 부기 방법에 관한 최초의 인쇄물로서 파치올리의 부기논문은 점차적으로 유럽 전역에서 베니스 부기를 표준으로 만들었다. 파치올리의 원본을 자세히 조사해 보면, 그의 부기관행 기초와 15세기 이탈리아 상인의 세계를 잘 이해할 수 있을 뿐만 아니라 그 세계가 우리 세계와 얼마나 놀라울 만큼 가까운지에 대한 통찰력을 얻을 수 있다.

제1절 파치올리의 복식부기

파치올리는 총람의 나머지 부분과 마찬가지로, 우르비노 공작, 귀도발도에게 헌정하는 것으로 "계산과 기록의 상해"를 시작한다. 파치올리에 의하면, 그는 공작의 백성들을 염두에 두고, 이 "매우 필요한 특별한 논문"(Geijsbeek, p.33; 이원로 번역·해설, p.31)을 저술하였다. 파치올리는 우르비노 시민들에게 충분한 부기규칙을 제시하여, 그들이 자신들의 계정을 질서정연한 방식으로 유지할 수 있고 가능한 한 사업이 번창하여 통치자가 세금을 더 많이 징수할 수 있다는 것을 확신하기를 희망하였다.

파치올리는 복식부기를 "[상인의] 사건을 정리·기록하는 것에 불과한 것"(*ibid.*, p.27; 전게서, p.25)으로 폭넓게 정의하고 있다. 만약 어떤 상인이 파치올리가 설정한 시스템을 따른다면, 그는 항상 "자신이 하는 사업 전부를 알게 될 것이고, 자신의 사업이 잘 운영되는지 아닌지의 여부를 정확하게 알게 될 것이다. 따라서 사업을 하는 자가 자기 사업 전부에 대하여 알지 못한다면, 그의 돈은 날아가 버릴 것이다. 즉, 실패할 것이라는 속담이 있다."(*ibid.*; 전게서).

파치올리의 베니스 복식부기 공식화는 기업·상업 역사에서 위대한 발전 중 하나이다. 그는 200년 동안 베니스에서 실천되고 있었던 이 방법을 최고로 추천하고 있다. 즉, "이 논문은 베니스에서 사용된 시스템을 채택할 것이며, 이 시스템을 사용하면 다른 어떤 방법도 사용할 수 있기 때문에 이 시스템이 다른 모든 시스템보다 확실히 권장된다."[3] 베니스 원장은 피렌체상인들이 장부를 **베니스식**으로 기록하기 전에 그랬던 것처럼, 한 열(column)이나 한 페이지 아래에 차변·대변 항목을 섞는 대신, 차변과 대변을 분리하여 두 개의 열로 나눈다. 이것이 정확하게 오늘날 우리가 원장을 구성하는 방식이다. 파치올리가 말하는 것처럼, 이것은 베니스 부기에서 주목할 가장 중요한 사항이다. 즉, "(나 또는 회사의) 채권자는 원장의 우측에, (나 또는 회사의) 채무자는 좌측에 기록한다. 원장으로의 전기는 반드시 두 번 실시해야 한다. 채권자를 기록하면, 반드시 채무자도 기록해 주어야 한다."(*ibid.*, p.77; 전게서, p.189). 차변(debit)이라는 단어는 빚진다는 라틴어 debere에서 유래하고, 대변(credit)

역주3) 이원로의 번역해석(2011, p.33)에서는 이 문장을 다음과 같이 번역하고 있다. "이 글은 베니스식 기록방법을 채택한 것이다. 베니스식 부기는 누구나 기록방법을 그 시스템 내에서 찾을 수 있는 가장 우수한 기장 방법이다". 참고로 이의 원문은 다음과 같다. This treatise will adopt the system used in Venice, which is certainly recommended above all the other, for by means of this one, one can find his way in any other.

이라는 단어는 믿는다는 라틴어 credere에서 유래한다.

파치올리의 견해에 의하면, "사업을 조심스럽게 운영하고자 하는 사람은 세 가지가 필요하다. 이 중에서 가장 중요한 것은 현금이나 현금등가물이다. 그 말에 의하면, 이것이 없다면, 사업은 운영할 수 없다." 사업에서 두 번째로 필요한 것은 "훌륭한 부기담당자와 숙달된 수학자가 되는 것이다"(*ibid.*, p.33; 이원로 번역 · 해설, p.31). 세 번째이자 "마지막은 모든 거래를 한 눈에 이해할 수 있도록 체계적인 방법 즉, 차변과 대변의 방법으로 정리하는 것이다"(*ibid.*; 전게서, p.33). 오늘날에도 별로 변하지 않았다. 신중하게 창업하고자 하는 사람은 현금, 괜찮은 부기담당자, (오늘날은 대부분 회계소프트웨어 패키지에서 제공하는) 건전한 복식부기시스템이 필요하다.

파치올리는 그의 서문에서 분명히 한 바와 같이, 아주 자세하게 설명하지는 않는다. 즉, "비록 모든 사례를 들어서 설명하지는 못하지만, 주의깊게 정독하면 이 글만 읽어도 설명되지 않은 거래 유형까지 터득하여 스스로 기록할 수 있을 것이다"(*ibid*,; 전게서). 그는 다음 세기에 부기 저술가들이 했던 것처럼 작업 예제의 표본페이지도 제공하지 않는다. 그 대신에 그는 자신의 독자가 부기에 관한 실무지식을 가진 상인과 그 아들이라고 가정하고 있다.

파치올리에 관한 한, 체계적인 부기는 상인의 마음을 평화롭게 하는 열쇠이다. 그는 베니스의 복식부기가 "상인에게 매우 중요하다. 체계적인 기록과 정리가 이루어지지 않으면 사업을 수행하는 것이 불가능하고 마음의 안식도 얻을 수 없어, 마음이 언제나 혼란스럽기 때문이다."(*ibid.*; 전게서)라고 말한다. 언제나 교사인 파치올리는 베니스 부기의 가치를 칭찬할 뿐만 아니라 상인의 미덕을 찬양하고 걱정스러운 조언을 하기 위해 **계산**(*De computis*)에 자주 개입한다. 그는 상인은 "바다에서, 땅에서, 평시 또는 전시, 풍년 또는 흉년, 평년 또는 유행병의 시기에"(*ibid.*, p.37; 전게서, p.45) 많은 도전에 직면하기 때문에, 그들에게 열심히 일하고 침대에서 쉬지 말라고 조언한다. 상인은 항상 경계해야 한다. 즉, "이러한 위기시에 상설시장 또는 여기저기서 열리는 박람회에서 상인이 해야 할 바를 알아야 한다. 이러한 이유로 상인은 수탉과 비슷하다고 말하는 것이 항상 옳다. 수탉은 모든 동물 중에서 가장 기민하고 겨울과 여름에 항상 경계하며 쉬지 않는다."(*Ibid.*; 전게서).

15세기까지, 파치올리가 언급한 시장은 유럽 전역과 지중해에 전파되어서, 풍부한 상품을 취급하고 있었다. 즉, 런던에서 교환되는 코츠윌드(cotswolds)[4] 양모; 중부・동부 유럽의 광산에서 나온 은・동・철・주석; 러시아, 시베리아, 불가리아 등에서 나온 모피; 카이로, 알렉산드리아, 콘스탄티노플, 다마스쿠스, 타브리즈와 같은 중심지에서 거래되는 카펫・양단・비단・향신료. 그가 언급한 박람회는 12세기와 13세기 유럽에서 확산되었다. 가장 유명한 것은 프랑스 북동부에 있는 상파뉴의 연례무역박람회이었는데, 여기서는 직물・모피・가죽・향신료 등이 매매되었다. 그리고 매년 10월에 개최되는 오늘날의 프랑크푸르트 도서박람회는 독일왕 프리드리히 2세[5]가 1240년 공식적으로 설립한 가을 무역

역주4) 영국의 중부지방에서 남서쪽에 위치한 지역명.

역주5) 프리드리히 2세(Frederick II, 1194-1250)는 1198년부터 시칠리아의 왕, 1212년부터 독일의 왕, 1220년부터 이탈리아와 신성로마제국의 왕, 1225년부터 예루살렘의 왕을 역임하였다. 이탈리아에서는 페데리코 2세라고 부르기도 한다. 학문과 예술을 좋아했으며, 시대에 앞장선 근대적인 군주같은 행동 때문에 왕좌에 있는 사람 중에서 최초의 근대인으로 평가되기도 했다. 중세에서는 가장 진보적인 군주로 평가되어 같은 시대에 쓰여진 연대기에서는 세계의 경리라며 극찬했다. 위키백과에서 인용.

박람회에 그 기원을 찾을 수 있다.

파치올리의 조언 중 하나는 상인들이 모든 장부를 하나님에게 바쳐야 한다는 권고이다. 그는 "상인은 모든 장부의 첫 머리에 하나님의 이름을 기록하여 하나님의 이름을 기억하면서 사업을 시작해야 하며"(*ibid.*, p.33; 전게서, p.35), 그들의 첫 번째 회계장부를 "영광스러운 십자가 기호로 시작한다. 십자가 기호는 모든 마귀를 떨게 하고 또 도망하게 하기 때문이다"(*ibid.*, p.39; 전게서, p.53)라고 말한다.

여기서 우리는 초기 르네상스 세계에서 종교・사업・부기 사이에 존재한 복잡한 관계를 엿보는데, 이 당시는 상업의 추구는 도덕적으로 의심스러운 것이었으며, 영리한 돈 관리로 이득을 보는 것은 눈살을 찌푸리게 하는 것이었기 때문에 교회는 고리대금을 금지하였다. (고리대금에 대한 그러한 비난은 최소한 아리스토텔레스로 거슬러 올라가는데, 그는 이자가 "돈의 자연 대상이 아닌 돈 자체에서 이익을 얻기" 때문에 부를 창출하는 가장 사악한 형태라고 말한 바 있다). 프라토의 프란체스코 다티니가 1세기 전에 한 바와 같이, 파치올리는 상인들에게 이윤추구활동을 합당화하는 방식으로서 장부에 명백한 기독교 기호를 넣으라고 조언하였다. 복식부기의 이용 그 자체는 가톨릭의 신앙고백과 같았다. 즉, 만약 어떤 상인이 하나님 앞에서 세속적인 모든 활동을 고백하였다면, 아마도 그의 죄는 사해질 것이다. 파치올리가 상인들에게 장부에 포함하도록 권장하는 이러한 기독교 기호는 따라서 단순한 장식품이 아니다.

제2절 베니스 복식부기의 기초

파치올리는 베니스의 질서정연한 부기시스템을 가르치기 위해, 사업을 시작하는 사람의 예를 들어, 이 상인이 "한 눈에 각 항목을 제자리에서 찾을 수 있도록" 계정을 설정하기 위해 수행할 필요가 있는 다양한 절차를 독자들에게 안내할 것이라고 말하였다. 그러고 나서 파치올리는 자신의 부기논문에서 자주 하는 것처럼, 베니스에서 롬피아시와 함께 오랫동안 일한 경험과 이탈리아의 젊은이들에게 부기를 수년간 가르친 경험에서 나온 주의사항과 격언을 던진다. 그는 다음과 같이 적고 있다. "모든 것을 제자리에 두지 않는 사람, 즉, 사업 상황을 한 눈에 파악하지 못하는 사람에게는 언제나 곤란과 혼란만이 남는다. 질서가 없는 곳에는 언제나 혼란이 있기 때문이다"(*Ibid.*, p.33; 전게서, p.33).

오늘날 이익중심의 상업세계에서 우리는 모든 사업의 목적이 이익을 창출하는 것이라는 생각에 더 익숙하다. 그러나 파치올리는 이것이 그다지 자명하지 않고 이익계산을 위한 수단, 특히 베니스 부기시스템이 널리 이용되지 않은 시대에 글을 쓰고 있었다. 그래서 그는 모든 상인의 목표는 "합법적으로 충분한 이익을 획득하여 그의 사업을 성장시키는데 있다"(*ibid.*; 전게서, p.35)는 점을 분명히 하고 있다.

파치올리가 말하기를, 상인이 해야 할 첫 번째 일은 자신이 소유하는 모든 물건의 재고목록을 작성하는 것이다. 상인은 "항상 문서 또는 별도의 장부에 자신이 이 세계에서 가진 것이 동산이든 부동산이든 무엇이든간에 매우 귀중하고 분실할 가능성이 높은 현금, 보석, 은 등과 같은 것으로 시작하면서 기록해야 한다."(*Ibid.*; 전게서). 그리고 오늘날 대부분의 기업이 여전히 하는 것처럼, 르네상스 상인은 하루 만에 재고조사를 완료

해야 한다. "그렇지 않으면, 미래에 기업의 운영에서 불필요한 혼란이 초래되기 때문이다"(*Ibid.*; 전게서). 파치올리가 이 경고를 덧붙이고 있는데 이는 재고목록이 특정한 날짜나 시간 현재 기업이 소유하는 재고자산에 관한 기록이며, 따라서 재고조사를 실시하는 기간이 짧을수록 재고자산이 더 정확할 것이기 때문이다.

1493년 11월 8일 파치올리는 전형적인 베니스상인에게 제공한 견본목록에는, 베니스・헝가리・시에나・피렌체의 교황 플로린(florins)과 금화와 동전; 생강상자, 후추자루, 계피・전향 포장, 여우・새미(chamois)가죽; "운하 위의 성 사도(St Apostle)거리에 위치한 수많은 방, 안뜰, 우물, 정원 등"(*ibid.*, p.35; 전게서, p.41)이 있는 다층주택 등을 포함한 엄청난 부가 나열되어 있다. 그는 베니스의 다양한 교구에 있는 상인의 은행예금과 그 상인에 봉사한 모든 은행원의 이름을 포함한 모든 세부사항을 열거하여, "그러한 사무실에서 은행들은 가끔 그곳에 가는 많은 사람들로 인해 매우 많은 계정을 기록・유지해야 하기 때문에 돈을 인출하러 갈 때 계좌를 쉽게 찾을 수 있도록 하였다"(*Ibid.*, p.37; 전게서). 상인은 재고목록을 완료하기 위해서, 그의 채무자와 그 자신의 빚에 관한 명세를 덧붙여야 한다.

일단 재고목록이 만들어지면, 상인은 사업거래를 기록할 세 개의 장부가 필요하다. 첫 번째는 일기와 같은 작용을 하고 상인의 거래를 임시적으로 기록한 것이기 때문에 '거래일기장'(waste book)으로도 알려져 있는 **영업일지**(memorandum)이다. 파치올리는 이 영업일지를 "발생하는 모든 거래를 크든 작든, 매일매일, 한 시간씩 상인이 기록하는 장부"(*ibid.*, p.39; 전게서, p.51)로 서술한다. 상인은 이 장부에 "조금도 빠짐없이 사고파는 것을 비롯한 모든 거래를 자세하게 기록해야 한다. 이미 재고자산에 대해 설명한 바와 같이 모든 일을 명료하게 처리하기 위하여 누가, 무엇을, 언제, 어디서 했는지"(*ibid.*; 전게서)를 기록해야 한다.

두 번째 필요한 장부는 **분개장**이다. 상인은 재고자산을 분개장에 기입한 후, 영업일지에 기록되어 있는 각 거래의 세부사항을 산뜻하고 체계적으로 기록하기 위해 이 장부를 이용한다. 파치올리의 베니스 시스템에서 분개장에 기입되는 모든 항목에는 두 개의 핵심단어 중 하나가 선행해야 한다. 즉, ['로부터'(from)를 의미하며 원장계정을 차변에 기입해야 한다는 것을 가리키는] **차변**(*per*)과 [으로(to)를 의미하고 원장계정을 대변에 기입해야 한다는 것을 가리키는] **대변**(*a*). 이러한 두 가지 표현 중에서 하나가 어떤 항목을 선행하지 않는다면, 그 항목을 분개장에 결코 기입하지 않는다.

세 번째 장부는 **원장**이다. 원장은 두 개의 열로 구분된 페이지로 구성되며(이 중에서 가장 단순한 형태는 현재 T-열로 알려져 있다), 모든 분개장기입(분개)을 두 번 기록한다. 분개장에서 이루어지는 모든 분개의 경우에 원장에는 두 개 있을 것이다. 즉, 하나는 T-열의 왼쪽에 기입되는 차변과 다른 하나는 오른쪽에 기입되는 대변. 두 개의 열로 구성된 원장은 계정관리에 큰 발전을 의미하였다. 상인은 이 시스템을 이용함으로써 언제라도 자산과 부채의 정확한 상태를 한 눈에 볼 수 있을 것이다. 그것으로 인해 그는 또한 부기에서 실수를 비교적 쉽게 발견할 수 있었다. 만약 그의 장부가 균형을 이루지 않았다면, 즉, 그의 차변이 대변과 일치하지 않았다면, 그는 어디선가 실수를 하였으며, 그것을 발견하기 위해 장부를 자세하게 조사해야 할 것이다. 쌍방계정의 복식부기 원장은 베니스상인이 만든 혁신이었으며, 베니스 부기가 오늘날 복식부기로 알려진 이유이다.

상인의 장부는 상업관리인에게 등록해야 한다. 파치올리는 상인이 관리인에게 "이 모든 장부가 자기 또는 대리인에 의하여 체계적인 방법으로 모든 거래가 기록된 것임"(*ibid.*, p.41; 전게서, p.55)을 증언해야 한다고 말하고 있다. 이외에, 관리인에게 거래를 기록하기 위해 어떤 종류의 화폐를 이용할 것인가도 증언해야 한다. 각 주요 도시마다 고유한 조폐국과 고유한 통화가 있던 시대에 상인들은 자신의 계정을 표시하기 위해 유통되는 무수한 통화 중에서 무엇을 사용할 것인가를 선택해야 했다. 일단 이것을 선택하면, 상업관리인이 장부를 인증하고 법원에 제출할 수 있는 법적 문서로 만들기 위해 인장을 첨부한다.

제3절 분개장과 원장에 재고자산 기입하기

상인은 자신의 재고자산을 영업일지에 기입한 후, 15세기 베니스에서 분개에 필요한 두 개의 단어, **차변**(*per*)과 **대변**(*a*)을 이미 언급한 바와 같이 이용하면서, 재고자산을 분개장에 기록해야 한다. 각 분개는 차변(*per*)으로 시작하고는 그 직후에 *a*로 표시되는 대변을 기록한다. 차변이 먼저 주어진다는 것은 복식부기의 기본적인 관습 중 하나이다. 두 개의 기입은 동일한 선상에서 차례대로 기입되며, 두 개의 작은 사선(*//*)으로 서로 분리한다.

그러고 나서 파치올리는 원장이나 분개장에서 '현금'과 '자본금'이라는 표현을 이용하여 자신이 소유한 현금을 어떻게 기입하는가를 서술한다. 그는 현금이 당신의 '지갑'(pocket book)이고 자본금이 당신이 소유하고 있는 전체 금액이라고 말한다. 그때도 지금처럼 자본금은 모든 주요한 분개장과 원장에서 항상 대변이었으며, 현금은 항상 차변이었다.

주요장부에서 자본금이 항상 대변이고 현금이 항상 차변이라는 것은 복식부기의 또 다른 관습이다. 회계에서 차변과 대변이라는 용어는 쉽게 정의되지만(이들은 단순히 계정의 왼쪽과 오른쪽을 나타낸다), 이들은 적용하기가 그렇게 쉽지 않다. 모든 회계학생이 알다시피, 이들의 이용은 직관적이지 않고 혼란스러울 수 있다. 부기학생은 자산이나 비용계정에서 차변기입은 그러한 자산이나 비용을 증가시키고, 부채, 자본 또는 수익계정에서 차변기입은 그러한 계정을 감소시킨다는 것을 배워야 한다. 이러한 각 사례의 대변기입의 경우에는 그 반대이다. 거래를 차변과 대변으로 분류하는 것은 파치올리가 이것이 수행되는 방법을 보여주는 규칙목록을 포함시킨 후 회계학생과 기장자의 골칫거리이다. 그러나 파치올리가 제시하는 지침은 훨씬 더 간단하다.

그래서 말하자면 12,000두카트의 현금소유를 (파치올리의 분개장유형보다는 오늘날의 분개장유형을 이용하여) 분개장에 분개하기 위해서는 다음과 같이 실시한다.

분 개

		차변(Dr)	대변(Cr)
1493년 11월 8일	현 금	12,000	
	자본금		12,000

기록된 항목에 대한 차변 및 자본금에 대한 대변과 함께 재고자산을 계속해서 기입한다. 예를 들면, 1493년 베니스상인의 경우, 그 항목계정에는 생강・후추・계피・정향・백단목 등이 포함될 것이다. 파치올리의

방법에서, 만약 상인이 자신의 후추를 분개장에 분개한다면, 그 분개는 다음과 같을 것이다. 즉, 두카트로 제시된 후추의 가치와 함께, "차변 후추 // 대변 자본금". 이것은 후추에 대한 차변과 후추의 두카트가치 자본금에 대한 대변을 가리킨다. 파치올리는 각 재고품목의 가치를 계산하기 위해서 단순히 각 품목에 '관례적인 가격'(customary price)을 제시하라고 말한다. 이익의 이름으로 그는 상인에게 그들의 가격을 "낮게 매기기보다는 높게 매겨야 한다. 예를 들면, 만약 그것들이 20의 가치가 있다고 판단하는 경우, 더 많은 이익을 올릴 수 있도록 24로 기록해야 하는데, 이렇게 하면 큰 이익을 얻을 수 있기 때문이다"(*Ibid.*, p.45; 전게서, p.73)라고 조언한다.

일단 분개장에 모든 분개를 한 후에, 원장으로 전기해야 한다. 각 분개가 원장으로 두 번 전기되기 때문에, 원장은 분개장보다 더 크며[원장은 큰 장부(big book)라고도 알려졌다], 상인이 모든 차변항목과 대변항목의 이름과 이들의 각 페이지 번호를 적는 [파치올리가 '용어찾기' (finding key)라고 하는] 색인을 필요로 한다.

우선, 상인은 현금을 원장의 첫 페이지에 기입해야 한다. 파치올리는 상인이 원장에 "최초의 현금기입은 원장의 차변에, 최초의 자본금기입은 원장의 대변에"(*ibid.*, p.47; 전게서, p.85)를 어떻게 기입하는가를 보여주고 있다. 예수에 대한 감사의 글과 날짜를 작성한 후, 상인은 다음과 같이 작성해야 한다. 즉, 11월 8일 12,000두카트의 현금계정에 차변기입하고, 자본금계정에 대변기입한다. 원장전기는 다음과 같을 것이다.

현금계정에서

1493년 11월 8일	현 금	
	12,000	

자본금계정에서

1493년 11월 8일	자본금	
		12,000

원장에 차변과 대변을 기입한 후, 분개장에 이들을 표시하고, 원장 페이지 번호를 여백에 추가한다. 이렇게 함으로써, 상인은 원장을 분실하더라도 영업일지나 분개장으로부터 원장을 재구성할 수 있다.

일단 파치올리는 현금을 포함한 개인용품에 대해 분개장에서 원장으로 재고자산의 분개를 어떻게 전기하는가를 설명하고는, 생강의 예를 이용하여 상품을 분개장과 원장으로 어떻게 기입하는가를 설명하고 있다. 상품재고가 있는 경우, 상인은 "이탈리아 전역의 상거래에서 사용되는 다양한 방식에 따라 상품의 숫자 · 무게 · 금액 등에 대하여 염두에 두어야 한다"(*Ibid.*, p.51; 전게서, p.93). 분개장에서 상인의 생강재고의 가치 합계는 "차변 생강(생강재고의 명세) // 대변 자본금(생강재고의 명세는 두카트에 의한 총가치와 함께 제공된다)"(*Ibid.*; 전게서).

그러고 나서 파치올리가 우리에게 상기한 바와 같이, "원장으로 두 번 전기해야 한다. 즉, 차변과 대변 양방으로 전기해야 한다"(*Ibid.*; 전게서, p.95). 그래서 원장에서 생강계정은 차변기입되고(매우 많은 두카트로 시가에 따라 평가된 생강과 함께, "생강(벌크용), 차변, 11월 8일, 상대계정은 자본금")(*Ibid.*; 전게서). 자본금계정은 같은 금액으로 대변기입된다.

파치올리는 “상인이 푸줏간 주인보다 더 이해력이 좋을 테니”(*ibid.*, p.53; 전게서, p.99), 어떠한 것도 잊지 않고 모든 상품을 이러한 방식으로 원장과 분개장에 기입해야 한다(르네상스 생활에 필수적인 거래)고 말하고 있다.

제4절 거래 기록하기

그러고 나서 파치올리는 개당 12두카트에 20개의 흰색 천을 구입하는 상인의 예를 이용하면서, 거래를 영업일지에 기록하는 방법을 설명하고 있다. 이 기록은 다음과 같은 방식으로 이루어진다. 즉, “이 날 나는 브레시아(Brescia)[6]의 필리포 드루포니(Filippo d'Rufoni)씨로부터 흰색 브레시아 천(*bresciani*) 20개를 구입했다”(*Ibid.*, p.41; 전게서, p.59). 파치올리가 말하는 것처럼, 상인은 영업일지에 각 사업거래의 모든 상세한 사항을 기록해야 한다. 이 경우에, 상인은 거래의 날짜・장소, 구입한 품목의 명세, 매입처 사람의 이름, 판매의 성격(예를 들면, 전액현금인지, 현금과 외상의 혼합인지, 현금과 물물교환의 혼합거래인지, 또는 거간을 통하여 판매가 이루어졌는지) 등을 기록할 것이다. 파치올리가 말하는 것처럼, 영업일지에서 “어떠한 것도 생략해서는 안된다.”

1493년 11월 21일 12두카트로 20개의 흰색 천을 구입한 이와 동일한 베니스상인의 경우, 여기에는 파치올리의 시스템을 사용하지만, 명확히 하기 위해 오늘날의 기호를 이용하여 분개장과 원장의 기록이 어떻게 이루어지는가를 보여주고 있다.

역주6) 베니스의 서쪽 마을.

분 개

		차변(Dr)	대변(Cr)
1493년 11월 21일	천	240	
	현금		240

(현금으로 흰색 천 20개를 구입하다)

원장 기록은 다음과 같을 것이다.

1. 구입한 천의 가치로 천 계정의 차변에 기록한다.

천

	차변	대변
1493년 11월 8일	3,000	
1493년 11월 21일	240	

(여기서 3,000은 상인의 재고자산에 이미 있는 천의 두카트가치이고, 240은 1493년 11월 21일 구입한 천의 가치이다).

파치올리는 분개장에서 각 기록의 경우 두 번의 원장 전기를 하는 것이 중요하다고 한번 더 강조한다. "차변 기록없이 대변을 기록해서는 안된다. 즉, 반드시 차변과 대변을 동시에 기록해야 한다. 이러한 기록에 의하여 시산표(균형표, 일치표)가 작성되기 때문이다"(*Ibid.*, p.47; 전게서, p.81).

천을 구입한 베니스상인의 경우, 두 번째 원장 전기는 이 상인이 흰색 천을 구입하는데 지출한 금액으로 대변기입하는 현금계정에서 이루어져야 한다.

2. 구입한 천의 가치로 현금계정의 대변에 기입한다.

	현금	
1493년 11월 8일	12,000	
1493년 11월 21일		240

(여기서 12,000은 상인의 재고자산에 있는 현금의 가치이고, 240은 구입한 천의 두카트 가치이다.)

베니스상인은 20개의 흰색 천을 개당 12두카트로 구입한 후, 3,240두카트의 가치가 있는 천을 가질 것이며 현금소유는 11,760두카트(또는 12,000-240)일 것이다.

제5절 관청 · 조합 · 은행 계정 관리하기

파치올리는 베니스의 시립대부은행과 같은 관청과 계정을 어떻게, 왜 관리하는가를 상세히 설명하고 있다. 이러한 계정은 "당해 기관의 서기로부터 채권 또는 채무에 관하여 그가 친필로 쓴 문서"(*ibid.*, p.53; 전게서, p.99)를 확보해 주어야 한다. 이러한 계정을 추적하는 것은 매우 중요하다. 왜냐하면 파치올리가 설명하는 바와 같이,

> "이러한 기관에서는 자주 담당 서기를 교체하는데, 이 서기들은 자기 나름의 방법으로 기록하는 경향이 있다. 그는 언제나 전임 서기가 장부를 제대로 정리하지 않았다고 비난한다. 그는 자신의 방법이 그 어느 누구의 방법보다 우월하다고 주장하는 경향이 있다. 가끔 그 서기들은 그 어느 장부에도 근거가 없는 방식으로 관련 장부를 엉터리로 작성한다. 만약 상인이 이러한 서기를 담당으로 만난다면 그것은 큰 불행이다. 그러므로 이런 서기들은 조심해서 다루어야 하고 집이든 가게든 어디서든 항상 경계를 해야 한다. 그들은 일을 잘하는 것처럼 보이지만, 결국은 무지를 드러낼 것이기 때문이다."(*Ibid.*; 전게서).

500년 동안 많이 변하지 않았다. 즉, 서기가 오고 가며, 각자는 자신의 방법을 최선으로 간주하고, 전임자를 모든 혼란이나 오류의 원천으로 간주한다.

15세기 베니스에서는 만약 거간이 각 상업거래를 기록하지 않았다면, 그는 벌금을 물고 동시에 해임되었다. 파치올리가 말하는 것처럼, "당연히 영광스런 베니스 공화국에서는 이런 불법행위를 하는 서기들을 징계한다. 나는 과거에 중벌을 받은 거간을 꽤 많이 알고 있다. 그리고 공화국 정부는 거간들이 제대로 기록하는지 아닌지만 감독하는 관리인을 두고 있다"(*Ibid.*; 전게서, p.101).

파치올리는 자신의 논문에서 리알토 거래소에서 계정을 기록・유지하는 방법으로부터 "가장 중요하고 널리 알려진 물물교환거래와 조합의 상관습"(*ibid.*, p.57; 전게서, p.115)에 대한 회계의 세부사항까지 상인업무의 모든 범위를 설명하고 있다. 이러한 '특이한' 관습은 극히 중요한 상업활동이며, "물물교환거래, 조합거래, 공동여행, 공동벤처사업, 다른 사람에게 받은 수수료, 어음, 환어음"(*ibid.*; 전게서)을 포함한다. 파치올리는 각 상인의 손익을 볼 수 있도록 상인이 이러한 계정을 주요한 사업에서 분리하여 기록·유지할 것을 권고하고 있다. 상인은 '조합 현금'과 '조합 자본'의 범주들을 이용하여 조합원과의 거래에 대해 별도의 장부를 보관하여 상인 자신의 것과 구별해야 한다.

파치올리는 독자에게 은행과 계정을 기록·유지하는 방법을 말하고 있다. "은행은 오늘날 베니스, 브뤼셀, 앤트워프, 바르셀로나 등의 유럽 각 도시에 있는데"(*ibid.*, p.63; 전게서, p.135), 이 은행들과 거래할 때는 기록을 신중하게 해야 한다. 그는 은행계정이 고객의 돈을 더 안전하게 보호할 수 있기 때문에 유용하며, 직원을 신뢰할 수 없더라도 마찬가지이고, 상인이 그 채권자에게 매일 지급할 수 있게 한다고 말한다. "은행에 현금을 예치하면, 은행이나 그 소유자 또는 그 조합원명을 차기하고, 현금을 대기하면 된다"(*Ibid.*; 전게서). 분개장의 기록은 다음과 같아야 한다. 예를 들면, "차변 리파마니은행 // 대변 보증금가치의 현금". 직원이 방황할 가능성이 있다는 점을 감안할 때, 파치올리는 상인에게 은행에서 모든 거래에 대한 서면 기록을 받아야 한다는 점을 상기시키고 있다. 인출의 경우, 상인은 반대로 해야 한다. 즉, "인출한 금액에 대해 현금을 차변기입하고, 은행명 또는 은행소유자를 대변기입하면 된다"(*Ibid.*; 전게서, p.137).

제6절 손익계정

다음으로 파치올리는 손익계정으로 전환하는데, 이 계정은 분개장이 아닌 원장에서만 보관된다. 그가 설명하는 것처럼, 이 계정의 금액은 "원장에서 발생한 과부족액에 불과하고 실제거래가 아니다."(*Ibid.*, p.67; 전게서, p.149). 그래서 "각 계정의 잔액은 이 계정으로 이체, 즉 전기되어야 한다"(*Ibid.*; 전게서). 파치올리가 여기서 의미하는 것은 각 원장계정이 균형을 맞추어야 한다는 것이며, 균형을 맞추기 위해 계정의 차변이나 대변에 가산되는 숫자가 '잔액'이라는 것이다. 그래서 예를 들면, 천 계정의 균형을 맞추기 위해, 예에서 베니스상인은 3,240두카트의 대변을 가질 것이다. 즉, 그의 천 소유는 이제 3,240두카트이며, 이는 천 계정의 '잔액'이다.

파치올리는 이 계정을 개설하는 방법을 보여주고 있다. 즉, 특정한 상품에서 손실이 발생할 경우, 원장에 있는 계정은 차변(매입액)보다 대변(매출액)에 적은 금액을 보여줄 것이다. 그래서 "대차를 일치시키기 위해 대변에 차액을 기록할 것이다"(*Ibid.*; 전게서). 상품계정에서의 기록은 다음과 같다. "상품계정 대변, 이체는 손익계정, 손실로 인한 차액을 여기에 기록하여 상품계정의 차대변 잔액을 일치시킨다". 그러고 나서 손익계정으로 이동하여 다음과 같이 동일한 금액을 차변기입한다. 즉, "손익계정 차변, 날짜, 상품계정의 대변 금액, 즉 손실액을 여기로 전기하다. 상품계정의 페이지 번호는 몇 페이지다"(*Ibid.*; 전게서).

이 특정한 상품에 대한 계정이 손실 대신에 이익을 나타내는 경우 즉, 차변보다 대변에 더 많을 경우 그 반대가 될 것이다. 상인은 상품이나 기타 상품에 대한 모든 계정에 대해 이 작업을 수행해야 한다. 그리고 이 작업을 수행함으로써, 파치올리가 말한 바와 같이, "이렇게 하면 한 눈에 손익 여부와 그 금액을 파악할 수 있다"(*Ibid.*; 전게서). 일단 이것을 수행하면, 손익계정의 잔액은 "마감하기 위해 자본금계정으로 이체되어야 하는데, 자본금계정은 모든 계정의 종착지라고 할 수 있다"(*Ibid.*; 전게서).

원장의 대차균형을 맞추기 위해서는 분개장에 대해 모든 원장기록을 철저하고도 수고스럽게 검토해야 한다. 파치올리는 이 절차에 엄격한 지침을 제시하고 있다. 즉, "만약 이것을 잘 하려면, 신중함이 요구된다. 먼저 이 작업을 혼자서 하기는 어려우므로 협조자를 구해야 한다."(*Ibid.*, p.69; 전게서, p.165). 그는 협조자에게 분개장을 주고 당신 자신은 원장을 가질 것을 권고한다. 일단 원장과 분개장의 모든 계정이 검토되고 두 장부의 대차가 일치한다는 점이 발견된다면, "그것은 모든 분개와 전기가 정확하게 기록되었음을 의미한다"(*Ibid.*; 전게서, pp.166-167).

제7절 구원장 계정 마감하기

시산표를 작성할 수 있게 할 구원장의 계정을 마감하기 위해서, 상인은 현금계정으로 시작해야 한다. 파치올리는 상인에게 일년에 한 번 장부를 마감하고, 이들이 균형을 이루고 있는지를 검토하도록 권고한다. 즉, "매년 마감하는 것, 즉, 매년 새로운 장부를 사용하는 것이 더 좋은 방법인데, 특히 공동사업을 할 경우에 그렇다. 계산이 우정을 지속시킨다는 속담이 있다"(*Ibid.*, p.67; 전게서, p.157). 만약 시산표에서 (왼쪽에 요약된) 차변합계와 (오른쪽에 요약된) 대변합계가 동일하다면, 원장이 잘 유지되었고 마감될 수 있다. 만약 합계가 일치하지 않는다면, 파치올리가 "가끔은 아무리 주의해도 어쩔 수 없이 실수를 하는 경우가 있다"(*ibid.*, p.69; 전게서, p.163)라고 너그럽게 변명하는 원장에 오류가 있으며, 다시 검토해야 할 것이다.

현금계정, 자본금계정, 상품계정, 동산계정, 부동산계정, 채무자계정,

채권자계정, 공무원계정, 거간계정 등 원장의 모든 계정은 손익계정으로 마감해야 한다. 이 모든 기록을 손익계정으로 마감함으로써, 상인은 원장의 모든 계정을 마감할 것이다. 손익계정의 차변합계와 대변합계를 산출한 후, "이를 비교하면 손익여부를 쉽게 파악할 수 있다; 각각의 장소에서 비례적으로 차감해야 할 것이 차감되고, 가산해야 할 것이 가산되었다"(*Ibid.*, p.73; 전게서, p.175). 손익계정의 차변금액이 더 크면 사업기간중에 손실이 발생한 것이고, 반대의 경우에는 순이익이 발생한 것이다.

이 과정의 마지막 단계는 순손실이나 순이익을 "사업개시시점에서 재물내역을 기록했던"(*ibid.*; 전게서) 자본금계정으로 이체하여 손익계정을 마감하는 것이다. 손실이 발생하면(하나님은 성실한 기독교인으로 생활하는 사람이라면 그가 어떠한 상황에 있을지라도 지켜주신다) 그 순손실액을 자본금계정의 차변으로 이체하여 마감한다. 순이익이 발생하면, 자본금계정의 대변으로 이체하여 마감한다.

이것은 상인이 자신의 사업이 어떻게 되고 있는가를 한 눈에 말할 수 있는 순간인 복식부기의 절정이다. 상인은 원장을 잘 기록해 왔고, 따라서 마감할 수 있는가를 검토하기 위해, 별도의 종이에 원장의 모든 차변합계를 산출하고 이늘을 종이의 왼쪽에 놓고, 종이의 오른쪽에 모든 대변합계를 산출해야 한다. 그러고 나서 이들 두 열을 각각 합산하여, 첫 번째 열은 차변의 총액이고, 두 번째 열은 대변의 총액이다. 만약 이들 두 총액이 일치하면, "당신의 장부가 제대로 기록·마감되었다는 결론을 내려도 된다."(*Ibid.*; 전게서, p.177).

제8절 파치올리의 결론

끝으로 파치올리는 독자들에게 계정을 기록·유지하는 것이 얼마나 중요한지를 상기시키고 있다. "사업을 하는 자가 장부 기록방법을 모르는 것은 눈을 감고 헤매는 격이고, 결국은 거대한 손실로 귀착되기 때문이다."(*Ibid.*; 전게서). 그는 다음과 같이 말함으로써 자신의 논문에서 결론을 내린다. 즉, "그러므로 상인은 내가 이 훌륭한 책에서 충분히 설명한 방법에 따라 유능한 부기담당자가 되도록 모든 노력을 기울여야 한다."(*Ibid.*; 전게서). 그리고 나서 그는 자신이 제시한 모든 규칙의 요약을 첨가하였는데, "이것이 당신들에게 매우 유익할 것이라는 것에 대하여 나는 의심하지 않는다. 그리고 내가 하나님의 영광과 그에 대한 찬양을 위하여 언제나 선한 일을 할 수 있도록 나를 위하여 하나님께 기도해주기를 바란다."(*Ibid.*; 전게서, p.179).

파치올리는 총람의 27페이지에 걸쳐서 베니스 부기를 성문화한 최초의 사람이었으며, 최신의 소통기술인 인쇄책을 사용하여 이 중요한 상업정보를 기록·보급하였기 때문에, 다음 장에서 보는 바와 같이, 유럽 전역에 퍼진 것은 그의 이탈리아식 부기형태이었다.

제 5 장 베니스 복식부기의 전파

[인쇄]는 서구문명사에서 지적 생활의 조건에
가장 급진적인 변화를 가져왔다...그 영향은
인간생활의 모든 부문에서 조만간 느껴졌다.
엘리자베스 아이젠슈타인, 1979[1)]

복식부기 또는 일반적으로 이탈리아의 부기방법이라고
하는 것은 우리가 다루는 각 항목에 대해 순이익이나
순손실을 보여줄....그러한 방식으로 회계를 유지하는 기술이며,
이에 의해서 추구해야 할 분야와 거부해야 할 분야를 지시받는다.
워드하우프 톰프슨, 1771[2)]

역주1) 이 문장의 출처는 다음과 같다. Eisenstein, E.L.(1979), *The Printing Press as an Agent of Change*, Cambridge University Press, p.28. 엘리자베스 루이슨 아이젠슈타인(Elizabeth Lewisohn Eisenstein, 1923-2016)은 프랑스혁명과 19세기 초 프랑스를 다루는 미국의 역사학자로 미시간대학교 역사학 교수를 역임하였으며, 2002년도 미국역사학회 우수학술자상을 수상했다. 그녀는 출판역사에 관한 연구로 널리 알려져 있으며, 그 연구에서 서구 문명의 문화에 광범위한 영향을 끼친 인쇄기의 역할 뿐만 아니라 필사문화시대에서 출판문화시대로 진행하는 동안에 일어난 매체의 변화를 다루었다. 위키백과에서 인용. 저서로는 *The Printing Press as an Agent of Change*(1979), *Grub Street abroad: Aspects of the French Cosmopolitan Press from the age of Louis XIV to the French Revolution*(1992) 등이 있다.

역주2) 이 문장의 출처는 다음과 같다. Thompson, W.(1771), *The accomptant's*

인쇄기와 인쇄기를 사용한 사람들은 20세기 컴퓨터가 발명되기 전까지 다시는 볼 수 없었던 규모로 지식의 발표·전파에 혁명을 일으켰다. 인쇄기는 구전전달에 대한 의존을 낮추고 문자문화를 변화시켰을 뿐만 아니라, 동일한 텍스트의 여러 사본을 생산할 수 있는 능력으로 인쇄 자체의 힘을 널리 알리는 역할을 하였다. 그것은 그 자체로 최고의 광고이었다. 1450년대 인쇄기가 발명된 지 10년 만에, 인쇄기의 소식은 유럽 전역으로 퍼져나갔고, 1500년까지 영국(1476)에서 오스만 제국(1494)에 이르기까지 많은 인쇄기가 보급되었다. 로마에서 출판된 신간서적이 몇 주 만에 영국 독자도 이용할 수 있었다.

에르하르트 라트돌트가 도표와 기타 수학적 기호를 정확하게 재현하는 방법을 발견함으로써 고대 로마숫자에 결정적인 타격을 주었다. 그것은 또한 유럽의 보편언어로서의 라틴어의 종말과 과학언어에 의한 점진적인 대체의 시작을 알렸는데, 1623년 이탈리아 천문학자이자 철학자인 갈릴레오가 지적한 바와 같이, 이 과학언어는 "라틴어도 아니고 현지어도 아닌 숫자·도형, 원·삼각형·사각형이었다"(Eisenstein, p.531). 신뢰할 수 있는 도표의 많은 사본 인쇄가 서구문명의 과정에 얼마나 급진적으로 영향을 주었는지 주목할 가치가 있다. 우선 갈릴레오가 이해한 것처럼, 인쇄술은 과학의 승리와 보편적 언어로서의 수학의 부상을 가능하게 하였다. 이와 동시에 그것은 궁극적이고 논쟁의 여지가 없는 진리의 원천으로서의 성경과 종교의 종말을 가져왔다. 역사학자 엘리자베스 아이

oracle; or, key to science, p.1. 이 책은 1771년 초판, 1984년 재판이 출간되었으며, 2020년에도 Routledge출판사에서 출간되었는데, 회계역사에 대한 통찰력을 제공하고 있다. 런던의 회계사인 톰프슨이 저술한 이 책은 18세기의 회계직을 살펴보고 있는데, 부기체계, 은행업, 제조업자를 위한 복식부기 등을 살펴보고 있다. wikipedia에서 인용.

젠슈타인이 주장하는 것처럼, 인쇄술이 가져온 변화는 "신뢰가 신의 계시로부터 수학적 추론과 인간이 만든 지도까지 어떻게 이동하였는지를 설명하는 가장 그럴듯한 출발점을 제공한다"(*Ibid.*, p.701). "레온 바티스타 알베르티가 15세기 초에 보고 있었다고 생각한 것[회화에 관한 그의 1435년 논문인 회화론(*De pictura*)에서 설명한 바와 같이, 예술·회화·조각·건축 등에 수학의 도입]은 모든 생활영역에 걸친 수학의 확산에 관한 하나의 국지적 예에 사실상 불과한 것으로 판명되고 있다"(Field, p.294).

상인을 위한 인쇄논문으로서, 루카 파치올리의 "계산과 기록의 상해"는 이러한 인쇄혁명의 물결에 휩쓸렸다. 그 페이지들을 통해서, 베니스 부기가 유럽 전역에 보급되었으며, 사업가는 베니스 상업의 비밀을 배우기 위해 리알토로 더 이상 여행갈 필요가 없었다. 16세기 이탈리아어, 독일어, 네덜란드어, 프랑스어, 영어 등으로 출판된 모든 부기교재는 직접적으로 파치올리의 "계산과 기록의 상해"에 기초하였으며, 이러한 교재는 다시 1800년까지 스웨덴(1646)에서 덴마크(1673), 포르투갈(1758), 노르웨이(1775), 러시아(1783)까지 유럽 전역에서 출판된 복식부기에 관한 150개 이상의 저작물에 영향을 주었는데, 이들도 궁극적으로 파치올리의 원본에서 파생되었다. 파치올리의 베니스식이 실제로 이용된 유일한 회계시스템이거나 가장 일반적인 회계시스템은 아니었지만, 교재들과 교사들이 지지하고, 많은 대형상인들이 채택한 시스템이었다.

파치올리가 성문화한 세 가지 주요한 장부(영업일지, 분개장, 원장) 시스템은 이후의 모든 회계교재가 서술하고 있다. 영업일지는 연대순으로 매일 사업거래의 세부사항을 기록하였으며, 이들은 분개장으로 전기되고 나서, 재정렬·공식화되고 원장에 두 번(차변에 한 번, 대변에 한

번) 입력되었다. 이 추상화과정은 1757년 영국작가 존 메이어[3)]가 잘 서술한 바 있다.

> **원장**은 조각으로 해체되었다가 다른 순서로 합쳐진 **영업일지**이다. 즉, 두 장부에 수록된 거래는 동일하지만, 다른 방식으로 기록된다. **영업일지**는 사물을 거래되는 시간순서에 따라 평범하고, 단순하며, 자연스러운 방식으로 서술하고 있다. **원장**은 똑같은 것을 수록하지만, 인위적으로 처분하여 같은 종류의 사물을 함께 분류하고, 같은 주제에 속하는 특정한 모든 **물건**과 **품목**을 모아서 하나로 묶는다(Mair, pp.2-3)[4)].

파치올리의 부기방식을 따른 최초의 부기교재 중 하나는 1540년 베니스에서 도메니코 만조니[5)]가 출판하였다. 그것은 파치올리의 "계산과 기록의 상해"의 재판에 불과하였지만, 만조니는 어디에서도 파치올리를 인정하지 않았다. 그러나 그는 일단의 회계장부에 입력되는 300개의 거래목록을 파치올리의 원본교재에 추가하여, 분개장과 원장에 기장의 전체 예를 포함시킨 최초의 사람이었다. 만조니의 예와 그의 책이 파치올리의 방대한 총람보다 훨씬 더 편리한 무게와 크기로 출판되었다는 사실로 인해서 실무 부기담당자가 쉽게 참고할 수 있었고 너무 인기가 있어서 40년 동안 6판이나 7판을 출판하였다. 복식부기가 북부이탈리아로부

역주3) 존 메이어(John Mair, 1702-1769)가 1757년 출판한 *Book-keeping Methodiz'd*, 5th ed., Edinburgh에서 인용하였다.

4) Carruthers and Espeland(pp.31-69, p.58)에서 재인용하였다.

역주5) 도메니코 만조니(Domenico Manzoni)는 16세기 베니스공화국의 경제학자, 회계학자이었다. 위키백과에서 인용. 그의 책 제목은 복식부기 장부와 분개장(*Quaderno doppio col suo giornale*, 1540)이다. 다음을 참조. Yamey, B.S.(1967), "Fifteenth and Sixteenth Century Manuscripts on the Art of Bookkeeping", *Journal of Accounting Research*, 5(1), p.53.

터 알프스산맥을 넘어서 가장 가까운 내륙 무역센터인 뉘른베르크(Nuremberg)까지 보급되었는데, 1537년 뉘른베르크에서 부기에 관한 최초의 독일어 저작물(또다시 파치올리 논문의 사본)이 출판되었다.

16세기에 상업 강국으로서의 베니스가 쇠퇴하면서, (이제는 벨기에에 있는) 앤트워프 항구는 국제무역의 중심지가 되었고 이곳에서 부기가 크게 발전하였다. 1585년 제작한 **상업의 우화**(*Allegory of Commerce*)에서 화가 조스트 암만[6)]은 앤트워프를 복식부기의 모티브(이윤, 자본, 현금흐름의 우화)로 가득찬 완전한 상업적 모습과 회계장부로 바쁜 상인의 모습으로 묘사하고 있다.[7)] 이탈리아 부기에 관한 최초의 네덜란드어 저작은 1543년 출판되었는데, 베니스에서 일하면서 12년을 보낸 상인 얀 임핀[8)]의 칭찬받은 암호기술의 새로운 지침과 시연(*New instruction and the demonstration of the praised art of ciphering*)이다. 임핀의 저서와 이의 프랑스어 번역판(1543) 및 영어 번역판(1547)을 통해, 복식부기가 유럽 전역에 "이탈리아 방법"으로 알려지게 되었다. 임핀은 루카 파치올리를 루카스 데 바르고(Lucas de Bargo)형제라고 언급하면서, "계산과

역주6) 조스트 임만(Jost Amman, 1539-1591)은 스위스 출생의 화가이사 판화제작자이며, 16세기의 가장 다작하고 숙련된 책 삽화가 중 한 명이다. 브리태니커 온라인 백과사전에서 인용.

역주7) 조스트 암만의 목판화 **상업의 우화**가 16세기 말 앤트워프의 시장관을 배경으로 세속성과 신화의 수사적 공존뿐만 아니라 회계의 차변과 대변의 기술적 균형을 드러내고 있다고 주장되고 있다. 다음을 참조. Qunyi LIU (1585), "Double-entry Bookkeeping and Economic Rationality: Allegory of Commerce", https://medialibrary.uantwerpen.be/oldcontent/container424730/files/LIU-367647.pdf. 목판화 **상업의 우화**는 이 논문의 두 번째페이지 또는 http://www.britishmuseum.org/collection/object/p_1867-07
13-58-을 참조.

역주8) 얀 임핀(Jan Ympyn, 1485-1540)는 상인이면서 복식부기에 관한 책의 저자이다. 위키백과에서 인용.

기록의 상해"를 따라갔다. "파치올리가 이후에 이 부정확한 이름으로 자주 언급되었다는 사실은 임핀의 저작이 널리 읽혀지고 참고되었다는 것을 시사한다"(Geijsbeek, *op. cit.*, p.11).

부기에 관한 가장 혁신적인 네덜란드 저자는 유명한 수학자 · 엔지니어 · 발명가 · 관료인 시몬 스테빈[9]이었는데, 그는 앤트워프에서 도제로서 복식부기를 배웠다. 그는 네덜란드 재무부장관과 수석 엔지니어가 되었으며, 총독인 오렌지왕자 모리스[10]의 가정교사 겸 고문이 되었다. 스테빈의 권유로 모리스왕자는 자신의 영토에 있는 모든 지방정부의 행정에 복식부기를 도입하였으며, 스테빈이 그를 가르치기 위해 집필한 두 권의 저서를 통해 수학과 상업을 배웠다. 제2권(1605)은 부기논문, 이탈리아 방식에 따른 왕자를 위한 부기(*Account-keeping for princes after the Italian Manner*)를 수록하고 있는데, 이것은 스테빈이 왕자에게 직관적이지 않은 복식부기의 기술을 가르치면서 왕자와 논쟁을 벌이는 과정에서 실제로 일어난 질문과 답변의 형태로 집필한 것이다. (제1권은 3년 후인 1608년 등장하였다.) 스테빈은 사업가와 그들의 영리한 지능에 대해 높은 평가를 하였으며, "상인은 자신의 상황에 대해 왕자보다 더 잘 알고 있고 고용인에게 덜 속기 때문에"(Brown, *op. cit.*, p.137), 상인의

역주9) 시몬 스테빈(Simon Stevin, 1548-1620)은 네덜란드 플랑드르의 수학자이자 기술자이다. 그는 많은 과학 및 기술분야에서 이론분야뿐만 아니라 실제로도 왕성하게 활동하였다. 또한 많은 수학용어를 네덜란드 고유어로 번역하는 데 힘을 기울여 네덜란드어는 유럽어 중에서 드물게 라틴어, 그리스어에 의지하지 않은 다수의 수학용어를 보유하게 되었다. 위키백과에서 인용.

역주10) 나사우의 모리스 또는 오라녜 공작 마우리츠(네덜란드어: Maurits van Nassua, 영어: Maurice of Nassau, Prince of Orange, 1567-1625)는 네덜란드 공화국의 세습 총독이며, 아버지 침묵왕 빌렘 1세의 뒤를 이어 즉위했다. 그는 전략, 전술 및 공병술을 발전시켜 네덜란드 육군을 당대 유럽에서 가장 근대적인 군대로 육성했다. 위키백과에서 인용.

부기기술에 대한 지식은 왕자가 재산을 보다 효과적으로 관리하는데 도움이 될 것이라고 생각하였다. 스테빈은 또한 정부회계에 관한 최초의 논문 중 하나를 집필하였다.

스테빈은 파치올리와 임핀의 영향을 많이 받았으며, 다시 친구인 리차드 다포른[11]의 사상에 영향을 주었는데, 다포른은 상인의 거울(*The Merchant's Mirrour*)이라는 책을 통해 영국에서 부기교재의 개척자가 되었다. 그러나 영국에서 복식부기에 관한 최초의 저작은 100년 전인 1543년 런던에서 출판되었다. 즉, 후그 올드카슬[12]의 간단한 지침(*A brief instruction*)[13]이다. 이것은 파치올리의 "계산과 기록의 상해"에서 선별한 것을 기반으로 하며, 날짜를 감안할 때 임핀의 영어번역일 가능성이 있다. 올드카슬의 논문 사본이 남아 있는 것은 없지만, 존 멜리스[14]라는 런던학교 교장이 올드카슬의 간단한 지침을 확대・개편하여 1588년 출간하였다. 당시의 많은 사람들과 마찬가지로, 멜리스는 네덜란드에서 여행하고 공부하였는데, 네덜란드는 베니스 쇠퇴 이후에 영국상인의 훈련장이 되었다.

역주11) 다음을 참조. Chatfield, M.(1996), "Dafforne, Richard" in *History of Accounting: an International Encyclopedia*, edited by M. Chatfield and R. Vangermeersch, Garland, New York, p.187.

역주12) 후그 올드카슬(Hugh Oldcastle, ? -1453)은 런던의 포목상이면서 산술과 부기 교사이었다. 그는 영어로 작성된 최초의 회계학책을 간단한 지침이라는 제목으로 1453년 출간하였는데, 이는 루카 파치올리 논문의 직역이었다. 책이 출간되기 직전에 사망하였다고 한다. 김석웅 옮김(2005), 재무회계이론, 대명, p.73을 참조.

역주13) 이의 원제목은 다음과 같다. *A profitable treatyce called the Instrument or Boke to learn to know the good order of kepying of the famous reconynge called in Latyn Dare and Habere and in Englyshe Debitor and Creditor.*

역주14) 존 멜리스(John Mellis)가 후그 올드카슬의 책을 다시 확대・개편하면서 올드카슬에 대한 감사의 말을 썼기 때문에 이 책에 관한 것을 알 수 있게 되었다. 김석웅 옮김(2005), 재무회계이론, 대명, p.73을 참조.

리차드 다포른의 상인의 거울은 1636년 런던에서 출판되었다. 다포른은 상인기술의 비밀을 네덜란드에서 배우는 동안, 시몬 스테빈을 만나서 복식부기의 귀중한 가치를 이해하게 되었다. 그는 런던으로 돌아와 영국에서는 이 주제에 관한 적절한 논문이 없다는 것을 발견하였을 때["애석하게도, 우리 상인들의 상당수가 이 과학에 쏟는 작은 사랑은 우리 교사들의 펜을 주춤하게 한다"(*Ibid.*, p.153)], 그는 스스로 집필하기로 결심하였다. 다포른은 스테빈의 책을 모형으로 해서, 일련의 질문과 답변으로 자신의 논문을 집필하였다. 여기서 그는 의인화된 현금으로 현금계정을 설명하고 있다.

> 질문: 왜 현금을 차변으로 하는가?
>
> 답변: 현금은 (내 돈을 받고 있기 때문에) 돈을 기꺼이 자신에게 원상회복해야 할 의무가 있기 때문이다. 즉, 현금은 내가 (신뢰할 때만) 내 돈을 보관한 사람을 나타낸다. 그것은 이성적으로 그것을 반환해야 하거나 나에게 그것이 어떻게 되었는지 설명해야 하는 의무이다. 하지만 현금이 파산되어 비어있다면, 현금은 내 돈이 어떻게 되었는지를 나에게 알려주고, 그렇지 않다면 현금은 나에게 돈을 전부 반환할 것이다(Littleton, *op. cit.*, p.50).

17세기 회계사의 경우, 추상적 개념으로서의 '현금'은 파악하기 어려웠지만, 소유자가 돈을 빌려주는 사람처럼 보이는 '현금'은 의미가 있었고, 상인의 다양한 채무자와 채권자를 설명하는 정기적인 부기실무의 논리에 적합하였다. 초기의 저자들은 학생들에게 그들이 직면할 수 있는 부기문제에서 차변과 대변을 어떻게 결정하는가를 가르치기 위해 가능한 거래의 끝없는 목록을 자신들의 책에 포함하였다. 다포른은 거래를 차변과 대변으로 분석하는 까다로운 문제, 지금처럼 그 당시 회계학생의 골칫거리를 살펴보기 위해 30개의 경험법칙을 나열하고 있다.

> "먼저 나는 책없이 배우게 되는 거래의 지속에 매우 필요한 여러 가지 필수불가결한 도움규칙을 기입할 것이다-1. 적절한 공장이나 회사계정의 경우 우리에게 오는 것은 무엇이든(돈이든 물품이든), 동일한 것은......차변이다. 1. 적절한 공장이나 회사계정의 경우, 우리로부터 나가는 것은 무엇이든(돈이든 물품이든), 동일한 것은......대변이다" (Littleton, *op. cit.*, p.52).

초기 부기교사와 저자들이 이용한 이러한 규칙과 예의 목록은 근대 거래분석의 첫 번째 징후(가능한 많은 거래를 암기로 학습하기보다는 그 성격을 결정하기 위해 개별거래의 조사)가 등장하기 시작하였을 때, 부기실무의 분석에 의해 19세기에 점차적으로 교체되었다. 회계에 대한 새로운 추상적 접근방식은 학생들에게 부기문제에 경험규칙과 암기된 예보다는 논리를 적용하는 방법을 가르쳤다.

기업장부를 어떻게 유지해야 하는가에 관한 일반적인 이론적 합의와 부기문헌에서 복식부기방법의 우세에도 불구하고, 실무에서는 접근방법이 매우 다양하였으며, 복식부기는 앞으로 보는 바와 같이, 19세기 주식회사가 등장할 때까지 널리 이용되지 않았다. 그러나 만약 파치올리에 의해 성문화된 베니스 복식부기가 19세기까지 널리 실천되지 않았다면, 그것은 모든 초기 저자와 교사에게 왜 그렇게 매력적이었는가?

첫째, 실수에 대해 상인에게 자신의 장부를 검토할 수 있게 한 시산표를 작성하는 것에 관한 파치올리의 상세한 지침 때문이다. 초기 부기논문의 저자들은 이것이 이탈리아식 시스템의 큰 장점이라고 생각하였다는 것을 분명히 하고 있다. 교사이면서 저자인 스테펜 몬티지[15)]는 1682년 런던에서 다음과 같이 적었다. "우리가 취급하는 이러한 회계방식은 고유한 증거를 수반하며, 여기에 이 신비의 탁월함과 유용성이 있다"(Yamey, 1978, p.142). 그리고 7년 후인 1751년 상업전문가인 말라치 포스트레스웨이트[16)]는 시산표가 "모든 방법 중에서 이것이 가장 우수하다는 것을 보여줄 것"이라고 썼고 시산표의 균형을 맞추는 "기분좋은 만족"을 칭찬하였다.

둘째, 이탈리아식 부기는 교사와 바쁜 상인의 관심을 끌었는데, 이는 그것이 매우 체계적이고 질서정연한 시스템이었으며, 그것이 보관한 기록은 매우 포괄적이었기 때문이었다. 이 때문에, 복식부기는 '좋은' 부기와 연관을 가지게 되었다. '좋은' 부기라는 이 개념은 곧 복식부기의 이용이 상인의 업무에 도덕적 정당성을 부여하는 것으로 보일 정도까지 확장되었다. 파치올리가 한 것처럼, 후그 올드카슬은 상인들에게 회계장부를 신을 부르는 공간으로 이용하도록 권장하였다. 그는 1588년 다음과 같이 썼다. 즉, "그(상인)는 자신의 모든 일과 사업에서 먼저 모든 글이나 계산에서 하나님의 이름을 떠올리는 것이 마땅하니, 그가 시작하리라."(*Ibid.*). 1694년 설립된 잉글랜드은행(the Bank of England)의 최초 현금장부는 "신을 찬양하라"(*Laus Deo*)로 시작한다. 우리가 프라토의 상인과 파치올리에게서 본 바와 같이, 신에 대한 그러한 호소는 초기 복식

역주15) 스테펜 몬티지(Stephen Monteage, 1623-1687)은 상인이면서 회계사이었다.

역주16) 말라치 포스트레스웨이트(Malachy Postlethwayt, 1707-1767)는 영국의 경제학자이며 1757년 출판한 *The Universal Dictionary of Trade and Commerce*라는 상업사전의 출판업자로 유명하다. 그는 노예무역이 영국경제에 도움이 된다고 노예무역을 지지하였다. wikipedia에서 인용.

부기장부의 공통적인 특징이었고 유럽의 일부 지역에서는 18세기까지 계속되었다. 즉, 상인들은 자신들의 세속적 회계의 정확성을 통해, 하나님의 천국계정에서 하나님의 승인을 받기를 희망하였다.

셋째, '좋은' 부기라는 사상은 나중에 복식부기가 필요로 한 집중과 체계적인 사고 때문에 젊은이의 정신을 향상시키는 일종의 정신체조로서 훌륭한 방법이라는 사상으로 확장되었다. 존 마이어[17)]는 1765(초판 1736)년 집필하면서 이 복식부기 견해를 다음과 같이 표현한 바 있다. "이 기술이나 과학의 이론은 아름답고 매혹적이며, 젊은이의 정신을 향상시키고, 재치와 발명을 행사하며, 치밀하고 정확한 사고방식으로 인도하는 데 매우 적합하다."(Academy of Accounting Historians, p.119). 그러나 복식부기를 이용하지 않는 '게으르고' '무식한' 상인과 상점주인은 어떻게 생각하는가? 19세기 프랑스의 기업가이면서 보석상인 찰스 크리스토플[18)]은 다음과 같이 생각하였다. "첫째, 그것은 마음의 괴로움과 몸의 불안을 일으키고, 그 실체에 지장을 준다. 둘째, 그의 장부를 정확하게 지키지 않는 것이 그에게는 큰 수치와 부정직이다. 셋째, 악을 유지하는 것은 몸을 괴롭게 하여 열병과 질병을 일으킨다." 1711년 영국의 작가 겸 정치가인 조지프 애디슨[19)]은 스펙테이터(*The Spectator*)에 나음과 같

역주17) 존 마이어(John Mair, 1702-1777)는 스코틀랜드에서 활동하였으며, 수학자, 라틴어학자, 교사이면서 부기책을 집필하기도 하였다. 1763년 책의 제목은 다음과 같다. *Book-Keeping Methodiz'd: or A methodical treatise Merchant-Accompts, according to the Italian form.* 7th edition. 보다 상세한 내용은 다음을 참조. M.J. Mepham and W.E. Stone(1977), "John Mair, M.A.: Author of the First Classic Book-keeping Series", *Accounting and Business Research*, Vol.7, No.26, pp.128-134.

역주18) 찰스 크리스토플(Charles Christofle, 1805-1863)은 프랑스의 기업가이면서 보석상이었다. wikipedia에서 인용.

역주19) 조지프 애디슨(Joseph Addison, 1672-1719)은 영국의 수필가, 시인, 극작가, 정치인, 문학자이다. 랜슬롯 애디슨의 장남이며, 휘그당의 지지자이기도

은 글을 기고하였다. "['그가 진실한 계정을 유지하지 않았다']는 이 구절은 가장 높은 비난을 받는다. 즉, 사람이 자신의 비용계산에서 실수를 하거나, 미래의 요구에 응답할 수 있는 능력에서 오류를 범하거나, 자신의 신용을 너무 큰 모험에 두어서 과도하게 낙관하는 것 등은 동성애 국가들이 용기나 일반적인 정직에 실패하는 것만큼이나 악명 높은 사례들이다"(Addision, pp.187-188)[20]. 도덕적 청렴과 좋은 회계의 이 등식은 거의 2000년 전 키케로에서 처음 발견되었으며, 1440년 레온 바티스타 알베르티의 관찰에 반영되었다. "우리의 영광에는 언제나 나름의 기준이 부여될 것이다. 그것은 공공의 회계사같은 존재로서, 우리가 행하고, 이룩하고, 생각하고, 열망하는 모든 것을 공정하고 신중하게 계측하고 무게 달고 평가하고 환산하는 그런 것이 될 터이다."[Alberti, 1440; 영역본, Watkins(1969, p.150)][21]

마지막으로, 복식부기는 의사결정을 향상시킬 수 있는 능력으로 찬사를 받았다. 스테펜 몬티지는 1690년의 저서[22]에서 다음과 같이 말하였다.

하다. 옥스퍼드대학교를 졸업한 후 국회의원이 되었다. 1711년, 친구 리처드 스틸과 함께 신문 스펙테이터를 창간하였다. 위키백과에서 인용.

역주20) Addision, J.(1711, 1965), *The Spectator*, vol.2, Clarendon, Oxford. edited by Donald F. Bond.

역주21) Warkins(1969)가 번역한 Alberti, L. B.(1440), *The Family in Renaissance Florence*, University of South Carolina Press, Columbia, p.150. 또는 Crosby, A.W.(1997), *The Measure of Reality: Quantification and Western Society, 1250-1600*, Cambridge University Press, London; 김병화 옮김(2005), 수량화혁명, 심산. p.245.

역주22) Monteage, Stephen(1690). *Debtor and Creditor Made Easie*, London; Carruthers and Espeland(1991), *op. cit.*, pp.58-59에서 재인용.

"또한 이러한 고려를 통해 탁월한 사용이 발생할 수 있을 것이다. 매일 자신의 계정이 공정하고 적절하게 보관되는 것을 보는 사람은 지혜에 따라 비용의 비행정(fly-boat)을 조종하고, 나가는 돛을 올리거나 낮추는 방법을 알고 있다: 반면에 기초가 없는 젊은 상인은 무작위로 판단하고, 미궁에 빠지지 않고 계속 나아갈 수도 있지만, 한편으로는 헛된 추측에 따라 이익이 거의 없거나 전혀 없는 곳에서 무작정 방탕하게 소비한다; 다른 한편에는 작은 비용이 많아지고 세 배로 늘어난다; 그리고 도처에 이러한 사람들이 얼마나 많은가......자신들의 상황을 보지 않거나 보려고 하지 않음으로써, 그들 앞에 놓여 있는 불쌍한 가족을 완전히 되살리기 위해, 은밀하게 스스로 부패해 가는 사람들!"(Monteage, preface).

파치올리의 복식부기로 인해서 계산이 가능하게 된 이익숫자는 초기의 상인들이 의사결정 · 예측 · 계획에 이용한 중요한 도구이었다. 독일의 기업작가 토마스 프루겔(1741)과 안드레아스 바그너(1802)는 복식부기만이 각 상품이나 사업의 개별 이익숫자를 보여줄 수 있으므로 복식부기는 사업의 이익숫자합계만을 보여줄 수 있는 단식부기에 비해 선호되어야 한다고 지적하고 있다. 1777년 출간된 워드하우프 톰프슨의 회계사의 신탁(*Accomptant's Oracle*)에서 톰프슨은 다음과 같이 동의하고 있다.

"복식부기 또는 일반적으로 이탈리아식 부기법이라고 하는 것은 우리가 취급하는 각 품목에 대해 순손익을 보여줄 뿐만 아니라 어떤 지점을 추구하고 어떤 지점을 거절할지를 지시하는 방식으로 우리의 회계를 유지하는 기술이다. 사업에 종사하는 모든 사람에게 매우 필수적인 지식으로, 이 지식이 없으면 무작위로 거래하거나 기껏해야 추측만 할 수 있다고 말할 수 있다."(Yamey, *op. cit.*, p.141).

18세기까지, 복식부기는 매우 보편적이어서 그것은 사업의 영역을 넘어서서 더욱 일반적으로 유럽문화로 퍼져나갔다. 다니엘 디포는 1719년 출판한 소설 로빈슨 크루소에서 복식부기를 적용한 것으로 유명하다. 난파선과 자신만이 섬에 남아 있었던 크루소는 자신의 현상황을 작성하고, "나는 대차대조표처럼 내가 즐거이 받아들이는 행운과 괴로워하는 불행, '악'을 향한 왼쪽과 '선'을 향한 오른쪽을 아주 공정하게"(Defoe, p.83; 김병익 옮김, p.78)라고 기록하면서 복식부기를 이용하여 자신의 삶을 평가하였다. 최고의 영국 가게주인처럼, 크루소는 두 칸으로 자신의 계정을 기록・유지하고 있으며, "이 실험으로 나는 사업의 주인이 되었다." 디포는 자신의 편람 완전한 영국상인(1725-27)[23)]에서, 부기를 더욱 직접적으로 다루면서, 18세기 상인에 대한 부기의 가치를 평가하였다. 그는 동시대 사람들 중 일부가 부여한 힘을 부기에 귀속시키는 것을 꺼려하지만, 그럼에도 불구하고, 담담한 디포는 부기의 유용성을 부정할 수 없었다.

"상인의 손익은 차변계정들이 잘 전기되어 있는지에 달려있지 않기 때문에, 가장 정확한 부기가 상인을 번성하게 만들거나 사업에서 더 오래 버틸 수 있다고 말할 수는 없다. 그러나 상인의 장부를 잘 보관

역주23) 완전한 영국상인(*The Complete English Tradesman*)은 다니엘 디포의 1726년 작품으로 1720년 거품의 붕괴를 기반으로 한 정치적 작품이다. 디포는 국제상인과 비교하여 영국상인의 역할을 이야기하면서 영국의 무역시스템이 가진 우월성을 강조한다. 그러면서 무역이 영국경제의 중추이고, 무역이 경제와 사회의 실용성을 높인다고 주장한다. 당시 영국에서 무역이 미친 중요성과 정치, 경제, 사회적 영향을 읽을 수 있다. 위키백과에서 인용.

> 하는 것은 상인 일생의 재앙인 무수한 다툼·논쟁·소송이 예방되고 회피됨으로써 거래가 더 쉽고, 더 즐겁고, 더 만족스럽게 수행되는 기회가 될 수 있다고 말해야 한다."
> (www.online-literature.com/defoe/english-tradesman/20).

그리고 18세기 말, 괴테는 1795-1796년 출판된 자신의 소설, 빌헬름 마이스터의 수업시대(*Wilhelm Meister's Apprenticeship*)에서 복식부기에 관해 많이 인용하였다. 복식부기에 관한 유명한 말은 빌헬름 마이스터와 그의 친구 베르너(Werner)가 젊은 빌헬름의 미래[극장(빌헬름의 선택)이나 가족기업]를 논하면서 친구 베르너가 한 것이다. 베르너는 극장에 매료되어 친구들과 함께 연극 공연을 제작하며 나날을 보낸 빌헬름의 어린 시절을 회상하면서, "그 당시, 자네는 장사에 대해서는 개념조차 지니지 못하고 있었어"(Goethe, p.27; 안삼환 옮김, p.59)라고 말했다.

> "나는 진정한 상인의 정신보다 더 폭넓고, 또 더 폭넓어야 마땅한 정신이 이 세상 어디에 또 있는지 모르겠어. 우리가 사업을 할 때 규범으로 삼는 질서가 우리에게 마련해 주지 않는 조감능력이 있던가! 질서는 우리가 개별적인 것 때문에 혼란을 일으킬 필요없이 언제나 전체를 내려다볼 수 있게 해준단 말이야. 복식부기가 상인에게 얼마나 이익을 주는가? 그건 인간정신이 고안해 낸 가장 아름다운 발명품들 중 하나지. 그리고 모든 훌륭한 살림꾼이라면 누구나 그것을 자신의 살림살이에 끌어 써야 할 걸세!"(*Ibid.*; 전게서).

빌헬름이 친구의 견해("자네 상인들은 늘상 덧셈을 하고 대차대조표를 작성하느라고 정작 더 중요한 인생 결산은 잊어버리는 수가 많거든"(*ibid.*; 전게서)를 의심할 때, 베르너는 한번 더 장사와 부기의 장점을 격찬하고 있다.

> "이 친구야, 유감스럽게도 자네는 형식과 일 자체가 여기서는 하나일 뿐이고 둘 중 어느 하나가 없으면 다른 하나도 존속할 수 없다는 사실을 보지 못하고 있어. 질서를 지키고 정확을 기해야 저축하고 싶고 돈 벌 마음도 더욱더 생기는 법이야. 살림을 잘 못하는 사람은 자기의 재정형편이 불명확한 상태에 있어야 아주 편안한 기분이 되고, 자기가 빚지고 있는 금액을 합산해 보고 싶어하지 않지. 그와 반대로 훌륭한 살림꾼에겐 매일 커져가는 행복의 총액을 뽑아보는 것보다 더 기분좋은 일은 없지."(*Ibid.*, p.28; 전게서, p.60).

베르너는 복식부기에 대해 존 마이어와 기타 18세기 지지자들이 느낀 감정에 공감한다. 그는 부기가 윤리적 차원을 가지고 있으며, 도덕적으로 정의로운 사람들의 영역이라고 생각한다. 베르너는 복식부기가 도덕적 교정과 자기계발의 수단으로 작용할 것이라고 생각하기 때문에 빌헬름에게 극장보다 사업을 선택하도록 설득하고자 한다. 괴테의 분신인 빌헬름은 설득되지 않는다.

복식부기 그 자체는 다른 계정과 마찬가지로, 세계의 측면들을 서술하는 부분적이고 선택적인 방식이다. 그것은 그 자체로 도덕적이거나 비도덕적인 것이 아니다. 그것이 도덕적 차원을 가진다는 베르너의 견해는 세속적인 업무의 적절한 행동이 남자 삶의 주요한 관심사인 사업과 상업 규칙의 맥락에서만 타당하다(이 18세기 상업영역에서 여자는 소유권을 가진 적이 거의 없다). 베르너와 빌헬름의 상반되는 견해는 19세기를 거쳐 20세기까지 펴질 상업과 예술 사이의 적대론의 시작을 반영한다(괴테는 영국의 낭만파 시인들에게 큰 영향을 주었다).

1500년에서 1800년까지 유럽의 인쇄기로 출판된 모든 부기책자는 파치올리의 1494년 "계산과 기록의 상해"까지 추적될 수 있으며, 그리하여 파치올리의 27페이지 책자는 유럽 전역과 뒤이어 미국에 베니스 복식부기를 보급하였다.[24] 그러나 복식부기가 출판된 지 300년이 지나서, 복식부기는 가장 격렬하고도 논쟁의 여지가 많은 도전에 직면하였다. 적절하게도 그것은 산업시대의 새로운 경제엔진인 영국에서 나왔다.

역주24) 미국은 1737년 Andrew Bradford가 출간한 젊은이의 동반자(*Young Man's Companion*) 제5판에 W. McMickle이 짧지만, 제법 복잡한 부기지침이라고 서술한 "상점의 짧고도 쉬운 방법과 부기, 상인의 장부 등"이라는 14쪽의 복식부기항을 수록하여, 복식부기가 처음으로 소개되었다. 그러나 이 책은 영국에서 1734년 출간된 William Mather의 *Young Man's Companion*을 표절한 것으로 판명되었으며, 이 책은 다시 1727년 런던에서 출간된 George Fisher의 지침서: 젊은이의 최고동반자(*The Instructor: or Young Man's Best Companion*)를 표절한 것으로 판명되었다. 다음을 참조, 김석웅 옮김(2005), 재무회계이론, 대명, pp.77-78.

일본의 경우에는 1873년 후쿠자와 유기치(福澤諭吉)가 미국인 Bryant 와 Stratton의 공저, *Common School Bookkeeping*(1871)을 帳合之法이라는 이름으로 번역하여 복식부기를 소개하였다.

우리나라의 경우는 융희 2년(1908년) 임경재가 집필한 신편은행부기학과 간이상업부기에서 서양식 복식부기를 처음으로 소개하였다. 윤근호(1984), 한국회계사연구, 한국연구원을 참조. 임경재(1876-1955)는 경기도 포천 출신으로, 1895년 관립 외국어학교가 설립되자 일본어부에 입학하여 졸업하였으며, 이 기간에 복식부기를 배웠다. 그후 휘문고등보통학교 교장, 보성전문학교 부기강사, 조선어연구회 창립회원 등을 역임하였다(한국민족문화대백과사전에서 인용).

제6장 복식부기형태: 산업혁명과 회계직의 탄생

……부기는 몇 세기 동안 잠자고 있었고, 파치올리의 책이 나온 지 약 400년이 지나서야 놀라운 각성이 일어났다…… 1500년 이전에 가르쳤던 과목이 왜 이렇게 새롭게 부각되는가? 그 대답이 너무 뻔해서 설명이 무의미해 보인다. 15세기 말보다 19세기 말이 훨씬 더 놀라운 기업 확장이라는 특징을 가졌다.

리틀튼, 1933[1)]

참으로, 주식합명회사가 부기를 회계로 변형하는데 책임이 있다고 주장할 수도 있을 것이다……

바실 야미, 1978[2)]

역주1) 이 문장의 출처는 다음과 같다. Littleton, A.C.(1933), *Accounting Evolution to 1900*, Russell & Russell, New York, p.9.

역주2) 이 문장의 출처는 다음과 같다. Yamey, B.(1978), *Essays on the History of Accounting*, Arno Press, New York, p.105.

19세기 말까지, 파치올리의 복식부기는 '이탈리아식'이라는 형용사구를 버리고 세계적으로 나아갔으며, 완전히 새로운 전문직인 회계로 변형되었다. 무엇이 이 심오한 변형을 촉발하였는가? 본질적으로, 산업혁명과 주식합명회사[3]로 알려진 새로운 기업조직형태의 부상이다. 복식부기는 급성장하고 점점 더 복잡해지는 상업세계의 새로운 요구에 놀라울 정도로 적응가능하다는 것이 입증되었다. (점성술 분석에 기초한 의학과 같은) 대부분의 중세관행은 이 산업시대에는 맞지 않는 것으로 밝혀졌지만, 베니스 부기는 자체로 발전하였다. 1900년까지, 전 세계 대부분의 기업, 심지어 로스차일드 은행(the Rothschild banks)과 같이 늦게 채택한 기업들도 파치올리의 복식부기로 장부를 보관하고 있었다.

그러나 복식부기가 현대기업에 정착되어 하나의 전문분야로 자리 잡기까지, 유럽의 새로운 상업활동의 중심지로부터 주요한 이론적 도전에 직면하였다.

파치올리의 시스템을 전복시키려는 시도는 에드워드 존스[4]가 1796년(괴테의 빌헬름 마이스터의 수업시대와 같은 해) 영국에서 출판한 책에서 시작되었는데, 다소 긴 그 제목은 아무리 사소한 오류라도 눈에 띄지 않고 지나치는 것은 불가능하며, 오랫동안 확립되어 모든 종류의 거래에 적용되는 방법에 수반되는 악을 방지하기 위해 효과적으로 계산되는 단식이나 복식에 의한 존스의 영국부기시스템[5]이다. 존스의 책은 추정컨

역주3) 주식합명회사(the Joint Stock Company)는 주주들이 주식을 자유로이 매매할 수 있고, 이사를 선임할 수 있지만, 초창기에는 법적으로 기업의 모든 부채에 대해 무한책임을 졌다가, 나중에 유한책임으로 변경되었다.

역주4) 에드워드 존스(Edward Thomas Jones)는 18세기말에서 19세기초에 공공회계사(public accountant), 다수의 회계학책 저자로 활동하였다.

역주5) 이의 영어제목은 다음과 같다. *Jones' English System of Book-keeping by Single or Double Entry, in which it is impossible for an error of the most*

대 오류가 없는 새로운 단식부기시스템을 제안하여 파란을 일으켰다. "그 책이 불러일으킨 열정과 국제적 파장은 부기・회계의 역사상 유례를 찾아볼 수 없을 정도이다"(Yamey, *op. cit.*, p.137).

존스는 이탈리아식 부기에 대한 공격으로 시작한다. 즉, "'모든 차변에는 대변이 있어야 하고, 모든 대변에는 차변이 있어야 한다'-아아! 이것이 실제로 그러하고, 지켜야 할 규칙이라고 생각하는 사람은 거의 없으며, 동시에 속이기 위해 의도적으로 만든 **틀린 기장**이나 **오류로 가득 찬** 일단의 장부에 정확성의 외관을 입히는 것보다 더 쉬운 것은 없다!"(Brown, *op. cit.*, p.160). 존스는 복식부기가 "독창적인 설계로 조작할 수 있는 가장 비열한 진술의 은폐수단으로 전환될 수 있다. 사람은 마음만 먹으면, 적발되지 않고 동반자를 속일 수 있거나 부기담당자가 고용주를 속일 있다"고 주장한다. 복식부기에 대한 존스의 주장은 근거가 충분하지만, 알고 보니 속임수 가능성을 방지하기 위한 그의 방법은 그렇지 않았다.

존스는 자신의 부기시스템을 노동절약・오류적발시스템으로 광고하면서, 그것이 오류를 불가능하게 만들 것이라고 주장하고, 로버트 필 의원[6)]과 잉글랜드은행의 총재와 같은 유명인사의 증언을 통해 이를 뒷받침하였다. 그러나 사실상 그의 시스템은 파치올리 시스댐의 번거롭고 복잡한 형태에 불과하였으며, 다음과 같이 요약되고 있다. 즉, 원장에 두 열(column) 대신에 열 개의 열을 만들고, 그러고 나서 모든 필수사항에서 파치올리의 지시에 따라 진행한다. 존스와 그의 시스템의 노동절약

---

trifling amount to be passed unnoticed. Calculated effectually to prevent the evils attendant on the methods so long established and adapted to every species of trade.

역주6) 로버트 필 의원(MP Robert Peel, 1788-1850)은 영국 보수정치인이며, 영국총리를 두 번 역임하였다. 위키백과에서 인용.

효과에 대한 주장은 너무나 설득력이 있어서 책의 잠재적 성공을 거의 무산시킬 뻔하였다. 즉, 직기, 방적기와 같은 노동력을 대체하는 기계의 도입으로 일어났던 폭동의 시대에, 대중은 존스 시스템("지금까지 등장한 것 중 가장 광범위하게 유용한 발명")의 효율성으로 인해 부기담당자들이 일자리를 잃게 될까 우려하였다. 존스는 그런 일이 일어나지 않을 것이며, 그의 시스템을 채택해도 일자리를 잃지는 않을 것이라고 안심시켰고, 그의 책은 "얼굴을 붉히지 않는 뻔뻔스러움으로" 계속해서 경이적인 성공을 거두었다.

존스의 영국부기시스템은 국제적인 명성을 얻은 최초의 영국회계책이 되었다. 이 책은 독일어, 네덜란드어, 덴마크어, 프랑스어, 이탈리아어, 러시아어로 번역되었으며, 미국판은 1797년 출판되었다. 그러나 안타깝게도 존스 시스템은 부기업무에 전혀 적합하지 않은 것으로 판명되었다. 이 사실은 출판된 지 20년이 지난 후 존스가 자신의 시스템을 포기하고 파치올리의 시스템을 채택하면서 확인되었다. 그리하여 야미의 표현대로, (복식부기에 자주 수반되는 종교적 차원을 불러일으키면서), "거짓 선지자는 복식부기라는 진정한 신앙의 지지자가 되었다"(Yamey, *op. cit.*, p.321).

존스 시스템의 실패에도 불구하고, 그 악명이 오히려 부기의 명성과 일반대중의 관심을 처음으로 불러일으켰고, 다양한 새로운 복식부기 회계이론을 촉진하였으며, 아이러니하게도 상거래를 기록하는 유일하게 완전한 방법으로 복식부기를 확립하여, 현대기업시대의 기반으로서 공고히 하였다. 존스의 책이 등장한지 50년 후, 파치올리의 복식부기는 부기 자체와 동의어가 되었다. 19세기 말까지, 공장, 증권거래소, 정신병원, 변호사, 자치단체의회, 은행, 철도, 호텔, 식당, 금채굴업자, 전기조명,

맥주양조업자, 소매상, 병원, 보험회사, 기타 수많은 회사 등에 대한 복식부기 회계 책이 많이 있었다.

제1절 새로운 공장세계

이 방대하고 새로운 범위에 복식부기를 적용한다는 것은 18세기 후반부터 19세기 말까지의 놀라운 기업확장을 반영하는데, 이 시기는 주식합명회사(벤처의 파트너가 된 투자자에게 주식을 매각하여 자금을 조달한 사업조직)가 부상하고 회계가 형성되는 시기이다. 이 수십 년 동안, 회계사는 교환을 기록하는 단순한 부기시스템을 기업을 관리·통제하는 방법으로 변형시켰다. 복식부기가 공장, 임노동, 대규모 자본투자로 이루어진 이러한 새로운 산업세계를 감시·감독하는 업무와 동일하다는 첫 번째 징후는 영국 북부, 여왕폐하의 도예가인 조사이아 웨지우드[7]의 도자기 공장에서 발견되었다. - 에트루리아(Etruria)라는 공장은 우연하게도 파치올리의 산세폴크로가 있던 고대 이탈리아지역의 이름을 따서 명명되었다.

기업가이고 마케팅 천재인 웨지우드는 세계에서 최초로 산업화된 도자기공장을 지었다. 그는 1767년 정치경제학자인 나다니엘 포스터[8]가 묘사한, 만족할 줄 모르는 욕구를 가진 새로운 상향이동계급에서 그의

역주7) 조사이아 웨지우드(Josiah Wedgwood, 1730-1795)는 영국의 도예가이고, 영국의 대표적인 도자기 브랜드인 웨지우드(Wedgwood & Corporation Limited)의 창업자이다. 도자기 산업화의 아버지로 불린다. 진화론으로 유명한 찰스 다윈(Charles Darwin)의 외할아버지이다. 위키백과에서 인용.

역주8) 나다니엘 포스터(Nathaniel Forster, 1726-1790)는 영국의 성직자, 정치경제학자. 위키백과에서 인용.

고객을 발견하였다. 즉, 그는 "자신을 바로 위의 계급으로 끌어올리려는 열등계급의 끊임없는 불안한 야망"(McCraw, p.40)이 사치품을 유행시켜 "전염병처럼" 퍼뜨리게 한다고 말하였다. 그 당시 가장 탐스러우면서 유행하는 사치품 중 하나는 웨지우드의 꽃병이었다. 웨지우드는 꽃병에 대한 돈 많은 계급의 욕구가 너무 탐욕스러워서 이를 "폭력적인 꽃병 광기"라고 묘사하였다. 그는 1769년 새로운 런던전시장에서 군중을 보고 놀랐는데, 그곳에는 "마차를 위한 문, 신사숙녀를 위한 방에 들어갈 수 없었다......꽃병이 온통 유행이었다. 우리는 이 **보편적 열정**을 만족시키기 위해 노력해야 한다"(*Ibid.*, p.45). 그러나 웨지우드 꽃병에 대한 열광으로 인해 회사는 갑작스러운 성공을 거두어 수요를 충족시킬 수가 없었다. 1769년 말, 웨지우드와 그의 동업자인 토마스 벤트리[9)]는 "자본자원이 불충분한데도 걷잡을 수 없이 확장하면 나타나는 전형적인 증상"(Reilly, p.112)인 심각한 현금흐름문제와 재고누적을 겪고 있었다.

이에 반응하여, 1772년 웨지우드는 회사계정과 사업관행을 엄격하고도 종합적으로 검토하기 위해 복식부기를 이용하기로 결정하였다. 그의 노력 결과는 교화적인 것으로 판명되었다. 그는 기업의 가격결정이 엉터리고, 생산이 너무 짧아서 경제적이지 않으며, 생산확장에 충분한 자금을 조달할 수 있을 만큼 빨리 청구서를 징수하지 않고, 원재료비, 노무비, 기타 비용에 예기치 않게 많은 금액을 지출하고 있다는 것을 발견하였다. 이 조사기간 동안, 웨지우드는 중요한 발견(고정비와 변동비의 구분)을 하였으며, 이들의 차이가 기업경영에 주는 시사점을 즉시 이해하였다. 그는 벤트리에게 그들의 가장 많은 비용(견본제작비, 금형비, 임차료, 연

역주9) 토마스 벤트리(Thomas Bentley, 1731-1780)는 영국의 도자기 제조업자로 웨지우드와 동업자이다. 위키백과에서 인용.

료비, 임금)은 고정된다고 말하였다. 즉, “이러한 비용은 시계처럼 움직이며, 생산되는 상품의 양이 많든 적든 거의 동일하다는 점을 고려하라”(*Ibid.*, p.46). 그리고 생산량에 관계없이 동일하게 유지되는 이러한 고정비 때문에, 공장이 더 많이 생산할수록, 이러한 고정비는 생산단위당 더 싸게 될 것이다. 웨지우드가 지적한 바와 같이, “대부분의 제조에서 **주어진 시간에 최대한 많은 양을 생산하는** 엄청난 결과를 보게 될 것이다”. 달리 말하자면, 웨지우드는 새로운 산업세계에서 복식부기를 이용하여 자신의 장부를 면밀히 조사함으로써, 대량생산의 상업적 이익을 발견하였다.

이것은 복식부기를 사용하여 기업계정을 분석하고 이렇게 추출한 재무정보를 새로운 산업세계에서 사업전략과 의사결정을 하는데 적용한 최초의 사례 중 하나이다. 오늘날 원가회계로 알려진 이것은 관리회계의 중요한 부분이 되었다. 웨지우드의 원가조사는 공장시스템이 만들어낸 새로운 산업의 기업조건에 의해 제기된 문제에 대한 반응이었으며, 산업혁명이 복식부기를 변형시킨 방법의 초기 예이다. (원가회계에 대한 웨지우드의 선구적인 모험과 엄격하게 관리된 도자기 작업으로 얻은 재산은 잘 사용되었다. 즉, 1831년 이 재산은 그의 외손자 찰스 다윈[10]의 유명한 **비글호**(*Beagle*) 항해를 보증하는데 도움이 되었다.)

역주10) 찰스 다윈(Charles Darwin, 1809-1882)은 영국의 박물학자이나 진화론자이다. 1809년 의사의 아들로 태어나 에든버러대학교 의학부를 중퇴하고, 캠브리지대학교 신학부를 졸업하였다. 졸업 후 1831년 영국 해군 측량선인 비글호에 승선하여 남반구를 여행하였다. 이 때 그는 남미의 여러 섬과 뉴질랜드의 지질 및 동식물에 대한 관찰을 통해 생물의 진화를 확신하게 되었고, 10여년에 걸친 연구 끝에 1859년 11월 진화론 사상 가장 중요한 고전인 종의 기원을 펴냈다. 비글호항해기는 다음과 같은 번역서가 있다. 장순근 역(1993), 비글호항해기, 전파과학사. 위키백과에서 인용.

파치올리의 부기시스템을 (상품교환, 채권·채무, 채무상환·채무조달을 기록하는) 교환경제의 상업적 기원을 넘어 상품생산(재료와 노동의 제품으로의 전환)에 중점을 두는 제조로 이동시키는데 필요한 관점의 전환은 엄청나게 컸다. 원가회계에 대한 웨지우드의 초기 시도 직후에 출판된 공장회계에 관한 두 권의 책은 경영자가 각 생산단위원가를 계산할 수 있도록 새로운 요소(생산단위당 노동 및 재료)를 기업의 회계시스템에 통합해야 할 필요성으로 인해 제기된 개념적 어려움을 보여준다 (Littleton, *op. cit.*, p.325). 두 권의 책[장-밥티스트 파이엔[11])의 저서 제조업체의 부기에 관한 에세이(*Essai sur la tenue des livres d'un manufacturier*, France, 1817)와 크론헬름[12])의 저서 일 인에 의한 복식부기(*Double Entry by Single*, London, 1818)]은 공장생산의 회계문제를 해결하고자 한다. 즉, 노동과 재료가 새로운 제품으로 전환되어 생산에 기여한 사람들에게 지불하기 위해 현금으로 판매되는 방식을 추적한다. 파이엔의 사례 중에는 문제를 해결하기 위해 하나는 상업적 교환을 위한 '화폐에'(in money), 다른 하나는 생산을 위한 '상품에'(in goods)라는 두 종류의 기록을 이용하는 마차제조업체가 있다. 그리고 고정자산(화로, 보일러, 도구) 가치의 일부를 제품의 원가로 이전하는 접착제공장이 있다. 선구적인 두 권의 책 중에서 파이엔의 책이 더 성공적이었다. 즉, 그는 복식부기를 제조계정에 적용하였다. 제품제조를 기존의 복식부기시스템에 반영하기 위해

역주11) 장-밥티스트 파이엔(Jean-Baptiste Payen, 1759-1820)에 관해서는 다음을 참조. Nikitm, M.(1996), "Jean-Baptiste Payen(1759-1820) et l'ombre d'E. T. Jones", *Histore & Mesure*, 11(2/2), pp.119-137.

역주12) 크론헬름(F. W. Cronhelm, 1787-1871)에 관해 상세한 것은 다음 논문을 참조. Scorgie Joiner(1995), "Frederick William Cronhelm", *Abacus*, 31(2), pp.229-243. 그는 자신의 저서, *Double Entry by Single*에서 자본주이론을 최초로 주장하였다.

필요한 거래가 재무거래가 아니라는 사실에 어려움이 있었다. 거래들은 상품교환을 포함한 것이 아니라, 획득한 노동의 원가 또는 구매한 재료의 원가를 추가하거나 창고계정에서 공장계정으로 재료원가를 이전하는 것과 같은 묘책을 포함하였다. 리틀튼의 표현대로, 이러한 종류의 '비금융거래'는 "아마도 300년 이상 동안 친숙한 거래종류 중에서는 낯선 것이었다. 이러한 새로운 거래들을 오랫동안 수립된 계획에 맞추는 것은 쉬운 일이 아니었다. 그것은 부기의 목적과 가능성에 대한 새로운 관점을 필요로 하였다."(Littleton, *op. cit.*, p.337).

그러나 100년 동안의 공장생산 이후, 1880년대 그러한 회계문제가 더 잘 파악되었고, 이 주제에 관해 저자들은 두 영역(상업과 제조)을 하나의 조정된 장부시스템으로 통합하였다. <u>공장계정</u>(*Factory Accounts*, 런던, 1887)의 저자인 가르케[13]와 펠스[14]는 처음으로 영국독자에게 "공장계정에 관한 원칙의 체계화된 보고서"를 제공하였다. 이들의 복식부기시스템은 공장생산과 교환의 요소들(임금, 재고, 재공품, 제품, 원가, 매출액, 이익)을 결합하여 원장계정을 통한 가격자료의 흐름이 노동과 재료를 상품으로 전환하는 제조공정을 통한 상응하는 업무의 흐름과 일치하였다.

역주13) 가르케(E. Garcke, 1856-1930)는 귀화한 영국의 전기기술자, 영국전철회사 [British Electric Traction(BET) Company]를 관리하는 기업가이면서 초창기에 원가회계에 관한 표준적인 교재의 공저자로 유명하다. wikipedia에서 인용.

역주14) 펠스(J. M. Fells, 1858-1925)는 영국의 기업회계사, 컨설턴트, 회계책의 저자이다. 그는 원가회계를 촉구한 사람으로 유명하며, 20세기 초에 영국에서 선도적인 원가회계사이었다. wikipedia에서 인용.

제2절 철도

새로운 생산형태(공장)는 1770년대부터 복식부기에 도전과 변화를 가져왔을 뿐만 아니라, 같은 산업확장 기간에 철도 건설에 필요한 막대한 투자에 대한 자금조달 · 관리로 인해서 회계 · 회계책임의 새로운 현안이 발생하였다. 1830년 영국에서는 최초의 적절한 유료여객철도(리버풀 · 맨체스터 철도)가 개통되었으며, 그 이후로 철도발전은 경이적이었다. 불과 20년 만에, 9,700킬로미터의 철도노선이 깔렸으며, 1850년까지 가장 큰 철도회사인 런던 · 노스웨스턴철도회사가 15,000명을 고용하였다. 이 재정규모의 어떤 것도 이전에는 본 적이 없었다. 그 당시 대부분의 다른 성공산업들(도자기, 면화, 모직, 철)은 작게 출발해서 자체의 이익을 재투자하여 성장하였다. 그러나 철도의 경우에는 이것이 불가능하였다.[15] 거대한 자본지출금액이 처음부터 요구되었으며 이들은 이익을 통하지 않고 10%의 배당으로 증권거래소의 개인투자자로부터 조달되었으며, 주식합명회사에 의해 관리되었다.

1600년부터 영국의 동인도회사와 같은 기업들이 길고 위험한 항해에 자금을 조달하기 위해 이 형태의 집합투자를 이용하였다. 그러나 성급한 투기와 엄청난 손실로 인해 1720년 칙허에 의해 승인되지 않은 모든 주식합명회사를 금지하는 이른바 거품법(Bubble Act)이 통과되면서 이의 성장이 갑자기 중단되었다. 거품법이 1825년 마침내 폐지되었을 때, 영국에서 두 번째이자 지속적인 주식활동시대가 도래하였으며, 이와 함께 부기가 회계라는 새로운 직업으로 변모하였다. 경제학자 바실 야미는

15) Jolyon Jenkins, "A brief history of double-entry bookkeeping", 2010년 3월 BBC방송국의 팟캐스트. 철도에 관한 이후의 논의는 Jenkins에 의존하고 있다.

이것이 회계의 형성순간이라고 주장하고 있다. 즉, "실제로 주식합명회사는 부기가 회계로 변형된 것과 회계직에 대해 책임이 있다고 주장되었을 것이다"(Yamey, *op. cit.*, p.105).

철도회사가 1840년대 후반 10%의 투자수익률을 거두기 위해 고군분투하면서 흔들렸을 때, 많은 회사는 장부를 조작하기 시작하였다. 예를 들면, 이들은 원가를 비용이라기보다는 자본투자로 처리하여 이익을 부풀리고 있었으며, 배당을 지급하기 위해 이익대신에 신규 투자액을 이용하였다[2009년 버니 메이도프[16]에 의해 악명을 떨친 폰지사기(Ponzi scheme)로 최근에 알려진 전략]. 기만적인 철도회계의 가장 악명 높은 가해자는 1844년까지 1,600km가 넘는 영국철도를 통제한 '철도왕' 조지 허드슨[17]이었다. 허드슨은 배당을 주기 위해 이익을 과대계상하고 주주투자액을 이용하였다. 일단의 분노한 투자자에 의해 결국 폭로되자, 그는 당시의 재산인 거의 600,000파운드에 달하는 미지급금에 대한 소송을 피하기 위해 영국을 탈출하였다. 아이러니하게도, 허드슨 및 또 다른 19세기 철도재벌이 오늘날의 보다 포괄적인 회계기준을 준수했다면, 19세기의 거대한 철도시스템은 결코 건설되지 않았을 가능성이 있다(Jenkins, *op. cit.*).

허드슨과 기타 유사한 부정 및 기업실패의 사례로 인해 영국정부는 새로운 주식시장에서 채권자와 투자자를 보호하기 위해 산업을 규제해

역주16) 버니 메이도프 또는 버나드 로렌스(Bernie Madoff; Bernard Lawrence, 1938-2021)는 전직 미국 증권중개인, 투자상담사, 나스닥 사외이사를 역임하였으며, 역사상 최대규모의 폰지사기 주동자로 알려져 있다. 위키백과에서 인용.

역주17) 조지 허드슨(George Hudson, 1800-1871)은 영국의 철도금융업자이고, 정치가이었다. 1840년대에 영국철도노선의 주요한 부분을 통제하였기 때문에 철도왕이라고 불리기도 하였다. widipedia에서 인용.

야 한다는 압력이 증가하였다. 투자자는 회사가 신뢰 가능한 회계기록에 기초해서 공개적으로 이용 가능한 재무제표를 작성하도록 요청하였다. 그러나 기존의 자유방임체제는 대부분의 영국 의원에게 적합하였으며, 이들 중에서 다수는 해당 철도회사의 지분을 포함하여 기업이익을 기득권으로 가지고 있었다. 1837년 무역위원회 회장인 찰스 푸렛트 톰슨[18]이 한 논평은 그들의 태도를 다음과 같이 요약하고 있다. 즉, "이 나라가 다른 나라보다 우월하게 된 것은 자본에 간섭하지 않는 정부 덕분이다" (Edwards & Walker, *op. cit.*, p.111).

제3절 규제

그러나, 영국의회는 회사설립의 조건을 규정하고 재무정보의 공시를 요구한 1844년의 주식합명회사법을 시작으로, 자본의 자유로운 고삐를 억제하기 위해 결국 개입하였다. 그 규칙에 따라 회사는 자본을 회계처리하고 이를 이익과 구별해야 했으며, 이는 주주에게 자본이 아닌 이익에서 배당을 적절하게 지급하는 경우에 필수적이었다. 이 법에 따라, 회사는 공개적으로 등록하고, 연례주주총회에서 "완전하고 공정한" 대차대조표를 제출하고, 이익에서 배당을 지급하고, 자본을 유지하고, 재무제표를 회사의 이사가 아닌 사람이 감사하였다는 것을 보증해야 했다.

회계사에게 1862년의 회사법은 또 다른 주요하고도 획기적인 것이었다. 이 회사법이 공개기업의 모든 단계(즉, 회사의 설립, 운영기간, 청산)

역주18) 찰스 푸렛트 톰슨(Charles Poulett Thomson, 1799-1841)은 영국 기업가, 정치가, 외교관, 초대 캐나다총독을 역임하였다. wikipedia에서 인용.

에서 회계사가 있어야 한다는 것을 요구하였기 때문에, 역사학자 리차드 브라운[19])은 그것을 '회계사의 친구'라고 부른다. 이 법이 통과된 후 42년 동안, 87,821개의 회사가 등록되었고, 50,534개의 회사가 해산되었으며, 각 회사는 모든 단계에서 회계사를 필요로 하였다. 말할 필요도 없이, 회계사의 업무량은 19세기에 기하급수적으로 증가하였으며, 회계법인의 수도 다음과 같이 증가하였다. 1811년 런던 명부에 등재된 회계법인은 24개이었는데, 1883년에는 840개이었다.

(정부의 특별한 인가 없이도 법인을 설립할 수 있는) 일반 법인 설립법이 제정되면서 이후에 프랑스(1867), 독일(1870), 헝거리(1875), 이탈리아(1882), 스위스(1883), 스페인(1885) 등으로 회계법인이 급속히 확산되었다.

19세기 초 나폴레옹 전쟁(1803-1815)부터 미국의 남북전쟁(1861-1865)까지의 기간 동안 영국을 괴롭힌 수많은 금융위기와 경제불황도 회계사에 대한 수요를 발생시켰다. (대법관이 선임한 "상인, 은행가, 회계사, 또는 무역업자"만이 파산을 감독하는데 책임이 있다고 규정한) 1831년의 파산법은 새로운 회계직에 대한 최초의 정부 인정이었다. 그리고, 1847-1848년의 상업적 재해로 인해서 1849년의 파산법이 만들어지자, 이 전문직은 더욱 확고하게 되었다. 또는 그 당시 회계사 한 명의 표현대로, "전문회계를 견고하고 실질적인 기반위에 올려놓기 위해 무엇보다도 많은 노력을 하였다"(Littleton, *op. cit.*, p.280). 가장 초기의 영국파산자료는 1817년부터 2,311개의 파산을 기록하고 있다. 다음 50년 동안 그 숫자는 거의 5배로 증가하여 1869년 10,396개가 되었다. 이러한 파산에

역주19) 리차드 브라운(Richard David Brown, 1939-)은 초기 미국 사회와 문화를 전공한 미국의 역사가이다. 코네티컷대학교의 역사학 명예교수이다. wikipedia에서 인용.

대응하여 1825년부터 1883년까지 7개의 법령이 통과되었는데, 이들 전부는 재무제표를 경험한 사람들만이 파산업무를 다룰 수 있다고 규정하였다. 20세기 가장 큰 회계법인 중 일부가 이 기간 런던에 설립되었다. 윌리엄 딜로이트는 1845년, 사무엘 프라이스와 에드윈 워터하우스는 1849년, 윌리엄 쿠퍼는 1854년 개업하였다.

제4절 주식회사회계

이러한 법령의 의도치 않은 결과는 점점 더 잘 정의된 회계직의 형성이었다. 1800년 재무제표는 기업 부기시스템의 부수적인 산물이었고, 일반적으로 적용된 일단의 회계관습은 없었다. 1900년과 그 이후로 연례재무제표는 점차적으로 부기시스템의 존재 이유가 되었다. (13세기에 기원을 둔) 15세기의 베니스 부기는 이러한 재무제표를 작성하기 위한 완벽한 기제이며, 회사시대의 새로운 요구에 잘 부응할 수 있는 것으로 입증되었다. 리틀튼이 1933년에 말한 바와 같이, "기록의 도구로서 부기의 탄력성은 130년이 지난 후에도 우리를 여전히 놀라게 하는데, 그 이유는 부기가 여전히 책임을 추가로 짊어질 수 있기 때문이다"(Littleton, *op. cit.*, p.337).

주식회사의 핵심적인 회계현안은 주식회사가 자본과 이익(income)을 적절하게 구별해야 한다는 것을 의미하는 배당에 이용 가능한 이윤의 크기인데, 이는 배당에 이용 가능한 이윤은 자본이 아닌 이익에서 도출하기 때문이다. 이윤과 배당에 대한 이 새로운 빛줄기같은 초점으로 두 가지 새로운 회계문제에 주목하게 되었다. 즉, 이익이나 이윤을 어떻게 계산하는가? 그리고 자산을 어떻게 평가하는가? 이러한 문제는 1850년 이전에는 거의 제기되지 않았지만, 19세기 말에는 회계사의 주요한 관심사가 되었다.

놀랍게도, 첫 번째 질문에 대한 답은 자본과 이익을 구별하고 따라서 이윤을 계산하기 위해 완벽하게 만들어진 도구인 파치올리의 복식부기에서 발견되었다. 자본과 이익의 차이를 계산하는 힘은 복식부기의 기본 특징 중 하나이며, 배당금을 계산하기 위해 이러한 구별을 해야 할 필요성은 복식부기를 국제적으로 채택하는 하나의 원동력이 되었다. 리틀튼의 표현대로, "이미 잘 발전되어 어떤 의미에서는 그 운명을 기다리는 이탈리아의 복식부기"(*ibid.*, p.213)는 자본과 이익을 분리하고 따라서 "가장 다양하고, 미래 세대가 입증한 바와 같이 예상치 못한 상황하에서도"(*ibid.*) 이윤을 계산하는 기제를 제공하였다.

(투자자가 투자한 조직에서 발생한 손실로부터 투자자를 보호하는) '유한책임'이라는 개념은 주식합명회사가 제기한 또 다른 회계현안이었다. 유한책임은 곧 법적으로 요구되는 주식회사의 특성이 되었고, 자본과 이익을 구분하는 것이 법적으로 필요하게 되었다. 이것은 1807년의 프랑스 상법에서 구체적으로 허용되었으며, 거의 같은 시기에 스코틀랜드와 아일랜드에서 허용되었다. 그러나 1788년 한 영국 영주의 표현대로, "영국의 법은 이와는 달리, 동업자가 이익을 공유하면 모든 불이익도 공유한다는 것이 규칙이다"(*Ibid.*, p.248). 주식합명회사의 충격적인 첫 경험 때문에, 초기 영국회사법은 사원의 **무한**책임을 규정하였다(즉, 투자자는 자신이 투자한 기업의 부채와 손실에 대해 책임을 져야 한다). 1844년의 주식합명회사법에 따라 등록된 영국회사가 1855년에 와서야 유한책임법에 따라, 유한책임증명서를 받을 수 있었다. 그리고 1862년에

와서야 새로운 회사법이 주식회사의 유한책임에 대해 일반적으로 규정하였다.

주식회사의 도래는 여러 가지 핵심적인 회계현안을 제기하였다. 예를 들면, 기계 · 선로 · 차량(또는 철도차량) 등에 대한 대규모 투자의 (마모로 인한) 가치하락을 계산하는 방법. 이 문제는 감가상각 개념을 발생시켰다. 그리고 경기변동의 끝이 분명하지 않고, "결산과 이익을 계산할 때가 되었다는 신호를 보내는 배가 도착하지 않는"(Carruthers and Espeland, *op. cit.*, p.46) 이 새로운 기업 연속체에서 기업들은 비용과 수익을 어떻게 할당해야 했는가? 주식회사는 지속적인 수명을 가지므로, 중세에 있었던 것과 같은 '자연적인' 사업기간(예를 들면, 배의 항해기간)은 없다. 경영자는 (일년이라는 회계기간처럼) 인위적이고 임의적인 회계기간을 만들어야 했기 때문에, 비용 · 수익을 일관되게 배분하여 각 항목의 생산비용과 (만약 이윤을 계산해야 하고 배당을 결정해야 한다면 필수적인) 수익을 계산할 수 있었다.

요컨대, 오늘날 기업구조에서 당연하게 여기는 것의 대부분은 빅토리아시대 영국에서 주식합명회사의 등장 · 규제와 함께 시작되고 발전한 것이다. 즉, 법적 실체로서의 주식회사라는 사상; 주식회사는 '배당금'으로 이익을 산출하는 계속기업이라는 사상 — 그것은 예를 들면 베니스상인들의 경우처럼, 새로운 모험사업이 끝날 때마다 자본의 '분할'로 이익과 손실이 지불되는 일련의 독립된 투기적 모험기업이 아니다; 유한책임의 사상; 감가상각의 개념; 원가회계의 관행; 공식적인 감사확립.

감사는 영국에서 1311년으로 거슬러 올라가는 오랜 역사를 가지고 있다. 그 당시에는 읽고 쓸 수 있는 사람이 매우 적었기 때문에('감사'는 라틴어 '듣다'에서 유래), 런던 시의원의 기록을 감사하거나 '청문'을 해야 했다. 16세기에는 계정을 '청문'하는 것이 여전히 관례였으나, 17세기에는 서면기록과 증빙서류가 점점 더 필요하게 되었다. 1844년의 주식합명회사법은 감사를 회계사의 새롭고도 일차적인 책임으로 규정하였다. 영국에서 1900년의 회사법으로 감사인의 역할이 통합되었는데, 이 법은 모든 등록기업에게 강제적이고 획일적인 연례감사를 의무화하였다. 의무감사의 출현으로, 지역사회에서 회계사가 보편화되고 이들의 전문가 지위가 상승하였다.

제5절 새로운 회계직

그러나 새로운 회계직에 대한 법원과 의회의 분위기는 적대0적이었다. 1875년 영국의 한 판사는 "파산에 관한 모든 업무가 회계사라고 하는 일단의 무지한 사람들에게 넘어갔는데, 이것은 법률에 도입된 가장 큰 남용 중 하나"(Littleton, *op. cit.*, p.282)라고 말했다. 대법관 헨리 브라우햄[20)]은 회계사를 "자신에 대해 제대로 설명할 수 없는"(Brown, *op. cit.*, p.234) 사람으로 묘사하면서 비슷하게 경멸적인 견해를 보었다. 브라우햄의 논평은 영국에서 해당분야에 특별한 전문기술을 가지지 않으면서 스스로를 회계사로 부르고, 적절하지 않은 이름을 신생직업에 붙인 사람의 수가 1800년경부터 급격하게 증가한 것을 반영한다. 따라서 19세기가 지나가면서 합법적이고 노련한 많은 실무자들이 다른 사람과 자신을 구별하기로 결정했다는 사실을 발견하는 것은 놀라운 일이

역주20) 헨리 브라우햄(Henry Peter Brougham, 1778-1868)은 대법관이 되었으며, 1832년의 개혁법과 1833년의 노예폐지법을 통과시키는데 중요한 역할을 한 영국의 정치인이었다. wikipedia에서 인용.

아니다. 1870년대 일단의 회계사들은 함께 모여 회원자격이 제한된 전문가 협회를 결성하기 위해 인가를 신청하였고, 이를 통해 그들 사이에 있는 사기꾼과 차별화하고, 변호사, 의사 등과 같은 다른 전문가의 지위로 자신들의 지위를 격상하였다.

회계전문가 조직의 선례는 20년 전 스코틀랜드에 이미 확립되어 있었으며, 스코틀랜드의 시인이자 소설가인 월터 스콧 경[21]이 1820년 형에게 보낸 편지에서 분명히 밝힌 것처럼, 회계사는 스코틀랜드에서 유난히 높은 평가를 받았다. 즉, "만약 내 조카가 꾸준하고 신중하며, 정적인 삶과 조용한 추구를 좋아하고, 동시에 산술에 능숙하며, 최고 지점의 기소에 대한 성향을 가지고 있다면, 회계사보다 더 나은 삶의 노선을 따를 수 없다. 그것은 매우 존경할 만하다"(*Ibid.*, p.197). 또 다른 스코틀랜드 사람으로 에딘버그의 회계사인 로버트 발포[22]는 친구로부터 법조인의 직업을 포기하라는 유혹을 받았을 때, 자신의 직업을 옹호하기 위해 이렇게 말한 바 있다.

> 그것은 변호사보다 확실히 더 다양하고, 품위도 결코 뒤떨어지지 않는다고 생각한다. 그것은 유럽이 낳은 가장 심오한 사상가들의 많은 관심을 끌었지만 아직 초기 단계에 있는 보험이라는 광범위한 분야도 포용하고 있다; 국가의 번영을 규제하고 세계문명에 영향을 주는 은행업; 국가의 파산이든, 종종 관리하기 어려운 개인의 파산 등 금융업, 그리고 다른 한편으로 분쟁당사자가 회계사의 신중함과 현명함에

역주21) 월터 스콧 경(Sir Walter Scott, 1771-1832)은 스코틀랜드의 시인, 소설가이자 역사가이다. 스콧의 많은 작품은 영문학과 스코틀랜드 문학에 고전으로 남았다. 유명한 작품으로는 <u>호수의 여인</u>, <u>웨이벌리</u>, <u>옛 사람</u>, <u>로브 로이</u>, <u>아이반호</u> 등이 있다. wikipedia에서 인용.

역주22) 로버트 발포(Robert Balfour, 1818-1869)는 스코틀랜드에서 활동한 회계사.

> 무한한 신뢰를 두면서 자발적으로 그에게 분쟁조정을 맡기는 중재업이 있다. 그러고 나서......우리 대부분이 어느 정도 관여하는 일반 사업의 세부사항이 있다. 이 직업은 아직 걸음마 단계에 불과하고, 적절한 형태로 환원하기 위한 조치를 취하지 않은 곳이 여기이다. 이것은 할 수 있고 해야 한다(*Ibid.*, p.316).

1854년 에딘버러 회계사단체는 직업 행위를 규제하고 회계업무를 수행하고자 하는 사람들에게 자격시험을 제공하기 위해 왕의 칙허에 의해 법인화되어, '칙허회계사'(chartered accountant)라는 직함을 만들었다. 에딘버러 회계사들은 빅토리아 여왕에게 단체(society)의 설립을 요청하는 청원서에서, 업무의 중요성과 높은 지위에 대해 다음과 같이 주장하였다.

> 청원인들이 속해 있는 회계사라는 직업은 오랜 역사를 자랑하며, 상당한 존경을 받고 있으며, 최근 몇 년동안 매우 중요하게 성장하였습니다. 즉, 에딘버러에서 실행되는 회계사의 업무는 다양하고 광범위하며, 모든 회계문제를 포괄하고, 적절한 실행을 위해서 보험계리사의 영역에 속하는 업무부서에 대한 완벽한 지식뿐만 아니라 법의 일반원칙, 특히 스코틀랜드법, 그리고 더욱 특별하게 상관습법, 지급불능과 파산, 재산과 연결된 모든 권리 등과 관련 있는 법의 분야 등에 대해 잘 알고 있습니다(*Ibid.*, p.207).

몇 년 후인 1880년 3월 여러 개의 영국회계단체가 왕의 칙허에 의해 잉글랜드・웨일즈칙허회계사회(ICAEW)로 통합되었다. 새로운 회(institute)는 저명한 건축가인 존 벨처[23]를 선택하여 런던 무어게이트에 있는 새로운 본사의 홀을 설계하도록 하였는데, 1890년 완공되었다(Edwards and Walker, *op. cit.*, p.526). 벨처의 웅장한 바로크 설계(런던 최초의 신바로크양식 건물 중 하나)는 의학·법률과 같은 보다 안정된 직업의 건물에서 차용하여 신생직업에 중후함과 영속성의 분위기를 부여하는 한편, 그 부지는 은행, 신사클럽, 크리스토퍼 렌 경[24)]의 건물 등의 근처에 있어서 협회의 위엄을 가지게 되었다.

유사한 회계단체가 대영제국 전역에 곧 퍼졌는데, 최초의 단체는 1880년 캐나다에서 설립되었다. 지구 반대편에 있는 사람들은 놀라운 열정으로 새로운 직업을 선택하였다. 1899년까지 호주에서는 6개의 회계사회가 설립되었다. 1905년 호주·뉴질랜드에서는 4,000명당 한 명의 칙허회계사가 있었는데, 6,500명당 한 명의 회계사가 있었던 스코틀랜드, 13,000명당 한 명의 회계사가 있었던 이탈리아, 10,500명당 한 명의 회계사가 있었던 잉글랜드·웨일즈 등과 비교할 때 놀라운 숫자이다. 이 당시까지 전세계의 단체에 등록된 회계사는 약 11,000명이었다.

1900년까지 유럽의 대부분(독일, 이탈리아, 네덜란드, 스웨덴, 벨기에)에는 전문회계협회(association)가 있었지만, 포르투갈, 그리스, 핀란드, 폴란드, 불가리아에는 전문회계사가 없었다. 러시아에는 공인회계사가 없이 부기담당자만 있었으며, 러시아 상인들은 적절한 회계장부 없이 주

역주23) 존 벨처(John Belcher, 1841-1913)는 영국의 건축가, 왕립 영국건축사협회 회장을 역임하였다. 그는 런던에 있는 최초의 신바로크양식의 건물 중 하나인 칙허회계사회관(Chartered Accountants Hall)을 1890년 설계하였다. 그는 가수, 첼로연주자, 지휘자로서도 유명하였다. wikipedia에서 인용.

역주24) 크리스토퍼 렌 경(Sir Cristopher Wren, PRS, 1632-1723)은 영국의 건축가이자 천문학자이다. 그는 영국 르네상스 건축의 지도자로, 그의 고전주의를 기조로 하여 교묘한 독창적 수법을 섞은 작품은 영국 건축의 규범이 되었다. 그는 런던에 있는 53개의 교회를 설계했는데, 그 중에는 세인트 폴 대성당도 포함되어 있다. 위키백과에서 인용.

판을 이용하여 계속해서 사업을 수행하여 서면기록이 별로 없었다. 1870년대 러시아에서 출간된 톨스토이[25]의 안나 카레니나에서 영웅이자 지주인 레빈(Levin)이 러시아 농부들 사이에서 이러한 방식을 즐기는 것 같은데, 이것은 땅을 가꾸는 신성한 소명에 대한 감각을 보존하고 농업이 또 하나의 상업적 활동이 되는 것을 막는다. 그는 유럽을 장악하고 있는 '이탈리아 부기'와는 매우 다르고 러시아 농업에 여전히 만연하고 있는 고대방식에 관해 곰곰이 생각하고 있다: "네, 좀 이상한 일입니다……그러니까 우리는 수지타산도 못 맞추면서 고대의 베스타 처녀[26]들처럼 무슨 신성한 불을 돌보며 살아가는 운명인 모양입니다."(Tolstoy, p.657: 윤새라 옮김, p.188).

톨스토이는 레빈을 통해 19세기 유럽 전역에 퍼져있는 과학, 회계, 새로운 생산형태 등이 가져온 밀려드는 삶의 '합리화'(복식부기가 일부인 시간과 공간의 측정)에 대한 자신의 전반적인 불안을 표현하고 있다. 그는 이러한 근대화에 대해 매우 회의적이었던 많은 작가와 예술가 중의 한 명에 불과하였다. 영국의 낭만파 시인들은 (윌리엄 블레이크[27]의 '악마의 공장'에서 생생하게 포착된) 도스또옙스키[28]가 한 것과 유사한 견해

역주25) 레프 니콜라예비치 톨스토이 백작(Leo Tolstoy, 1828-1910)은 러시아의 소설가이자 시인, 개혁가, 사상가이다. 사실주의 문학의 대가였으며, 세계에서 가장 위대한 작가 중 한 명으로 꼽힌다. 전쟁과 평화(1869), 안나 카레니나(1877)가 그의 대표적인 작품이다. 러시아 문학과 정치에 지대한 영향을 끼쳤다. 위키백과에서 인용.

역주26) 베스타 신전에 있던 신성한 불을 돌보던 여사제들을 일컫는다. 그리고 베스타는 고대 로마에서 난로와 가족의 여신으로 추앙받았다. 윤새라 옮김, p.501에서 인용.

역주27) 윌리엄 블레이크(William Blake, 1757-1827)는 영국의 화가이지 시인이다. 신비와 공상으로 얽힌 화가로서 시와 회화를 발표하였다. 악마의 공장(satanic mills)은 그의 시, 예루셀렘(*Jerusalem*)에서 표현된 것이다. 위키백과에서 인용.

를 가졌는데, 도스또엡스키는 백치에서 "전체적으로 그 모든 게 저주를 받은 거라고요. 지난 수세기 동안의 풍조가, 과학과 실제의 영역 전체가 어쩌면 실질적으로 저주를 받았는지 몰라요"(Dostoyevsky, p.422; 김근식 옮김, p.574)라고 썼다. 20세기의 포스터[29], 로렌스[30]와 같은 작가들도 지구상에서 사람들을 피폐하게 한 새로운 과학적·상업적 정신을 마찬가지로 저주하였다. 수십 년이 지난 지금, 이 새로운 세계관에 내재된 위험에 대한 그들의 경고가 환경위기의 형태로 우리에게 분명해지고 있다.

제6절 새로운 상업강국

주식회사가 영국에서는 혼돈과 파멸의 근원으로 초기에 의심받았기 때문에, 주도권과 자유의 상징으로 강력하게 장려된 미국에서는 상황이 다소 달랐다. 미국식민지는 1775년 독립하면서 일단 영국법을 폐기하였

역주28) 표도르 미하일로비치 도스또엡스키(Fyodor Mikhailovich Dostoyevsky, 1821-1881)는 러시아의 소설가이다. 그는 러시아 문학의 최고 거장 가운데 한 명으로 불리며, 20세기 소설에 지대한 영향을 끼쳤다. 그는 신흥 자본주의 압박 밑에서 신음하는 소시민층의 대변자인 동시에 열렬한 슬라브주의자였다. 그의 작품은 비단 문학의 영역에서 뿐만 아니라, 철학, 종교, 사회문제 등 각 방면에 걸쳐 커다란 영향을 끼쳤다. 대표작으로는 죄와 벌(1866), 백치(1869), 카라마조프의 형제들(1880) 등이 있다. 진보적 사회운동을 하다가 탄압받은 경험이 그의 문학세계에 많은 영향을 주었다. 위키백과에서 인용.

역주29) 에드워드 모건 포스터(Edward Morgan Forster, 1879-1970)는 영국의 소설가로 유명하다. 그의 작품으로는 전망좋은 방(1908), 하워즈 엔드(1910), 인도로 가는 길(1924) 등이 있다. 위키백과에서 인용.

역주30) 로렌스(David Herbert Lawrence, 1885-1930)는 영국의 소설가, 시인, 문학평론가이다. 그의 작품으로는 채털리 부인의 사랑, 아들과 연인, 무지개 등이 있다. 위키백과에서 인용.

으며, 다양한 주들이 주식회사와 관련있는 법령을 통과시켰다. 교회, 교육 또는 문학 협회를 위한 최초의 법인법은 1778년 사우스 캐롤라이나와 1784년 뉴욕에 도입되었다. 뉴욕증권거래소가 1792년 개장하였으며, 1827년까지 12개의 은행, 19개의 보험회사, 미국 최초의 공기업인 뉴욕 전기회사 등의 주식을 거래하고 있었다.[31] 1795년 운하건설을 위해 노스 캐롤라이나에서 영리기업을 자유롭게 통합하기 위한 최초의 법령이 통과되었다. 즉, "여기서 로마제국의 시작 이후 처음으로 주권국가가 사업 목적을 위해 원하는 모든 사람에게 자유롭고 평등한 조건으로 법인설립을 제안하였다"(*Ibid.*). 1811년 뉴욕법령은 제조기업의 법인화를 허용하였으며, 1837년 미시간에서 그 원칙이 은행업으로 확대되었다. 영국처럼, 운하와 철도를 건설하고 운영하는데 필요한 자본은 증권거래소에서 주식회사가 조달하였으며, 1850년까지 현금보고서, 대차대조표, 그리고 때때로 손익계산서가 투자자에게 제공되었다.

방대한 자원, 기업가정신, 넓은 국내시장, (법인화 · 계속측정 · 관리회계의 특징을 가진) 상업문화 등을 갖춘 미국은 1900년 유럽을 제치고 세계 최대의 경제대국이 되었다. 철강 기업가 앤드류 카네기[32], 탄약 제조업자 이레네 듀퐁[33], 석유왕 존 록펠러[34], 금융가 존 모선[35] 등이 부를

---

31) Gary Giroux, "Accounting History Page", http://acct.tamu.edu/giroux/history.html, 2009년 8월 6일자의 회계사요약, p.2.

역주32) 앤드루 카네기(Andrew Carnegie, 1835-1919)는 미국의 철강 재벌이었다. 세계적인 철강회사인 US Steel은 카네기의 철강회사를 투자자인 존 모건이 합병을 통해 설립한 회사이다. 위키백과에서 인용.

역주33) 이레네 뒤퐁(Irene du Pont, 1876-1963)은 미국의 사업가로 미국 화학회사 뒤퐁의 사장과 뒤퐁 신탁의 대표이었다. 위키백과에서 인용.

역주34) 존 데이비슨 록펠러(John Davison Rockefeller, 1839-1937)는 미국의 사업가, 대부호이다. 1870년 스탠더드 오일을 창립, 석유사업으로 많은 재산을 모아 역대 세계 최고의 부자로 손꼽히는 인물이다. 위키백과에서 인용.

역주35) 존 피어폰트 모건(John Pierpont Morgan, 1837-1913)은 미국의 은행가이며,

만들었으며, 이들은 모두 자신들의 기업제국을 경영하기 위해 원가회계 기법을 이용하였다. 록펠러는 부기담당자로 시작하였으며, 자신의 방대한 재산과 기업, 스탠다드 오일의 성공을 복식부기 특히 원가회계의 숙달에 기인한 것으로 간주하였다.

뉴욕회계사·부기담당자협회(IABNY)는 1882년 설립되었으며, 미국공공회계사회(American Association of Public Accountants, AAPA)(영국칙허회계사의 지배하에 있는 전국단체)가 1887년 법인화되었다. 대체적으로 말해서, 미국과 영국의 회계사는 그들의 직업, 특히 회계가 기술인지 과학인지의 여부에 관한 문제에 대해 상반되는 견해를 가지고 있었다. 미국태생의 회계사는 회계를 과학이라고 간주하였는 데 반하여, 영국태생의 회계사(와 영국측을 따르는 미국공공회계사회의 회원)는 "노련한 회계사의 장점, 경험, 꾸준한 판단"(*ibid.*, p.260)을 강조하면서 상식과 실무상의 지혜를 선호하였다.

미국의 과학적 접근방법은 기사들에 의해 공장현장에서 개발되었는데, 기사들은 각 산출단위를 생산하기 위해 필요한 재료와 노동의 양에 대한 '과학적' 표준을 구하려고 직무분석과 시간·동작연구를 이용하였다. 1896년 뉴욕회계사·부기담당자협회는 더 성공적인 영국유형의 칙허회계사와 경쟁하기 위해 회원에게 공인회계사(Certified Public Accountant, CPA)라는 자격을 부여하였으며, 공인회계사의 자격을 원하는 사람에게는 대학교육을 요구하였다. 그리하여 미국은 회계사를 위한

모건 재벌의 제2대이다. 그는 독일 괴팅겐대학교를 졸업하여 아버지의 금융업에 들어가 회사이름을 J. P. Morgan으로 바꾸고 영국의 자본을 동원하여 신흥 미국시장에 투자시키는데 성공하였으며, 19세기 후반 미국의 공업과 철도를 위한 자금조달에 중요한 구실을 하였다. 이로써 모건은 국제적 금융가로서의 지위를 확립하였다. 해시넷에서 인용.

대학 학위를 지정하고 뉴욕대학교와 연결된 상업·회계·재무 학교와 같이 회계고등과정을 제공하는 최초의 국가가 되었다. 최소한 두 개의 미국 대학교(버밍햄대학교와 뉴욕대학교 상과대학)에서 회계고등교육은 1905년까지 매우 잘 확립되어 교수의 자리까지 올라갔다.

1914년 존 가이스빅 교수는 "어떤 과학의 지식을 얻고자 하는 사람은 먼저 그 역사를 배워야 하며 그러고 나서 이의 점진적인 성장을 추적해야 한다"(Geijsbeek, *op. cit.*, p.5)고 생각하면서, 미국에서 학생과 모든 미국 회계사를 위해 루카 파치올리 부기논문의 최초의 영어번역(고대의 복식 부기: 루카 파치올리의 논문)을 출간하였다. 가이스빅은 회계가 과학이라고 믿은 사람들에게 "명백히 경험적인 상업규칙이 고대의 과학적·수학적 토대에 기초하고 있다." 즉, 파치올리의 "계산과 기록의 상해"에 기초하고 있다는 그들의 믿음이 옳다는 '추가적인 확신'을 주고 싶었다.

회계학 연구와 위상은 미국 회계학교수인 리틀튼이 파치올리로부터 1900년까지 회계의 역사에 관한 책[36)]을 출판한 1933년 한층 더 힘을 얻었다. 그는 "하나의 직업으로서 인정을 요구하는 늦은 청구자"(Littleton, *op. cit.*, p.3)인 회계가 전문분야에서 어느 정도 존경을 받을 자격이 있는지 아니면 "수정점치기·안마술·손금보기와 어울려야 하는지"(*ibid.*)를 물었다. (회계가 직업으로서 존경을 받을 수 있다고 단언하는) 그의 대답은 프라 루카 파치올리의 1494년 논문의 지속적인 관련성과 진실성에 근거하고 있다.

•

> 화학이 연금술의 변덕을 받아들이고, 생물학이 이상한 오류의 집합체이며, 의학이 오늘날보다 더 많은 공통점을 의술사와 공유하던 시기

역주36) 이의 제목은 *Accounting Evolution to 1900*이다.

에 파치올리의 논문이 작성되었다는 사실에도 불구하고, 다른 학문의 우수한 장점을 자랑하는 사람들에게 파치올리가 한 이 최초의 발표가 조잡하거나 부정확한 것이 아니고 오늘날 우리가 아는 바와 같이 부기의 본질을 포함하였다는 것을 상기시키자(Littleton, p.4).

리틀튼은 회계학의 기원(파치올리의 논문)이 흠잡을 데 없고, "의심할 여지가 없는 지적 성취를 이룬" 진지한 사상가들을 끌어들였다는 것을 보여줌으로써 다른 오래된 직업의 눈에 비친 "회계에 붙은 오명"(*ibid.*, p.11)을 제거하기 위해 책을 집필하였다. 또한 나아가, 회계가 가장 건전한 목적을 가진 직업이라는 점을 입증하기 위해: 회계는 "사회적 필요를 충족시키기 위해 생겨났으며, 그 기능이 책임을 부여하고, 부정을 방지하고, 업계를 이끌고, 지분을 결정하고, 기업의 모든 본질적인 난제인 '내 이익은 얼마인가?'를 해결하는 것이기 때문에 정당화된다."(*Ibid.*) 그리하여 회계직은 파치올리의 1494년 "계산과 기록의 상해"라는 확고한 기반 위에 자리를 잡았다.

따라서 파치올리가 살던 15세기 상업자본주의에서 점점 더 복잡해지는 19세기 산업자본주의에 이르기까지 회계정보에 대한 거의 모든 요구를 단일체계(즉, 복식부기)내에서 충족시킬 수 있었다. 그것은 기업거래를 정확하게 기록할 수 있고, 19세기 법과 투자자들이 요구한 바와 같이 자본과 이익을 구별할 수 있으며, 사적 비용과 기업비용을 구별할 수 있고, 과거투자결정을 평가하는 것을 도와주는 자료를 생산할 수 있었다(Carruthers and Espeland, *op. cit.* p.48). 1900년까지, 파치올리의 베니스 부기는 새로운 시대(즉, 주식회사 시대)의 기능에 필수적인(그리고 법으로 요구되는) 서비스를 제공하는 번창하는 직업으로 변모하였다.

이 새로운 세기의 시작에서, 어떤 독일경제학자[37]는 복식부기가 단순히 기업의 수단이 아니라, 전체경제시스템의 촉매라고 주장하곤 하였는데, 이 시스템은 최근에야 명명되고 점점 더 이론화되고 있는 시스템인 자본주의이다.

역주37) 이는 좀바르트(Werner Sombart, 1863-1941)를 의미한다.

제 7 장 복식부기와 자본주의: 닭과 달걀?

아주 간단히 말해서 복식부기 없이 자본주의는 생각할 수 없다.
이 두 가지는 서로가 서로에게 형식과 내용을 이루고 있다.
베르너 좀바르트, 근대자본주의, 1902[1)]

무엇보다도, 루카[파치올리]는 이윤을 고대에서처럼 막연한
소유의 증가가 아니라, 장부의 연동시스템을 통해 언제라도
경험적인 검정이 가능한, 단단하고, 결정적이고, 수학적인
개념으로 이해하는 근대적 이윤개념의 토대를 마련하였다.
제임스 버컨, 1997[2)]

역주1) 이 문장의 출처는 다음과 같다. Sombart, W.(1902), *Der Moderne Kapitalismus, I-III*, DVT Taschenbuch, Munich, p.110. 베르너 좀바르트(Werner Sombart, 1863-1941)는 독일의 경제학자 겸 사회학자이다. 1904년부터 막스 베버와 함께 사회과학 및 사회정책을 편집하였다. 그는 경제이론과 역사의 종합을 꾀하여 마르크스의 영향아래 경제체제의 개념을 확립하였다. 위키백과에서 인용. 근대자본주의(*Der Moderne Kapitalismus*)는 1902년 출간된 베르너 좀바르트의 대표작이다. 그의 저서는 영어로 번역되지 않았고 그의 업적은 무시되었는데, 이는 주로 1930년대 독일에서 그가 반유대주의와 친나치주의의 입장을 취하였기 때문이다. 역주) 국내에서는 이상률에 의해 사치와 자본주의, 전쟁과 자본주의가 각각 2017, 2020년 문예출판사에서 번역, 출판되었다.

역주2) 이 문장의 출처는 다음과 같다. Buchan, J.(1997), *Forzen Desire: An enquiry into the meaning of money*, Picador, London, p.68. 제임스 버컨(James Buchan,

1902년 복식부기에 대해 가장 흥미로운 주장이 제기되었다. 독일 경제학자 베르너 좀바르트가 자본주의에 관한 6권의 저서인 근대자본주의에서 제안한 것이다. 좀바르트는 여섯 페이지에 걸쳐서 자본주의의 등장과 13세기 복식부기의 출현이 인과관계가 있다는 자신의 생각을 설명하였다. 그는 다음과 같이 적었다. "아주 간단히 말해서 복식부기 없이 자본주의는 생각할 수 없다. 이 두 가지는 서로가 서로에게 형식과 내용을 이루고 있다"[3](Braudel, p.573; 주경철 옮김, pp.823-824). 좀바르트의 견해에 의하면, 자본주의와 복식부기는 매우 밀접하게 연결되어 있어서 어느 것이 원인이고 결과인지 말하는 것은 어렵다. 즉, "자본주의가 복식부기에서 그 힘을 활성화하는 도구를 얻었는지, 또는 복식부기가 자본주의를 그 자체의 정신으로 처음 발생시켰는지의 여부에 대해 정말로 의심할 수 있을 것이다"[4](Yamey, 1989, *op. cit.*, p.125).

좀바르트는 자본주의를 다음과 같이 정의하고 있다.

> 생산수단을 소유・관리하는 소유자와 일하는 시장에 묶여 있는 무자산 노동자라는 인구의 두 협력부분으로 변함없이 구성되는, 거래조직으로 인식될 수 있는 특별한 경제시스템. 이 시스템은 부의 창출과 경제적 합리주의라는 두 가지 지배적인 원칙을 보여준다(Carnegie and Wolnizer, p.3).

1954-)은 스코틀랜드의 소설가, 비평가, 컬럼니스트이다. 대표저서로 이경남 번역(2008), 애덤 스미스 경제학의 탄생, 청림출판이 있다.

역주3) 이 글은 원래 Sombart, W.(1928), *Der Moderne Kapitalismus, vol.II*, Munich and Lepzig, p.110에서 인용한 것이다.

역주4) 이 글은 원래 Sombart, W.(1928), *Der Moderne Kapitalismus, vol.II*, p.118에서 인용한 것이다.

좀바르트의 정의는 칼 마르크스[5)]에서 유래하고 있다. 마르크스의 협력자이자 편집자인 프리드리히 엥겔스[6)]는 좀바르트의 저작[7)]에 관해 다음과 같이 적었다. "독일의 대학 교수가 마르크스의 저작에서 마르크스가 실제로 무엇을 말하였는가를 대체로 파악할 수 있게 된 것은 이번이 처음이다"[Engels, F.(1895), "Supplement and Addendum to Vol.3 of *Capital*" in Marx(1894, 1981), *Capital: Vol.III*, p.1031; 김수행 역(1990), 자본론 III(하), pp.1098-1099].

1902년 (좀바르트의 근대자본주의에서) '자본주의'라는 단어가 (마르크스주의의 의미로) 만들어졌다. 자본주의라는 단어는 1839년 프랑스의 정치가이면서 역사가인 루이 블랑[8)]의 노동의 조직에서 처음 등장하였다고 하는데, 여기서 블랑은 다음과 같은 구별을 하기 위해 그것을 이용하였다. 즉, "이 궤변은 자본의 유용성과 내가 자본주의라고 부르는 것(말

역주5) 칼 마르크스(Karl Marx, 1818-1883)는 독일의 철학자, 경제학자, 역사학자, 사회학자, 정치이론가, 언론인, 공산주의 혁명가이다. 공산당선언(1848), 자본론 제1권(1967), 자본론 제2권(1885), 자본론 제3권(1894) 등의 저서가 유명하다. 위키백과에서 인용.

역주6) 프리드리히 엥겔스(Friedrich Engels, 1820-1895)는 부친이 제조회사를 운영한 부르조아 출신의 독일 사회주의 철학자, 경제학자로 칼 마르크스와 함께 마르크스주의의 창시자 중 한 사람이다. 마르크스와 함께 마르크스주의, 과학적 사회주의이론, 변증법적 및 사적 유물론의 창시자이며, 국제노동자계급 운동의 지도자였다. 위키백과에서 인용.

역주7) 이것은 브라운(Braun)이 편집하는 사회입법기록(*Archiv fur soziale Gesetzgebung*) 제7권 제4호에서 좀바르트가 마르크스체계를 개관하고 있는 것을 말한다. 김수행 역, 자본론 III(하), p.1098에서 인용.

역주8) 루이 블랑(Louis Blanc, 1811-1882)은 프랑스의 사회주의자, 역사가이다. 보통선거를 주장하였고, 창간한 학술지 진보평론에 발표한 논문, "노동의 조직"(1839)을 1840년 책으로 출간하여, 노동을 국가관리하에 둠으로써 실업과 빈곤을 해결할 것을 주장하면서 협동조합을 주장하였고, 1848년 2월 혁명 때, 임시정부에 참여하였다가 영국으로 망명하였다. 자본주의라는 단어를 최초로 사용하였다. 위키백과에서 인용.

하자면, 어떤 사람이 다른 사람을 배제하고 자본을 전유하는 것)을 끊임없이 혼동하는 것이다. 모든 사람에게 '자본 만세'(Long live capital)라고 외치게 하자. 우리는 박수를 보낼 것이며, 자본주의의 치명적인 적인 자본주의에 대한 우리의 공격이 더욱 강화될 것이다."(Blanc, 1839; Deschepper, 1964, p.153에서 인용). 그러나 19세기 마르크스도 이 단어를 거의 사용하지 않았다.

'자본'(capital)이라는 기본단어는 '족장'이나 '머리' 그리고 '재산'을 의미하는 *caput*에서 파생한 후기 라틴어 *capitale*로부터 진화하였다. 13세기말까지, '자본'은 소유자의 생산적인 재산 즉, 기업의 자본자산을 서술하기 위해 부기에서 이용되었다. 앞에서 살펴본 바와 같이, 자본의 계산은 복식부기시스템의 중심내용이다. 자본계정으로부터 "순재산을 파악할 수 있는 것이다"(이원로 번역 · 해설, 전게서, p.177)라고 파치올리가 말하고 있다.

자본주의라는 개념도 복식부기에서 나온 것 같다. 프랑스 사회학자 이브 치아펠로[9]는 자본주의정의는 복식부기의 범주 · 실무와 밀접하게 관련되어 있기 때문에, 사회과학자들은 자본주의의 개념을 생각할 때, 19세기 회계장부를 참조하였음에 틀림없다고 주장하고 있다.[10]

복식부기의 언어 · 개념들의 이론적 가능성을 처음으로 활용한 사람 중 한 사람은 19세기 영국의 부기활동에 특별한 관심을 가진 것이 거의 알려지지 않았던 칼 마르크스이었다. 치아펠로에 의하면, 마르크스는 자

역주9) 이브 치아펠로(Eve Chiapello, 1965-). 2013까지 프랑스의 HEC 경영학교수를 역임하고, 현재 사회과학고등연구원(EHESS)의 연구책임자로 있다. Luc Boltanski와 공저한 책, *The New Spirit of Capitalism*가 있으며, 학술지 *Critical Perspectives on Accounting*에 다수의 논문을 발표하였다.

10) 마르크스와 좀바르트에 관한 논의는 대부분 Eve Chiapello(2007)에서 인용하였다.

신의 자본표현이 모든 면에서 19세기 복식부기의 이용과 일치하기 때문에, 그 당시의 회계실무를 참고하지 않고는 자신이 하는 방식으로 자본을 정의할 수 없었다. 만약 치아펠로 그녀가 옳고 그녀의 주장에 설득력이 있다면, 산업영국의 복식부기 실무는 마르크스의 자본정의, 따라서 좀바르트의 자본주의정의에 유의미한 기여를 하였을 것이다. 이는 자본주의라는 개념 자체가 복식부기시스템을 압축하고, 복식부기시스템 없이는 자본주의 개념 자체가 존재할 수 없었을 것이라는 것을 의미할 것이다.

그러면 마르크스는 복식부기에 관한 지식을 어디서 얻었는가? 그는 영국제조업의 원장에 어떻게 접근하였는가? 엥겔스와 주고 받은 많은 서신에서 마르크스는 엥겔스 가족이 운영하는 면방직공장의 복식부기실무 세부사항에 대한 강한 관심을 보여주는데, 이 공장은 잉글랜드에 있었으며 잉글랜드는 19세기 섬유생산의 주요한 중심지이었다. 마르크스는 엥겔스에게 보낸 편지에서 다음과 같이 기술하고 있다. "너무 번거롭지 않게 아주 간단하게 할 수 있다면, 설명과 함께 이탈리아 부기의 예가 있으면 좋겠다." 1858년 3월 4일자의 또 다른 편지에서, 마르크스는 다음과 같이 질문하고 있다. "장부에서 자본회전율을 어떻게 계산하는가? 이 문제에 대한 이론적 법칙은 간단하고 자명하지만 실제로 사물이 어떻게 제시되는가에 대한 생각을 하는 것이 여전히 좋다"(Marx and Engels, CW 40, p.282).[11] 마르크스는 자신의 출판물에서 회계에 관해 거의 말하지 않았지만, 부기를 생산공정의 '통제와 이상적 종합'으로 간주하였으며, 생산공정이 더 크고 복잡할수록, 통제도 더 필요하게 된다. 즉, 산업영국의 공장에서와 같이 더 많은 생산은 "사회적 규모를 가정하고 순전히

역주11) Marx, K. and F. Engels, *Collected Works*, volume 40(London, Lawrence and Wishart). www.marxists.org.에서도 이용할 수 있다.

개별적인 성격을 상실한다"(Miller, 2000, p.9가 인용)[12]. 마르크스의 경우, 회계는 "생산운동, 특히 잉여가치생산운동"에 대한 상상 속의 상징적 반영이었다.[13]

엥겔스는 가족이 운영하는 면방직공장의 회계실무에 관한 상세한 정보를 마르크스에게 제공할 좋은 위치에 있었다. 엥겔스는 영국의 면화제조산업의 번화한 중심지 맨체스터에 위치한 바로 그 면방직공장에서 1850년부터 20년 동안 사무원으로 일하였는데, 맨체스터는 상관습이 세계에서 가장 정교한 곳 중 하나이었다. 엥겔스는 이 일이 '유쾌하지 않다'고 생각했지만, 그것을 받아들여 20년 동안 지속하였는데, 대부분은 런던의 대영도서관에서 자본론을 오랜 기간 동안 연구하는 마르크스(및 마르크스의 가족)를 지원하기 위해서였다. 사실상, 베니스의 복식부기를 채택한 영국 공장은 19세기의 위대한 혁명사상가 두 명에게 직접 자금을 지원하였다. 즉, (외할아버지 조사이아 웨지우드의 에트루리아 도자기제품을 통한) 찰스 다윈과 (엥겔스의 맨체스터 면방직공장을 통한) 칼 마르크스.

앞에서 언급한 바와 같이, 좀바르트는 마르크스로부터 자본에 관한 이해를 이끌어내었으며, 회계의 진화를 살펴봄으로써 자본주의와 복식부기 사이의 역사적 연결에 관한 이론을 개발하였다. 그의 견해에 의하면 이것은 다섯 단계를 가졌다. 처음 세 단계는 13세기 이탈리아에서 회계장부의 등장, 1350년경부터 복식부기의 발전, 1430년경 자본계정과

역주12) Miller, P.(2000), "How and why sociology forgot accounting?", 25th Anniversary Conference, Accounting, Organizations and Society, Oxford, Great Britain.

역주13) 마르크스의 자본론 제2권의 제6장 유통비용(the costs of circulation)에는 부기에 관한 글이 있다[Marx(1978), pp.211-213; 김수행 역(1989), pp.150-152. 또는 김석웅(2014), 회계학의 비판적 방법론, 교육과학사, pp.191-201. 등을 참조].

손익계정의 도입이었다. 좀바르트에 의하면, 1494년 루카 파치올리에 의해 불후의 명성을 얻은 이 세 번째 단계는 '복식부기의 본질'이고 "그 의미를 넘어 다음과 같은 목표에 다다르게 된다: 회사의 자본순환 전반에 걸쳐 모든 움직임을 추적하고, 이를 수량화하고, 서면으로 그것을 기록한다"(Sombart, 1927, 1992, p.21). 좀바르트는 파치올리의 논문을 "이전의 모든 경험적 발견이 일관적이고 포괄적인 표현으로 이론화되는 최초의 과학적 복식부기체계"(*ibid.*)라고 부르고 있다. 복식부기 발전의 마지막 두 단계는 1605년 시몬 스테빈[14]의 회계책 출간(4단계)과 마감절차에서 재고조사의 도입(5단계)이다.

좀바르트에 의하면, 자본주의는 복식부기로 시작되었으며, 이 복식부기가 자본의 범주 또는 "이윤을 생성하는데 사용되어 계정에 들어오는 부(wealth)의 금액"(Sombart, 1953, p.38)을 창출하였다. 좀바르트는 복식부기가 자본주의경제에서 기본역할을 하는 것에 만족하지 않고, "복식부기가 갈릴레오나 뉴턴의 체제 그리고 근대 물리학 및 화학 학파와 마찬가지의 정신에서 탄생한 것이다"(Braudel, p.573; 주경철 옮김, p.824)라고 주장하면서, 또한 부기를 현대과학과 동일한 모태로 주장하고 있다. 사실상, 그는 더 나아가 복식부기 자체가 16세기 과학혁명의 싹이라고 주장하였다: "아주 자세히 들여다보지 않더라도, 복식부기에서 중력, 혈액 순환, 에너지 보존 등의 사고를 찾아볼 수 있다"(*Ibid.*; 전게서). 좀바

역주14) 시몬 스테빈(Simon Stevin, 1548-1620)은 네덜란드의 수학자이자 기술자이다. 그는 많은 과학 및 기술분야에서 이론분야뿐만 아니라 실제로도 왕성히 활동하였다. 또한 많은 수학용어를 네덜란드 고유어(게르만계)로 번역하는 데 힘을 기울여 네덜란드어는 유럽어 중 드물게 라틴어, 그리스어에 의지하지 않은 다수의 수학용어를 보유하게 되었다. 다음을 참조. Volmer, Frans(1996), "Stevin, Simon(1548-1620)", in *History of Accounting: An International Encyclopedia,* edited by Michael Chatfield and Richard Vangermeesch. Garland Publishing, New York, pp.565-566.

르트가 이 과도한 주장을 통해 의미하는 바는 규칙적인 기록유지, 수학적 질서, 시간과 장소로부터 추상화된 숫자로 사건의 환원 등을 격려함으로써, 복식부기가 세계를 수량화의 대상으로 보는 새로운 관점을 조장하였다는 것이다. 그리고 그것은 과학혁명의 핵심에 있는 자연현상을 추상화 · 수량화하려는 충동이었다. 오스발트 스펭글러[15]도 파치올리를 코페르니쿠스[16]와 동일시한 *서구의 몰락*에서 유사한 주장을 한 바 있다.

좀바르트가 복식부기에 관해 한 모든 주장을 종합해 보면, 그것이 현대의 과학적 자본주의세계 전체를 탄생시켰다고 효과적으로 주장하고 있다는 것을 알 수 있다. 특히 그는 숫자적, 화폐적(따라서 그의 견해에 의하면 '합리적') 이윤계산을 가능하게 함으로써 복식부기가 상업을 취득과정, 즉, 끝없이 체계적으로 이윤을 추구하는 과정으로 볼 수 있는 기반을 제공하였다고 말하고 있다. 이 주장은 부기의 렌즈를 통해 이 책의 역사관에 비추어 보면, 자명한 것처럼 보일 것이지만, 좀바르트의 주장은 논란의 여지가 있으며, 앞으로 보는 바와 같이 경제학자와 역사가들에 의한 많은 논쟁을 유발하고 있다.

만약 좀바르트의 분석이 옳고 복식부기가 명시적인 이윤추구와 상인에 의한 부의 축적을 가능하게 하였다면, 이것은 유럽에서 복식부기가

역주15) 오스발트 슈펭글러(Oswald Spengler, 1880-1936)는 독일의 문화철학자이다. 브란덴부르크에서 출생하여 수학 역사 미술을 공부하였다. 1908년 함부르크 고등학교 교사를 지낸 후, 1911년 뮌헨으로 가서 저술에 전념하였다. 2권으로 된 그의 저서 *서구의 몰락*은 제1차 세계대전 후의 사상계에 큰 영향을 주었다. 그는 *서구의 몰락*에서 인간의 역사와 문명을 인간생애의 주기로 표현한 바 있다. 즉, 인간의 역사(출생기, 유아기, 청소년기, 청년기, 장년기, 노년기, 사망)으로 이해하였던 것이다. 위키백과에서 인용.

역주16) 니콜라우스 코페르니쿠스(Nicolaus Copernicus, 1473-1543)는 천동설의 오류를 지적하고 지동설을 주장하여 근대 자연과학의 획기적인 전환, 이른바 코페르니쿠스의 전환을 가져온 폴란드의 천문학자이다. 위키백과에서 인용.

처음 등장한 북부이탈리아 도시들이 14세기와 15세기에 엄청난 부를 축적한 이유를 설명하는 것을 도와줄 것이다. 피렌체의 메디치가문[17], 밀라노의 루도비코 스포자[18], 베니스의 총독, 우르비노 공작, 산세폴크로의 시장 등 그 통치자들은 일부 사람이 주장하는 것처럼, 이 부의 막대한 금액을 자신들의 궁전, 시민회관, 대성당의 화려함을 재정비하는데 사용하였다는 사실이 이러한 이탈리아의 회계혁신으로 인해서 르네상스가 발생하였다는 주장을 가능하게 한다. 마이클 올메르트[19] 교수가 말한 바와 같이,

> 그것은 13세기 이탈리아를 위대하게 만든 회계의 완벽과 특히 복식부기의 발명이었다. 유럽 전역의 사람들이 북부이탈리아에 와서 새로운 방법을 배웠는데, 이것은 모든 거래가 차변과 대변, 두 번 기록된다는 원칙에 기초하였다......결국, 르네상스는 여전히 엄청난 천재의 산물이지만, 그 천재는 상업에 필수적인 돈과 기술에 의해 활력을 얻었다 (Olmert, pp.103-105).

복식부기가 역사에서 핵심적인 역할을 하였다고 주장한 또 다른 독일 사상가는 좀바르트와 동시대인이면서 역사가・정치경제학자・사회학자

역주17) 메디치가문(Medici)은 13세기부터 17세기까지 피렌체에서 강력한 영향력이 있었던 가문이다. 메디치가는 네 명의 교황(레오 10세, 클레멘스 7세, 비오 4세, 레오 11세)과 피렌체의 통치자를 배출하였다. 그 가운데서도 위대한 로렌초는 르네상스 예술의 후원자로 가장 유명하다. 나중에는 혼인을 통해 프랑스와 영국 왕실의 일원까지 되었다. 메디치가문은 밀라노의 스포르차 등 다른 위대한 귀족가문과 더불어 이탈리아 르네상스의 탄생과 발전을 이끌어내는 큰 역할을 하였다. 위키백과에서 인용.

역주18) 루도비코 스포르차(1452-1508)는 밀라노의 공작으로 레오나르도 다 빈치를 비롯한 많은 예술가의 후원자로 유명하다. 위키백과에서 인용.

역주19) 마이클 올메르트(Michael Olmert, 1940-)는 메리랜드대학교 영문학 교수이다.

인 막스 베버[20]이다. 베버는 좀바르트처럼 멀리 나아가지는 않았지만, 시몬 스테빈의 덕분으로 개선된 16세기 자본계정의 발전과 자본주의를 동일시하면서, 자본주의 이론에서 복식부기에 중심적인 역할을 부여하였다(Edwards and Walker, p.345). 베버는 1904년도 책, 프로테스탄티즘의 윤리와 자본주의 정신에서, 부분적으로 복식부기의 이용을 기준으로 자본주의를 다른 경제시스템과 구별하고 있다. 그는 다음과 같은 방식으로 자신의 입장을 요약하고 있다. 즉, "현재와 같은 자본주의가 존재하는데 필요한 가장 일반적인 조건은 일상의 필요를 충족시키는 모든 대규모 산업 기업을 위한 규범으로서 합리적인 자본회계를 갖추는 것이다."(Weber, 1981, p.276; 정명진 옮김, pp.359-360).

베버의 '자본주의적 체제'(capitalistic enterprise) 정의는 복식부기의 개념에서 파생되었다. 즉 "합리적인 자본주의적 체제는 자본회계를 가진 체계이다"(*Ibid.*, p.275; 전게서, p.358). 베버는 좀바르트처럼 복식부기가 추상적인 이익·비용척도를 가능하게 하고, 따라서 자본주의적 기업 실무의 핵심요소인 이윤의 계산을 가능하게 하기 때문에 유의적이라고 주장한다. 베버도 복식부기의 형식적 합리성이 세계를 차갑고 환멸적인 곳으로 만들었다고 생각하였으며, 불행하게도 복식부기는 "아마도 그 마지막 1톤의 화석연료가 다 타서 없어질 때까지"(Weber, 1930, p.243; 김덕영 옮김, p.365) 그 지배를 계속할 것이라고 예측하였다.

역주20) 막스 베버(Max Weber, 1864-1920)는 독일의 법률가, 정치가, 정치학자, 경제학자, 사회학자로, 사회학성립에 막대한 영향을 끼친 인물이며, 그의 책, 프로테스탄티즘의 윤리와 자본주의 정신(1904)으로 유명하다. 그는 사회학과 공공정책학 분야에서 근대적인 연구토대를 마련한 학자로 평가된다. 대표작인 프로테스탄티즘의 윤리와 자본주의 정신에서 마르크스의 "토대-상부구조론"을 반박하며, 이윤을 적극 추구하는 신교도 윤리가 자본주의를 낳았다고 주장하였다. 위키백과에서 인용.

경제학자 조지프 슘페터[21]도 자본주의의 발달을 복식부기까지 추적하고 있다. 슘페터는 1942년 출판한 자본주의·사회주의·민주주의에서 자본주의가 "(이 자체가 자본주의의 창조물은 아닌) 화폐단위를 계정단위로 승격시켜서 합리성에 새로운 우위를 더하였다고 말하고 있다. 말하자면, 자본주의의 관행은 화폐단위를 합리적 원가-이윤 계산의 도구로 바꾸었고, 이것의 가장 우뚝한 기념물은 복식부기이다"(Schumpter, p.123; 이종인 옮김, p.178)라고 말하고 있다. 그의 견해에 의하면, 복식부기의 '원가-이윤 계산'이 자본주의 기업을 움직이며 전체문화에 확산시킨다. 즉, "경제부문을 위해 이런 식으로 정의되고 수량화된, 이러한 유형의 논리·태도·방법은 인간의 다른 것들을 복종시키는(합리화시키는) 정복자의 길로 나섰다. 인간의 도구와 철학, 의학적 관행, 우주관, 인생관, 아름다움과 정의에 대한 생각, 정신적 야망 등 사실상 모든 것에 영향을 미쳤다."(*Ibid.*; 전게서, pp.178-179). 슘페터의 경우, 자본주의는 "진·선·미가 더 이상 명예롭지 않고 유용성만이 존재하며, 그것이 회계사의 원가-효익 계산이라는 비판정신에 의해서만 결정되는 공식적 비판정신을 생성한다"(Long, p.18).

특히, 13세기 이탈리아에서 복식부기와 함께 상업자본주의가 부상하였다는 역사적 우연의 관점에서 보면 좀바르트 논지의 매력을 이해하는 것은 쉽다. 그러나 반대자들은 역사적 증거를 자세히 읽어보면 좀바르트의 일반화를 지지하지 않게 된다고 주장한다. 즉, 사실상 1300년대부터 1800년까지 남아 있는 일부 상인의 장부는 복식부기시스템이 그 당시

역주21) 조지프 슘페터(Joseph Schumpter, 1883-1950)는 오스트리아-헝가리 출신의 미국 경제학자이다. 오스트리아 학파에게 많은 영향을 준 경제학자로, 창조적 파괴라는 용어를 경제학에 널리 퍼뜨렸다. 위키백과에서 인용. 경기변동론, 자본주의·사회주의·민주주의 등의 저서가 있다.

실무에서 널리 채택되지 않았다는 것을 가리키고 있다. 경제학자 바실 야미는 좀바르트와의 오랜 논쟁의 일환으로 베니스 부기를 채택하기 **전에** 이미 자본주의 정신이 수많은 저명한 이탈리아 상기업에 활력을 주었다고 주장하고 있다. 즉, 바르디, 페루치, 알베르티, 메디치 등의 이탈리아 기업들이 복식부기시스템을 채택한 후보다 채택하기 전에 덜 효율적·'자본주의적'으로 운영되었다고 말할 수 없다는 점에 유의하는 것으로 충분할 것이다(Yamey, 1989, *op. cit.*, p.82).

그러나 이브 치아펠로는 좀바르트를 옹호하면서, 자본주의와 회계의 연계가 역사적이라기 보다는 개념적이고 자본주의는 복식부기 덕분에 "개념적으로 탄생될 수 있었다"고 주장하여 야미의 비판가들에게 반박하고 있다. 이것은 좀바르트가 설명하고 역사가들에 의해 확인된 회계와 자본주의 사이의 역사적 연계만이 18세기 후반부터 19세기 말까지의 기간에 발생하였다는 사실을 의미한다. 정치경제학이라는 사회과학이 탄생하였고, 애덤 스미스[22], 토마스 맬더스[23], 데이비드 리카도[24] 등의 저서가 출판된 것이 이 기간이었다(그리고 같은 기간에 마르크스의 사상에 영향을 주었다). 신흥 사회과학은 그 토대를 회계에서 찾았다. 경제학자들이 경제를 분석하기 위해 이용하는 모형을 구축할 수 있었고, 19세기

역주22) 애덤 스미스(Adam Smith, 1723-1790)는 스코틀랜드 출신의 영국 정치경제학자이자 윤리철학자이다. 국부론과 도덕감정론의 저자이다. 고전경제학의 대표적인 이론가인 스미스는 일반적으로 경제학의 아버지로 여겨지며 자본주의와 자유무역에 대한 이론적 심화를 제공하였다. 위키백과에서 인용.

역주23) 토마스 맬더스(Thomas Malthus, 1766-1834)는 영국의 성직자, 인구통계학자, 정치경제학자이며, 영국왕립학회 회원이었다. 인구론이라는 저서를 통해 인구학에 대한 이론을 전개한 것으로 유명하다. 위키백과에서 인용.

역주24) 데이비드 리카도(David Richardo, 1772-1823)는 영국의 정치경제학자로 아담 스미스, 토마스 맬더스 등과 함께 고전파경제학의 이론체계를 세웠다. 비교우위론을 주장하였다. 위키백과에서 인용.

산업 생산과 경영의 구성요소(building blocks)를 마르크스에게 드러낸 것이 복식부기이었다. 그리고 마르크스의 분석을 받아들여서 그것을 이용하여 근대자본주의에서 보편화시킨 용어인 '자본주의' 개념을 발전시킨 사람이 좀바르트이었다. 그 당시 20세기 초에 비로소, '자본주의'라는 단어가 지적이고 정치적인 영역에 자리를 잡았고, 사회주의의 자연스러운 반대어가 되었다.

많은 역사가들이 좀바르트의 주장을 거부하였음에도 불구하고, 좀바르트 주장의 영향력은 컸고 널리 퍼졌다. 역사가 제임스 아호[25]는 1985년 출판한 논문[26]에서 복식부기를, 로마의 법률가이자 웅변가인 키케로가 완성한 설득력 있는 논지를 만드는데 이용되는 규칙인 고대 수사(art of rhetoric)과 연계시켰다(부수적으로, 아리스토텔레스가 말하는 art는 재산분쟁에서 비롯되었다). 이 논지에 따르면, 중세상인들은 자본주의적 선전의 수사적인 도구로서 복식부기를 이용하여, 자신들의 사업이 정직하고, 도덕적으로 건전하며, 이윤을 창출하는 것이 윤리적으로 정당하다는 것을 '청중'에게 설득하였다.

부기에 왜 설득이 필요한가? 아호 교수는 부기가 교회의 고리대금 금지에 맞서 이러한 영리사업을 방어하기 위해 이용되었기 때문이라고 말한다. 1683년부터 이 조언이 분명히 하는 바와 같이, 잘 보관된 원장의 수사는 사업의 정직성과 이윤의 정당성을 주장하였다. 즉, "만약 [상인]이 운이 좋아서 많이 번다면, [복식부기]는 그에게 그것을 최대한 활용하는

역주25) 제임스 아호(James Aho)는 아이다호 주립대학교 사회학 명예교수이다. 그의 대표저서 중 하나로 2006년 출간한 *Confession and Bookkeeping: the Religious, Moral and Rhetorical Roots of Modern Accounting*, SUNY Press가 있다.

역주26) 이것은 다음과 같다. Aho, James(1985), "Rhetoric and the Invention of Double Entry Bookkeeping", *Rhetorica*, 3(1), pp.21-43.

방법을 지시한다. 만약 그가 운이 없다면, 그것은 그의 공정한 거래의 세계를 만족시키며, 그의 결백과 정직에 관해 세계에 고하는 가장 공정한 최상의 변명이다”[27](Carruthers and Espeland, *op. cit.*, p.55). 복식부기는 사업과 이윤의 도덕적 정당성을 입증함으로써, “부의 합리적인 추구에 대한 변명을 **탁월하게** 제공하였다”.

카루더스・에스페랜드[28]는 회계와 수사에 관한 1991년도 논문[29]에서 복식부기라는 상징적 언어가 그것의 기술적 능력만큼 중요하며, 좀바르트와 베버가 고려하지 않은 가능성이라고 주장한다. 그들은 복식계정이 중립적인 정보일 뿐만 아니라 ‘계정’이나 이야기라고 주장한다. 즉, 회계가 기술적인 실무일 뿐만 아니라 수사적인 목적으로 일단의 기업거래를 구성하는 수단이라고 주장한다. 부기는 파치올리의 시대부터 우리 자신의 시대까지 성장하고 변화한 ‘청중’를 위해 사업을 의미있도록 하는 수단이다.

예를 들면, 카루더스・에스페랜드는 파치올리 논문의 수사적인 의제가 베니스 부기는 다른 어떤 방법보다 더 낫다는 것을 독자에게 확신시키고 특정사업과 일반상업이 정당한 추구이라는 것을 독자에게 설득하는 것이었다고 주장한다. 파치올리가 논문에서 다루어야 했던 현안, 교회의 고리대금 금지와 같은 것은 오늘날 더 이상 관련이 없지만, 회계는 여전히 수사적인 목적에 이바지하고 있다. 회계가 생성하는 계정은 여전히

역주27) 이 문장은 원래 Colinson(1683, p.1)에서 인용한 것이다.

역주28) 카루더스(Carruthers, Bruce C.)와 에스페랜드(Espeland, Wendy N.)는 모두 미국 노스웨스턴대학교 사회학 교수이다. 회계학과 관련해서는 두 교수가 공저한 논문 Carruthers and Espeland(1991)가 있는데, 미국사회학회로부터 우수논문상을 수상하였다.

역주29) 이는 “Accounting for rationality: Double-entry bookkeeping and the rhetoric of economic rationality”, *American Journal of Sociology*, 97(1), pp.31-69이다.

청중에게 무엇인가를 설득하기 위해 설계되고 있다. 예를 들면, 왕립스코틀랜드은행에서 본 바와 같이, 기업의 견고함이나 엔론의 경우와 같이 지속적인 성공에 관해 설득하기 위해 설계되었다.

사회학자 존 에반스[30]는 2000년 생명의료윤리에 관한 논문에서 미국의 획기적인 공중보건정책논문인 벨몬트 보고서(the *Belmont Report*, 1979)에 인간존중·선행·정의라는 일단의 작은 원칙의 이용이 왜 오늘날 생명윤리에서 보편화되었는가를 논하고 있다(Evans, p.254). 에반스는 제2차 세계대전 이후의 뉘른베르크 재판[31]과 같은 역사적 사건에서 그 기원을 찾는 근거인 의사결정을 지도하기 위해 (종종 '원칙주의'라고 하는) 일단의 작은 원칙을 이용하는 근거에 관심이 있었다. 그러나 에반스는 원칙주의의 근거가 1494년과 파치올리의 "계산과 기록의 상해"까지 올라간다고 주장하고 있다. 그는 복식부기에 관한 파치올리의 논문을 '경제사에서 중요한 혁신'이라고 부르고 있다. 첫째, 복식부기는 의사결정과 관련없는 모든 정보를 버리고 숫자만 남기는 수단을 제공하였기 때문이다. 그리고 둘째, 그것은 이러한 숫자를 상대적으로 정확한 행동평가를 가능하게 한 '이윤'이라는 공통측정도구로 변환시켰기 때문이다. 그리하여 복식부기는 기업장부를 단순한 기억보조로부터 이윤계산을 가능하게 하고 따라서 각 개별거래와 일반적으로 기업의 성공을 측정하기 위해 이용될 수 있는 기록으로 변환시켰다.

에반스의 경우, 복식부기는 정부와 주식회사로부터 의료와 교육에 이

역주30) 존 에반스(John H. Evans)는 미국 샌디에고 캘리포니아대학교 사회학 교수이다.

역주31) 뉘른베르크 국제군사재판이라고도 하는데, 제2차 세계대전이후 연합국이 국제법 및 전시법에 따라 거행한 국제군사재판이다. 피고들은 나치 독일의 지도층 및 상급대장, 원수급 군인으로 대학살을 비롯한 여러 전쟁범죄를 계획, 실행 또는 관여한 혐의로 피소되었다. 위키백과에서 인용.

르기까지 현대 경영진을 성가시게 하는 원가-효익의 사고를 가능하게 하였다. 예를 들면, 복식부기는 "모든 학과의 학과장이 익숙한 표를 관리해 준다. 즉, 내년 원가는 얼마이며 수익은 얼마인가? 보다 구체적으로 사업의 이 구성요소와 관련된 원가가 그 원가를 정당화하는 수익을 창출하고 있는가?" 에반스도 베버처럼 복식부기가 영리사업의 기초총자산과 기말총자산을 비교하고 이에 의해 교육 및 자연환경과 같이 계산할 수 없는 재화가 위험에 처한 경우일지라도, 잠재적으로 영리활동의 잠재적 성공을 평가하고 결정할 수 있게 하기 때문에 복식부기를 이러한 특별한 조직형태와 근거의 관건으로 간주하고 있다.[32)]

우리는 이제 한때 혁신적인(그리고 대개 임의적인) 원가-효익 사고방

역주32) 복식부기와 자본주의 또는 경제발전과의 관계를 살펴본 논문으로 본서에서 언급되지 않은 논문은 다음을 참조. Bryer, R.A.(1993), "Double-entry bookkeeping and the birth of capitalism: Accounting for the commercial revolution in medieval northern Italy", *Critical Perspectives on Accounting*, 4(2), pp.113-140; Catchpowle, L. et al.(2004), "Capitalism, States and ac-counting", *Critical Perspectives on Accounting*, 15(8), pp.1037-1058; Eddie, I.A. et al.(1985), "The Contribution of double entry bookkeeping in the development of capitalism: A study of the debate", *Accounting History Newsletter*, 10, pp.35-47; Most, K.S.(1976), "Sombart's Propositions Revisited", *The Accounting Review*, 47(4), pp.722-734; Funnell, W.(2001), "Distortion of history, accounting and the paradox of Werner Sombart", *Abacus*, 37(1), pp.55-78; Ryan, J.(2014), "Historical Note: Did double-entry bookkeeping contribute to economic development, specifically the introduction to capitalism?", *Australasian Accounting, Business and Finance Journal*, 8(3), pp.85-97; Toms, S.(2016), "Double entry and the rise of capitalism: keeping a sense of proportion?", *Accounting History Review*, 26(1), pp.25-31; Winjum, J.O.(1971), "Accounting and the rise of capitalism: an accountant's view", *Journal of Accounting Research*, 9(2), pp.333-350; Yamey, B.S.(1964), "Accounting and the rise of capitalism: Further notes on a theme by Sombart", *Journal of Accounting Research*, 2(2), pp.117-136; Yamey, B.S.(1975), "Notes on double-entry bookkeeping and economic progress", *Journal of European Economic History*, 4(3), pp.717-723.

식에 너무 익숙해져 이를 당연시하고 달리 상상할 수 없다. 그러나 앞으로 알게 되겠지만, 복식부기에 의해 촉구되는 이 이익중심의 사고방식으로 경영자는 술을 마시게 되고, 학자는 고민하게 되며, 정치인은 단기적 기회주의로, 대부분의 인간은 어떤 식으로든 고통에 빠져들고 있을 뿐만 아니라 우리 지구가 파괴되고 있다.

그럼에도 불구하고, 변화무쌍한 복식부기방법의 발전은 계속되었다. 복식부기는 주식회사를 정복하고 사회과학에 침투하였으며, 나아가 20세기 중반 복식부기는 영향력의 범위를 국민계정까지 확장하였다.

제 8 장 존 메이나드 케인스, 복식부기, 국부

케인스는 경제를 지출의 총량적 흐름이 가져오는
총산출량으로 사고했던 최초의 경제학자였다......
따라서 국민소득 계정의 발달은 케인스의 총량개념
으로부터 직접적으로 비롯된 것이라고 할 수 있다......

로버트 스키델스키1)

[복식부기접근방식은] 국민소득 · 생산계정의 특징이다.

캐서린 아브라함과 크리스토퍼 맥키2)

역주1) 이 문장의 출처는 다음과 같다. Skidelsky, R.(2003), *John Maynard Keynes, 1883-1946*, Pan Book, London; 고세훈 옮김(2009), 존 메이나드 케인스, 후마니타스, pp.873-874. 로버트 스키델스키(Robert Skidelsky, 1939-)는 현재 영국 위릭대학교 정치경제학 명예교수이다. 경제학자 존 메이나드 케인스의 전기작가로 유명하다.

역주2) 이 문장의 출처는 다음과 같다. Abraham, Katharine and Christopher Mackie (2004), *A Framework for Nonmarket Accounting*, STD/NAES/RD (2004)2, OECD, p.23.

1929년 10월 뉴욕증권거래소의 붕괴로, 19세기 국가경제문제에 대한 정부의 접근방법을 인도하였던 자유방임주의가 갑자기 그 빛을 잃었다. 미국에서 다음 4년 동안, 11,000개의 은행이 파산하였으며, 생산은 절반 이상 감소하고, 실업이 급증하여 노동력의 거의 4분의 1인 1,300만 명에 이르렀다. 허버트 후버[3)] 행정부와 프랭클린 루즈벨트[4)] 행정부는 위기에 대한 일관된 대응책을 마련하기 위해 러시아 태생 경제학자 쿠즈네츠[5)]에게 그들의 정책을 인도할 미국소득에 대한 포괄적인 추정치를 개발하도록 의뢰하였다. 1933년 3월 후버를 계승하여 미국대통령이 된 루즈벨트는 즉시 '백일의회'[6)]를 개최하였는데, "미국역사에 결코 볼 수 없었던 생각과 정책구상들이 대통령의 주도"(Skidelsky, p.506; 고세훈 옮김, p.839)[7)]로 잇달아 쏟아져 나왔다. 다음 해인 1934년 5월 영국 경제학자 존 메이나드 케인스[8)]가 미국으로 가서 실시중인 뉴딜정책을 살펴보았

역주3) 허버트 후버(Herbert Clark Hoover, 1874-1964)는 미국의 대공황기가 시작할 무렵인 1929년부터 1933년까지 공화당 출신의 미국 31대 대통령이었다. wikipedia에서 인용.

역주4) 프랭클린 루즈벨트(Franklin Delano Roosevelt, 1882-1945)는 미국의 32대 대통령(1933-1945)이었다. 그는 임기동안 대공황과 제2차 세계대전을 모두 경험한 20세기의 중심인물 중 한 명이라고 할 수 있다. 위키백과에서 인용.

역주5) 저자서문 역주6)을 참조.

역주6) 백일의회(Hundred Days)는 1933년 3월 9일부터 6월 16일까지의 100일 동안에 루즈벨트 대통령의 뉴딜을 비롯한 중요 법안들이 가결된 기간을 가리킨다. 고세훈 옮김(p.839)의 주석에서 인용.

7) 이후의 모든 케인스 인용은 스키델스키로부터 인용한 것이다.

역주8) 존 메이나드 케인스(John Maynard Keynes, 1883-1946)는 거시경제학과 경제정책 분야에서 기존의 이론과 관습들을 변화시킨 영국경제학의 대표자이다. 케인스경제학이라는 독창적인 이론을 창시해, 경기후퇴와 불황에 대해서 재정정책을 사용할 것을 강력하게 주장하였다. 그의 이론들은 케인스경제학의 뿌리가 되었을 뿐만 아니라 다른 거시경제학파들에게도 큰 영향을 미쳐서, 케인스는 현대 거시경제학의 창시자들 중 한 명으로 널리 알려져 있다. 20세기에 가장 큰 영향을 미친 경제학자로 인정받고 있다. 위키백과에서 인용.

다. 워싱턴에서 그는 다음과 같이 말하였다. "모스코바가 아니라 바로 이곳이 세계의 경제실험실이오."(전게서, p.843).

1934년 '세계의 경제실험실'인 미국에 영국 경제학자가 도착한 것은 대공황에 의해 촉진된 경제이론과 정부관행 모두에서 중요한 변화를 의미하였다. 대공황에 대한 루즈벨트의 대책은 자본주의 시장경제에 최초로 체계적인 대규모 정부개입인 뉴딜정책이었다. 케인스의 반응은 시장자본주의에 관한 혁신적인 이론인 '유효수요이론'을 개발하는 것이었다. 그는 이 이론을 1936년 고용, 이자 및 화폐의 일반이론으로 발표하였다. 일반이론은 국민소득 · 소비 · 투자 · 저축의 측정에 이론적 기초를 제공하였기 때문에 엄청난 영향력을 주었다. 이와 동시에, 이들을 계산하기 위한 최초의 움직임이 워싱턴에서 이루어지고 있었다. 케인스의 전기학자 로버트 스키델스키가 말한 바와 같이, "케인스는 경제를 지출의 총량적 흐름이 가져오는 총산출량으로서 사고했던 최초의 경제학자였다. 경제라는 구조물을 보는 이런 새로운 시각이야말로 일반이론이 남긴 가장 영속적인 유산이다."(전게서, p.873).

루즈벨트와 케인스의 사고의 핵심에는 구속되지 않은 자본주의 시장경제가 붕괴되기 쉬우며, 이를 부활시키기 위해서는 어떤 형태의 정부개입이 주기적으로 필요하다는 이해가 있었다. 에트루리아 도자기 공장의 위기로 인해서 조사이아 웨지우드가 장부를 검토하고 기업의 조업에 대한 원가회계 및 회계에 입각한 관리에 대해 최초의 실험을 한 것처럼, 1930년대의 경제위기로 루즈벨트와 케인스는 국가의 경제활동에 대한 정부개입정책을 공식화하기 위해 국가회계장부를 고안하게 되었다. 케인스가 지적한 바와 같이, 대공황의 한 가운데에, 사회적 실험이 유행하고 있었고, 그들 모두는 정부의 역할은 더 커지고 자유 상거래의 역할은 크게 제한될 것이라고 생각하였다.

그렇다면 이러한 20세기 자본주의 혁명은 루카 파치올리 및 베니스 복식부기와 어떤 관련이 있는가? 루즈벨트의 경제개입 프로그램과 케인스의 유효수요이론은 둘 다 국가회계시스템의 구축을 수반하였다. 둘 다 국가회계에 관심이 있었다. 그리고 전체경제의 행동에 관한 체계적인 사고방식을 최초로 제안한 케인스는 복식부기의 원리를 적용하여 전체경제 체제를 구축하였다. 일반이론은 경제의 총산출(또는 실질소득, 'Y')이 소비(C)와 투자(I)에 의해 결정된다(Y = C+I)는 이해에 의존하고 있다.

대공황을 고려할 때, 케인스는 지역사회가 무엇을 구매하고 실업자가 일을 할 경우 얼마나 많은 생산을 하게 될지를 돈으로 측정할 수 있다면, (실업자에 의해 생성되는) 이 '산출격차'를 좁히기 위해 얼마나 많은 추가 '수요'(또는 지출)가 경제에 투입될 필요가 있는가를 계산하는 것이 가능할 것이라고 이론화하였다. 다시 말해, 경제가 완전고용에 도달하기 위해 정부가 얼마나 지출해야 할 것인가를 결정할 수 있을 것이다. 케인스의 체계는 소비・투자・저축과 같은 주요 거시경제변수 뿐만 아니라, 국가회계의 중요한 구성요소인 소득의 소비・투자・저축을 통해 경제에 영향을 주는 경제'부문'(가계, 기업, 정부, 외국경제)에 대한 아이디어를 도입하였다(Jorgenson et al., p.114). (한 국가의 경제를 구성하는 구매자와 판매자, 저축자와 투자자 간의 수십억 건의 거래합계에 대한 단일숫자값을 찾기 위해) 케인스가 1930년대 후반 영국을 위한 국민소득계정의 생성을 요구하게 된 것은 이러한 총계를 수량화할 필요성 때문이었다. 이러한 일단의 계정으로 경제학자들은 정책을 인도할 지도를 가질 것이다. 즉, 그들은 "한 국가가 구성하는 경제단위내에서 한없이 상세하고 복잡한 거래연결망을 조사・분석"(Stone, 1984)할 수 있었을 것이다.

국민소득을 측정하려는 시도는 이미 1660년대 영국의 윌리엄 페티[9]에 의해 이루어졌지만, 이러한 초기 국민소득측정은 산발적이고 고립되어 있었다. 그리고 이들은 단순한 추측이었다. 이는 정부나 기타 기관에서 국가생산에 관한 정보를 체계적으로 수집하지 않았기 때문이다. 1930년대 대공황이 되어서야 국가경제를 회계에 의해서 본다는 생각이 널리 퍼졌고, 한 국가의 소득뿐만 아니라 지출까지 계산하려는 시도가 처음으로 이루어졌다. 전체 미국경제의 최초의 공식척도(국가의 저축・소비・투자의 척도)는 1930년대 사이먼 쿠즈네츠와 그의 동료들이 정책입안자들에게 현재 상황에 대한 포괄적인 그림을 제공하기 위해 고안하였다. 그 전에는 국민소득과 산출에 대한 포괄적인 척도가 없었다. 국내총생산(GDP)과 같은 국민계정의 필요성을 높인 것은 대공황이었다. 또는 경제학자 윌리엄 노드하우스[10]가 2010년에 말한 바와 같이, "국내총생산이 왜 중요한지 알고 싶다면, 우리 경제에 무슨 일이 일어나고 있는지 전혀 몰랐던 1930년대로 돌아갈 수 있을 것이다."(Gertner, 2010).

최초의 일단의 계정[쿠즈네츠의 국민소득(1929-1932)]은 1934년 의회에 제출되었다. 그것은 '국민소득'에 해당하는 일단의 산업별 추정치이었다. 자료의 격차와 기타 측정 불확실성이 있다는 쿠즈네츠와 그의 팀의

역주9) 윌리엄 페티(Sir William Petty, 1623-1687)은 영국의 경제학자이다. 1649년 옥스퍼드대학교의 교수가 되었으며, 경제학뿐만 아니라 여러 방면에서 걸쳐 많은 업적을 남겼다. 중농주의의 선구자로서 노동가치설을 주장하였다. 저서 정치산술(*Political Arithmetic*)에서 사회와 경제를 통계적으로 설명하려 하였다. 그의 시도는 애덤 스미스의 분업론에 많은 영향을 주었다. 위키백과에서 인용.

역주10) 윌리엄 노드하우스(William D. Nordhaus, 1941-)는 미국의 경제학자이다. 2018년 기후변화의 경제적 효과에 관한 연구, 내생적 성장이론을 연구한 공로로 폴 로머(Paul Romer)와 함께 노벨경제학상을 수상했다. 위키백과에서 인용.

우려에도 불구하고, 이러한 국민소득추정치는 주요한 발전이었으며, 이들이 구축한 결과로 루즈벨트는 1938년 4월 의회에 대한 예산요청에서 1929년부터 1937년까지 미국경제의 성과를 서술하기 위해 국민소득통계를 이용할 수 있었다(Landefeld et al., p.195).

제2차 세계대전으로 국민소득측정이 더욱 긴급하게 필요하게 되었다. 1940년대 미국경제가 전시생산을 강요받았을 때, 대공황기간에 고안된 산출과 소득의 측정으로는 충분하지 않았다. 즉, 정책결정자들은 또한 전시예산을 결정할 수 있도록 이루어진 제품과 구매의 유형에 따라 미국의 생산과 지출에 관한 정보를 필요로 하였다. 그래서 정부에게 경제의 전반적인 생산능력의 그림을 보여주고, 재화와 용역에 대해 지출하는 소비자로부터 탱크, 자재, 기타 전쟁물자에 대해 지출하는 연방정부까지의 움직임이 국가의 경제상태에 미치는 영향을 보여주기 위해, '국내총생산'의 추정치가 계산되었다. 국민총지출에 관한 이러한 초기의 척도는 점차적으로 쿠츠네츠가 고안한 용어인 국민총생산(GNP)으로 발전하였다. 여기서 국민총생산은 국내총생산에 해외투자로 인한 총자본이득을 더하고 외국인이 현지에서 벌어들인 소득을 차감한 것을 가리킨다(여기서 국내총생산은 한 국가의 연간 생산과 용역의 총가치에 관한 추정값이다).

전쟁이 임박하였을 때, 영국으로 돌아온 케인스는 국가경제에 대한 총체적 접근방법이 실업문제뿐만 아니라, 전쟁이 필요로 하는 정부지출의 급격한 증가로 인한 인플레이션의 위험이 수반되는 전쟁경제를 관리하는 문제에도 적용될 수 있다는 것을 입증할 수 있었다. 인플레이션에 대처하는 그의 방법은 총수요를 관리하기 위해 국민소득통계의 구축을 필요로 하였다. 즉, 전시경제에서 정부의 추가지출(또는 수요증가)이 인플레이션을 유발한다고 가정하면서, 케인스는 (소비자 · 기업 · 정부를 포함한 다양한 부문의 수요로 구성되는) 경제의 총수요를 통제하고자 하였다. 그렇게 하기 위해 그는 이 총수요를 측정하기 위한 방법을 필요로 하였는데, 총수요는 국민소득통계를 통해 대략적으로 알 수 있었다.

케인스는 1940년 2월 전시정부에서 공식적인 역할을 하기를 희망하면서, 영국 재무부에 자신의 급진적인 생각을 고려하고 미국과 마찬가지로 국가경제에 대한 통계를 수집하여 전쟁자금조달을 안내하는 지도를 갖도록 호소하기 위해 전비조달론(*How to Pay for the War*)이라는 소책자를 출판하였다. 스키델스키는 전비조달론을 주장컨대 '케인스업적의 정수'라고 부르고 있다. 그 중심에는 "현대사회가 시장시스템의 오작동으로 인한 인플레이션과 실업의 '자연 치료법'을 더 이상 참지 않을 것"이라는 케인스의 이해가 있었다. 즉, 현대사회는 만연한 시장자본주의를 완화하고 인플레이션과 실업의 폐해를 최소화하기 위해 정부의 개입을 요구하였다. 이 획기적인 1940년 소책자를 위해, 케인스는 복식부기에 입각한 국민계정시스템을 영국을 위해 최초로 개발하였는데, 이 시스템은 '국가자원의 예산'이라는 부록으로 출판되었다(Edwards and Walker, *op. cit.*, p.358). 예산은 가격으로 측정되고 구성요소로 세분화되는 총수요와 총공급이라는 그의 일반이론 개념들을 기반으로 하였는데, "그것에 그는 원장의 차변합계와 대변합계가 균형을 유지해야 한다는 복식부기의 황금율을 적용하였다".

전비조달론이 출판된 지 3개월 후, 독일이 벨기에 · 네덜란드 · 프랑스를 침공하였으며, 윈스턴 처칠은 총리가 되었고 케인스는 영국재무부에 사무실을 얻었다. 재무부에서 그의 역할은 비공식적이었지만, 마침내 그는 영국 전시정부의 내부 금융성역에 잠입하였다. 1941년 1월까지, 일단의 영국국민계정에 대한 케인스의 요청은 달성되었다. 영국 최초의 국민계정들은 전시내각 사무실의 경제정보서비스센터에서 제임스 미드[11]와 리차드 스톤[12]이 이끄는 팀에 의해 구축되었으며, 영국의 경제적·재정적 상황에 대한 조사인 "국민소득·저축·소비"라는 논문의 첫번째 초안에 제시되었다. 그들의 회계체계는 순국민소득·순국민생산·순국민지출을 보고하였다. 즉, 그들의 표는 거시경제총량을 보고하였고, 이들 간의 연관성을 보여주었다.

리차드 스톤 경은 1984년 노벨경제학상 수락연설에서, 1940년대 초 전시계정에 관한 그의 연구를 다음과 같이 회상하였다. "우리의 추정치는 국민소득·지출, 개인소득·지출·저축, 정부목적을 위해 민간부문에서 필요로 하고 이용할 수 있는 순자금액 등과 관련 있는 세 개의 표로 구성되었다. 이들은 일단의 국민계정에 도달하지 못하였지만, 시작이었다."(Stone, *op. cit.*).

1941년 4월에 이어진 정부예산은 주로 이러한 통계와 케인스의 영향에 의해 편성되었다. 스톤이 기억하는 바와 같이, 케인스의 지지를 통해 그들의 기본적인 계정은 1941년의 예산을 수반한 <u>1938년과 1940년의 전쟁자금출처분석과 국민소득·지출추정치</u>라는 백서의 두 번째 부분으로 출판되었다. 이것은 역사적인 순간이었다. 즉, 그것은 전체경제를 공급

역주11) 제임스 미드(James E. Meade, 1907-1995)는 영국의 경제학자로 신케인즈학파에 속한다. 국제무역과 초국적 자본이론의 이론에 대한 공로로 1977년 스웨덴의 베르틸 올린(Bertil Ohlin)과 함께 노벨경제학상을 수상하였다. 1946년에서 1947년까지 노동당 정부의 수석 경제학자를 지내는 등 제2차 세계대전을 전후해 영국내각에서 일했다. 위키백과에서 인용.

역주12) 리차드 스톤(Richard Stone, 1903-1991)은 제2차 세계대전중에 중앙통계국에서 케인스의 지도아래, 제임스 미드(1977년 노벨경제학상 수상자)와 함께 전시 재정과 소득지출통계를 다루며, 현대 국민계정의 기본틀을 다듬었다. 전후에는 케임브리지대학교 응용통계학 교수로 재직하며 유엔과 유럽경제협력기구를 통해 국민경제통계의 국제표준지침마련작업을 이끌었다. 1984년 노벨경제학상을 수상하였다. 위키백과에서 인용.

측의 (실질국민총생산을 포함한) 총경상자원과 수요측의 전쟁노력에 대한 총소비·투자·지출 간의 균형으로 이해한 케인스의 새로운 분석기법의 최초의 실제적용이었다. 이전에는 국민소득을 측정하려는 시도가 있었지만 추측에 불과하였기 때문에 이것은 급진적인 변화이었다. 케인스는 전체경제의 작동을 이해하기 위한 개념장치를 고안하였다. 이전에는 (소련에서 같은 시기에 수행되는 경제실험과 같은 주목할 만한 예외를 제외하고) 정부가 국가의 경제문제를 지시하기 위해 체계적으로 개입하지 않았다.

대량의 통계를 구조화된 국민계정으로 처리하는 스톤의 실험으로 케인스는 "우리가 통계를 통한 새로운 기쁨의 시대에 있다"고 아이러니하게 말할 수 있었다. 케인스는 경제학을 무엇보다도 도덕적 실천으로 간주한 심오하고 복잡한 사상가로서 통계를 의심하였고, 이러한 국민경제의 양적 척도를 시대가 요구한 예외적이고 긴급한 조치로 간주하였다. 영국총리는 이러한 계정을 최초로 발표한 예산연설에서, 국민소득과 지출에 대한 공식 추정치를 발표하는 것이 선례를 만드는 것으로 간주되어서는 안 된다고 강조하면서 케인즈와 동일한 견해를 표명하였다. 이들은 단순히 전쟁에 의해 필요하게 된 예외적인 조치들이다. 그러나 알고 보니, 이들은 연례행사가 되었고 이후 몇 년 동안 점점 더 정교해졌다.

그래서 케인스가 <u>일반이론</u>에서 고안한 '총계개념'은 1940년대 영국의 국민계정 발전을 직접 유도하였고, 오늘날 가장 잘 알려져 있고 '케인스학파' 경제학의 기초를 구성하는 '수요관리'정책을 유도하였다. 케인스의 제자인 새로운 세대의 경제학자들은 그의 이론을 (케인스 자신이 생각하고 평가하였던 '불확실성과 야성적 충동으로 가득찬' 불확정시스템이 아니라) 연립방정식으로 표현할 수 있는 수학시스템으로 전환하였다. 이러한 새로운 체계와 방정식 시스템은 경제를 조작하는 실용적인 도구[재정정책(정부지출과 수입)]와 미래 모든 정부의 잠재적으로 중심적인 역할을 경제학자에게 제공하였다.

그래서 베니스 부기는 국가정부의 필수도구가 되기 위해 또 다른 국경을 넘었다. 한 명의 관찰자(미국회계학회지 *The Accounting Review*에 발표한 에버렛 하겐)가 1949년 서술한 바와 같이, 국가회계는 "전체경제 조직에 회계원칙을 적용하는 것"(Everett Hagen, p.248)이었다. 하겐에 의하면, "국민소득측정은 정부를 포함해서 경제시스템의 모든 생산부문 운영계정의 연결을 반영하는 복식부기로 생각하는 것이 가장 좋다"(*Ibid.*). 회계학자 리차드 마테시치도 유사한 견해를 표명하였다. 그는 '국가회계'라는 용어가 거시(또는 전체경제)경제학이 사실상 일종의 회계라는 점을 인정한다고 생각하였으며, 그것은 "자료를 수집・처리할 때 더 높은 수준의 집계와 다소 다른 기술에 의해서만"(Mattessich, 1959, p.86) 기업 및 기타 미시회계시스템과 구별된다고 주장하였다.

제1절 전후 세계경제

전쟁이 끝날 무렵, 케인스는 전쟁경제로부터 평화경제로의 이전을 용이하게 하기 위해 국제청산은행이라는 아이디어를 제안하였다. 그는 특히 국제수지 흑자를 가진 회원국들이 막대한 전시지출로 인해 적자에 직면한 국가들에게 손해를 입히면서 부를 축적하여 실업의 위협을 재점화할 가능성을 우려하였다. 이 은행은 각 회원국과 나머지 국가 간의 국제수지균형(국가로 유입하는 부와 유출하는 부의 동등성)을 유지함으로써 이를 상쇄하기 위해 노력할 것이다. 스키델스키가 말하는 바와 같이, 케인스의 경우 "(세계정책과 국내정책에서) 진정한 '문제의 핵심'은 화폐보유의 매력을 줄임으로써 실업을 예방하는 것이었다."

케인스의 아이디어는 워싱턴에서 채택되었지만, (케인스의 원래 개념이 대영제국을 선호하였던 것처럼) 미국에 유리하게 개조되어 두 개의 국제기구[(세계은행이 된) 부흥개발은행과 국제통화기금(IMF)]로 변형되었다. 제2차 세계대전 이후, 이러한 국제기구 및 기타 국제기구의 창설로 국민소득통계의 수집이 모든 관련국가의 필수과제로 되었고, 국민소득회계의 시대가 촉진되었다. 회계는 국민정부와 국제정부의 필수적인 구성요소가 되었다.

스톤은 이를 염두에 두고, 1944년 미국과 캐나다에 있는 동료들과 함께 국가의 수입・지출의 추정치에 대한 작업을 논하기 위해 미국으로 파견되었는데, 그들은 함께 국가도표를 비교할 수 있도록 다양한 접근방식을 조정할 수 있기를 희망하였다.

국가회계방법에서 국제적 조화와 비교가능성을 달성하려는 시도는 전쟁의 종료로 더욱 절박해졌는데, 이는 특히 마셜플랜(유럽경제재건에 대한 미국의 화폐지원)의 운영과 일반적으로 많은 유럽・아시아에 대한 전후 재건자금지원과 연결되어 있었기 때문이다. 유럽경제협력기구(OEEC)가 마셜플랜에 따라 미국의 원조를 관리한다는 원래의 목적으로 파리에서 설립되었다. 회원국의 진척상황을 검토하는 체계로 국민계정을 사용하기로 결정되었다. 새로 창설된 유엔의 지원 하에, 스톤은 국제적 사용을 권장할 수 있는 표준화된 형태의 국가회계를 만들기 위한 국제전문가그룹을 담당하게 되었다. 그는 유엔을 위해 세 가지(표준국민계정시스템의 생성, 개별국가의 국민계정연구의 준비, 기타 통계전문가의 훈련)를 달성하는 책임을 맡았다.

스톤과 동료들의 연구는 1947년 제네바에서 유엔이 발간한 보고서의 부록['국민소득측정과 사회계정구성'(Measurement of National Income and the Construction of Social Accounts)]으로 처음 등장하였다. 그러고 나서 유엔은 1952년 그것을 '표준화된 국민계정시스템'의 일부로서 국민계정·지원도표의 시스템(*A System of National Accounts and Supporting Tables*)으로 발간하였다. 세계적으로 국가회계실무를 표준화하려는 최초의 시도로서 유엔의 국민계정시스템은 자동적으로 최고의 국제실무가 되었다.

1952년 통계전문가들은 국가회계의 이론과 실무에 익숙하지 않았다. 이것은 곧 돌이킬 수 없을 정도로 변할 것이다. 스톤, 쿠츠네츠 등이 수행한 작업은 국제회계의 기반이 되었으며, 경제성장을 측정하는데 사용하는 국민소득통계는 곧 국가성공과 정부성과의 핵심지표가 될 것이다.

국민계정시스템은 처음 만들어진 이후 주기적으로 개선·확대되었다. 새로운 시스템은 스톤이 의장을 맡은 세계 전문가들의 기여로 1968년 발표되었다. 보고서는 표준화된 비교 가능한 국민계정의 필요성을 다음과 같이 설명하였다. 즉, "일련의 국민계정은 경제시스템의 발전에 대한 일관된 그림을 제공함으로써 경제변화를 설명·분석하는데 유용하고 실제로 필수 불가결하므로 다양한 형태의 경제의사결정에 기여한다." (Jorgenson et al., *op. cit.*, p.114)

국민계정시스템은 경제·금융시스템의 복잡성 증가와 전자전송기제, 지적자본, 금융서비스, 기타 무형활동 등과 같은 급속한 기술발전에 의해 초래된 많은 변화 때문에 1993년 개정되었다(Edwards and Walker, *op. cit.*, p.358). 새로운 체계는 유엔, 유럽경제공동체, 국제통화기금, 세계은행, 경제협력개발기구 등의 폭넓은 지지를 받았다.

1950년대부터 스톤의 복식부기 국가회계시스템은 경기변동을 분석하고 국가예산계획·예측의 기초로 사용되는 중앙정부의 중요한 경제도구가 되었다. 이것은 또한 오늘날 국제경제관리에서 필수불가결하다. 이러한 추정컨대 비교 가능한 국가회계통계는 처음부터 다양한 유엔기구, 경제협력개발기구, 세계은행 등과 같은 국제기구의 정책을 이끌었다.

그리하여 (국민총생산과 기타 국민소득통계에 의해 계산되는) 경제성장은 국가성공의 핵심척도가 되었으며, 존 메이나드 케인스의 지도하에 개발된 새로운 전후 국제금융기관 운영의 중심이 되었다. 오늘날 국민소득계정에 의해 생성된 통계는 경제·금융환경의 규칙적이고 필수적인 특징이다. 주식회사에 대한 이들의 가치는 캘리포니아대학교(버컬리), 경영대학원 원장인 로라 단드리어 타이슨[13]이 설명한 바 있다.

> "기업의사결정의 품질은 정보에 의존한다. 즉, 더 많은 정보가 더 적은 불확실성과 더 좋은 의사결정을 의미한다. 미국의 국민소득계정은 기업경영진에게 시장기회와 과제를 형성하는 추세에 관한 중요한 정보를 제공한다. 이러한 계정은 시장경제의 건전성이 의존하는 제도적 토대의 중요한 구성요소이다."(www.highbeam.com/Survey+of+Current+Business/publications.aspx?date=200001, 2000).

역주13) 로라 단드리어 타이슨(Laura D'Andrea Tyson, 1947-)은 미국 경제학자이고 캘리포니아대학교(버컬리) 하스(Haas)경영대학원의 저명교수이다. wikipedia에서 인용.

그리고 미국 상원의원 폴 사베인스[14]는 국가회계가 미국정부에서 차지하는 중심적 위치를 서술하고 있다. 즉, "국내총생산계정은 의회와 나머지 정부부분에 우리 경제의 건전성에 관한 중요한 신호를 제공한다. 국내총생산계정을 통해 어떤 정책이 효과가 있는지를 더 잘 이해할 수 있기 때문에, 오늘날 우리는 더 나은 경제정책을 만들고 있다." 미국 상원의원 피터 도메니시[15]는 다음과 같이 동의하고 있다. "우리 경제를 정확하게 측정할 수 있는 능력은 연방예산을 편성하는 데 절대적으로 중요하다. 실제로 상무부의 국내총생산 시리즈가 제고하는 우수한 정보 없이는 정부가 오늘날 기능을 발휘하기 어려울 것이다." 경제학자 폴 사뮤엘슨과 윌리엄 노드하우스는 국내총생산과 기타 국민계정을 "진실로 20세기의 위대한 발명 중 하나"라고 부른다.

이것이 20세기에 복식부기가 어떻게 기업과 주식회사의 부뿐만 아니라 국부의 척도가 되었는가에 관한 것이다.

그러나 국민소득척도의 정확성과 유용성은 사이몬 쿠즈네츠 그 자신을 포함해서 케인스와 기타인들에 의해 처음부터 의문시되었다. 예를 들면, 쿠즈네츠는 무급가사노동의 가치가 국가경제에 주는 막대한 기여를 국민계정에 포함하는 것은 이 귀중한 노동을 금전적으로 추정한다는 어려운 작업을 통계전문가에게 맡기게 된다는 사실에도 불구하고, 국민계정이 무급가사노동의 가치를 포함해야 한다고 생각하였다. 미국 상무부는 이러한 추정치를 계산하는 것을 거부하였다. 그리고 그 결과 쿠즈

역주14) 폴 사베인스(Paul Sarbanes, 1933-2020)는 미국 정치인으로 메릴랜드 주 민주당 출신으로 하원의원과 상원의원을 역임하였다. 마이클 옥셜리(Michael Oxley) 공화당 의원과 함께 2002년 반회계부정법인 Sarbanes-Oxley법을 제정하였다. wikipedia에서 인용.

역주15) 피터 도메니시(Pete Domenici, 1932-2017)는 미국 공화당 출신으로 상원의원을 역임하였다. wikipedia에서 인용.

네츠는 1940년대 후반 상무부와의 관계를 끊었다.

쿠츠네츠는 또한 이러한 통계 그 자체가 목적으로 조장되는 현대의 경제성장이 사람들의 삶에 미치는 영향에 대해 우려하였다. 그가 1971년 설명한 바와 같이, (기술발전에 필요한 이주 및 재교육과 관련된 비용과 같은) 경제개발의 많은 비용은

> "이제 경제측정에 포함되지 않으며, 일부는......결코 측정에 영향을 받지 않을 것이다. (국가 내에서 그리고 가끔 국제간에) 시골에서 도시로 이주하는 내부이주는, 뿌리를 뽑고 익명성에 적응하는데 상당한 비용과 더 많은 도시생활비용을 표상하였다. 새로운 기술의 학습과 과거에 습득한 기술의 가치하락은 분명히 개인과 사회 모두에게 비용이 많이 드는 과정이었다."

국가회계수치의 편향·편파성, 그리고 진정한 번영척도로서 경제성장의 단점 등에 대한 우려가 계속해서 논쟁을 불러일으켰다. 그러나 새로운 척도의 가능성과 국가회계의 미래를 고려할 수 있기 전에, 20세기 동안 기업회계의 놀라운 부상을 검토해야 한다. 반복되는 기업붕괴와 입이 떡 벌어지는 회계부정에도 불구하고, 이 직업이 1850년대 최초로 공인을 받은 이후로 회계의 성장은 멈출 수가 없었다.

제 9 장 회계직 부상과 회계부정

주당이익 증가의 발표에 가슴이 뛰는 사람들 중
얼마나 많은 사람들이 이러한 계산에
들어가야 하는 추정 · 판단 · 관습에 관해 알고
있는지 아는 것은 흥미로울 것이다.

호워드 로스[1)]

좋아, 하지만 추가 일자리, 더 높은 이윤, 기록적인
수수료, 더 높은 기준, 멋진 이미지, 더 큰 가시성,
더 많은 주주보호, 더 나은 행동, 강화된 윤리강령,
우리를 진지하게 받아들이는 것, 흥미진진한 드라마
등을 제외하고, 엔론이 우리를 위해 한 일은 무엇인가?

어카운턴트, 극중 인물[2)]

역주1) 이 문장의 출처는 다음과 같다. Ross, H.(1966). *The Elusive Art of Accounting: A brash commentary on financial statements,* The Ronald Press Company, New York, p.5. 호워드 로스(Howard Ross, 1907-1974)는 캐나다 공인회계사, 맥길 대학교 총장 역임, 회계학 명예의 전당에 등재.

역주2) 이 문장의 출처는 영화 **어카운턴트**(Accountant)에서 나오는 대사이다. 영화 **어카운턴트**(Accountant)는 2016년 워너브러더스사가 제작 · 배포하고 게인 오코노(Gain O'Connor)가 감독하였으며, 벤 아프렉(Ben Affleck)과 아나 켄드릭(Anna Kendrick)이 주연한 범죄, 스릴러 영화이다.

2001년 4월 엔론의 2000년 연례보고서는 성공을 보여주었다. 이윤이 급증하였다. 매출은 4년 만에 미화 23억 달러에서 미화 1,000억 달러 이상으로 급증하였다(Pha, p.1)[3]. 이자・법인세차감 전 당기순이익이 72% 증가하였다. 고위직 140명의 경영진은 1인당 평균 미화 530만 달러를 받았다. 그러나 엔론은 이윤만을 추구하지 않으며, "신뢰할 수 있는 가격과 안정적인 배송을 제공할 수 있는 위험관리기술"을 자랑하였다. 시장은 그것을 반영하였다. 주가는 높았고 포춘지는 엔론을 6년 연속 "미국에서 가장 혁신적인 기업" 그리고 "경영품질에서 1위"로 평가하였다.

7개월 후, 엔론은 파산신청을 하였다. 기업자본주의의 황금거위는 "탐욕, 뇌물, 부패, 기만, 기생, 투기, 내부자거래, 사기, 족벌주의, 조세회피, 환경파괴, 인권유린, 착취, 근로자권리도용, 실직, 노동자・원주민에 반하는 국가기구의 사용, 정부와의 밀착 관계, 가격・시장의 독점조작" 등의 혐의로 무너졌다. 그런데 케네스 레이[4]회장이 10년 전 지방가스회사의 이름을 '엔론'(Enron)으로 개명하였을 때, (월스트리트저널이 '엔터론'(Enteron)은 내장을 뜻하는 그리스어에서 파생하였다고 지적할 때까지) 원래 회사이름을 엔터론이라고 부르고 싶어 했다는 것이 그 당시 얼마나 적절하였는가.

엔론의 엄청난 이익은 회사장부에 기록되지 않은 막대한 부채에 달려 있었지만, 부채는 (부외) 자회사 또는 '특수목적법인'과 조합(partnership)에 기록되었다. 엔론의 부채는 계정에 표시된 대로 미화 130억 달러가

---

3) 엔론에 관한 논의는 안나 파(Anna Pha)의 가디언(*Guardian*)지 기사와 니얼 퍼거슨(Niall Ferguson)의 저서[*The Ascent of Money: A financial history of the world*, Penguin Books, Melbourne, 2008; 김선영 번역(2016), 금융의 지배: 세계금융사 이야기, 민음사]에 의지하고 있다.

역주4) 케네스 레이(Kenneth Lay 1942-2006)는 엔론의 설립자, 최고경영자, 이사회 회장을 역임하였다.

아니고, 실제로는 미화 380억 달러이었다. 부채를 경이적인 미화 250억 달러만큼 과소평가하였던 것이다.

엔론의 복잡한 재무조작은 비록 시장에 은폐되어 있었지만, 간과되지 않았다. 스캔들 이전에 엔론의 고위임원인 세론 왓킨스[5]는 케네스 레이 회장에게 자신의 우려에 대해 익명의 편지를 썼다. 즉, 왓킨스는 복잡하고 대부분 공개되지 않은 거래가 엔론의 주가를 부풀리는데 도움이 되었지만, 결국 '정교한 회계사기'로 밝혀질 것을 우려하였다. 왓킨스는 회사가 '회계스캔들의 파고로 무너질 것'을 두려워했다. 왓킨스의 판단은 옳았지만, 무시당했다.

엔론의 최고운영책임자 제프리 스킬링[6]은 2001년 8월 14일 갑자기 사임을 발표하였다. 10월 16일 회사는 미화 6억 1,800만 달러의 3분기 손실과 12억 달러의 주주지분감소를 보고하였다. 2001년 10월 회계사기의 전체규모가 시장에 드러났을 때, 엔론의 주가는 폭락하기 시작했지만, 고위경영진은 엔론직원에게 엔론주식을 (최고가 미화 90불 이상에서) 76센트에 도달할 때까지 보유하도록 강요하였다. 직원들은 자신의 연금기금이 '잠김'상태인 것을 발견하였다(미국에 있는 엔론직원의 퇴직자산 중 62%가 엔론주식에 두자되었다). 한편, 레이는 2억 달러 이상의 가치가 있는 주식옵션을 매각할 수 있었다. 한 직원이 회상한 바와 같이, "켄 레이는 배가 침몰하고 있다는 것을 알았지만, 우리에게 엔론주식을 구입하도록 계속 말하고 있었다. 그들은 배를 떠받치기 위해 우리 퇴직금을 빼돌리고 있었다. 엔론주식이 주당 76센트가 되었을 때, 그들은 우리에

역주5) 세론 왓킨스(Sherron Watkins 1959-)는 엔론회사의 부사장을 역임하였다. wikipedia에서 인용.

역주6) 제프리 스킬링(Jeffrey K. Skilling 1953-)은 엔론회사의 최고운영책임자를 역임. 유죄를 선고받고 복역하였다. wikipedia에서 인용.

게 이메일을 보내서 이제 그것들을 자유롭게 매각할 수 있다고 말하였다." 2001년 12월 2일 엔론은 파산을 신청하였다. 연말까지 주식의 가치는 30센트에 불과하였다. 이 세계적 에너지회사도 이익을 10억 달러 이상 과대계상한 것으로 드러났다.

엔론이 항상 세계적 거물인 것은 아니었다. 엔론은 케네스 레이가 이름을 바꾸고 본사를 더 살기좋은 텍사스 휴스턴으로 이주하기 전에는 네브라스카주 오마하에서 작은 가스회사로 시작하였다. 1992년 미국 에너지산업은 규제가 완화되었고 정부가격통제가 제거되었으며, 멕킨지 자문역인 제프리 스킬링(그는 1997년 엔론에 합류)의 조언으로 레이는 에너지 산업에 혁명을 일으키기 시작하였다. 엔론의 주가는 (1997년 미화 20달러에서 2000년 미화 90달러 이상으로) 급증하였고, 2000년 말까지 엔론은 미국에서 네 번째로 큰 회사이었다.

이 거대기업의 몰락 이후 매우 거대한 기업회계스캔들의 파고가 뒤따랐기 때문에, 포브스(*Forbes*)지는 2002년 '기업스캔들특집'을 편집하여 모든 스캔들을 추적하였다. 그러나 이것들은 장차 다가올 세계적 금융위기에 비하면 아무것도 아니었다. 2009년 2월 26일 자산규모로 세계에서 가장 큰 기업인 왕립스코틀랜드은행은 연간실적을 예비 발표하였다. 이 은행은 영국기업 역사상 가장 큰 손실인 240억 파운드의 손실을 입었다. 2009년 6월까지, 영국 납세자는 왕립스코틀랜드은행의 구제금융에 445억 파운드를 지출하였고, 불량자산 보호계획에 500억 파운드를 지출하였다. 더구나 불명예를 안은 전 최고경영자 프레드 굿윈[7] 경에게 터무니없는 1,600만 파운드를 지불하였다. 그러나 (120억 파운드의 신규자본

역주7) 프레드 굿윈(Fred Goodwin 1958-)은 스코틀랜드의 공인회계사이고, 왕립스코틀랜드은행의 최고경영자를 역임하였다. wikipedia에서 인용.

을 유치하기 7주 전인) 2008년 2월 발표된 이 은행의 보고서에는 지속 불가능한 재무상태에 대한 증거가 없었다. 투자자에게 회사의 재무상태에 대한 진정한 그림을 제공하도록 법으로 요구되는 회사재무제표가 파악될 수 없는 시스템에 심각한 문제가 있다. 존 란체스터가 말한 바와 같이, "상장회사의 회계장부를 읽는 경험이 난해하기로 악명 높은 프랑스 상징주의 시인인 고 말라르메[8]의 첫 만남과 비슷해서는 안된다." (Lanchester, p.34).

그러나 일부 회사에 비해서 왕립스코틀랜드은행의 회계장부는 '명확성과 투명성의 모형'(*ibid.*)이었다. 1980년대에 파생상품시장과 기타 복잡한 금융상품이 생겨나면서 회사의 회계장부는 더욱 불투명하게 되었다. 미국의 산업가이자 투자자인 워렌 버핏[9]은 2004년 이렇게 썼다. 즉, "아무리 금융지식이 풍부해도, 파생상품중심회사의 공시문서를 읽고 그 회사의 상태에 어떤 위험이 도사리고 있는지 알 수는 없다. 실제로, 파생상품에 대해 더 많이 알수록, 일반적으로 제공되는 공시에서 배울 수 있는 것이 적다고 느낄 것이다."

엔론, 왕립스코틀랜드은행과 같은 거대기업의 붕괴는, 이러한 기업이 번영하고 이들 기업의 경영진이 수천 명의 주주·직원·납세자의 비용으로 이익을 획득할 수 있게 하는 문화에 심각한 문제가 있다는 것을 시사한다. 특히 엔론 사건 이후, 회계법인이자 감사법인인 아더 앤더슨

역주8) 스테판 말라르메(Stephane Mallarme, 1842-1898)는 프랑스의 시인이다. 폴 베를렌, 아르튀르 랭보와 더불어 19세기 후반 프랑스 시단을 주도하였다. 시인의 인상과 시적 언어 고유의 상징에 주목한 상징주의의 창시자로 간주되다. 대표시집으로는 목신의 오후, 주사위 던지기 등이 있다. 위키백과에서 인용.

역주9) 워렌 버핏(Watten Edward Buffet, 1930-)은 미국의 기업인이자 세계적인 투자가이다.

의 붕괴를 감안할 때, 그것은 특히 복잡하고 기이한 회계관행이 진실한 재무회계상태를 모호하게 하고, 이러한 갑작스럽고 엄청난 실패가 발생할 수 있는 일반적인 주식회사의 회계・감사, 특히 다국적 대기업의 회계・감사에 대한 의문을 제기한다.

그러나 이러한 스캔들이 현대 기업회계의 가치에 관해 제기하는 심각한 문제에도 불구하고, 실제로는 이러한 부정이 회계직에 비료와 같은 역할을 하여 회계사는 점점 더 많아지고 직업이 번창하게 되었다.

회계부정의 조사를 시작하기 전에, 본장의 제목을 '직업의 흥망성쇠'로 하고자 하였다. 그것은 20세기 후반 회계가 올림푸스 전문가[10)]의 영광스러운 전성기를 누리며 승승장구하다가 엔론, 월드콤(WorldCom)과 같은 스캔들 및 호주에서 HIH, One.Tel, ABC Learning과 같은 스캔들의 여파로 인해 몰락하는 과정을 추적하는 것이었다. 그러나, 이러한 몰락은 뒤따르지 않았을 뿐만 아니라, 이러한 회계스캔들은 회계업계의 일반적인 특징이라는 것이 밝혀졌다. 회계스캔들은 회계직 자체만큼이나 오래된 것으로, 집합자본을 공식적으로 사용한 초창기까지 거슬러 올라간다. 즉, 주식회사와 회계스캔들은 고든 게코[11)]와 탐욕처럼 잘 어울린다. 19세기와 20세기 초에 엔론 및 그와 비슷한 규모의 기업붕괴로 가득 차 있다. 그리고 이러한 기업붕괴는 모두 영향력 있는 고위경영자들이 조장한 중대한 회계오기에서 비롯된다. 마찬가지로, 입법자와 감시자의 반응은 지난 100년 동안 변함이 없었다. 즉, 법의 가장자리를 어슬렁거리고, 새로

역주10) 올림푸스(Olympus)는 그리스신화에 나오는 신들이 사는 산 이름인데, 올림푸스 전문가(the professional Olympus)는 세계 최고의 전문가라는 의미이다.

역주11) 고든 게코(Gordon Gekko)는 미국 영화 **월스트리트**(Wall Street)에 등장하는 악명 높은 금융가이자 기업사냥꾼이다. wikipedia에서 인용.

운 감시자를 발견하고, 더 정밀한 조사의 새 시대를 선포하고, 다른 사람의 막대한 돈을 맡은 경영자와 함께 회계사와 감사가 놀게 놔두는 것이다. 기업구조 자체나 심판자로서의 회계사의 역할 등 이 제도의 근본에 의문을 제기하는 일은 결코 없다.

현대의 주식회사가 이제 너무 복잡해서 워렌 버핏과 같은 대가조차도 파생상품과 같은 그들의 일부 실무가 난해하다고 경고한다는 점을 감안하면, 주식회사 연간활동의 방대한 범위와 복잡성을 약간의 숫자로 요약하는 일단의 재무제표를 작성하는 것이 실제로 가능한지의 여부를 질문해야 하지 않을까?(Ross, p.5). 그리고 재무제표가 회계연도가 끝나고 불과 몇 주 만에 작성될 수 있는지의 여부와 주식회사의 진행상황을 평가할 필요가 있는 사람・시장에 의해 재무제표가 진지하게 받아들여질 정도로 그렇게 높은 기준에 부합될 수 있는지의 여부도 묻지 않을 수 없다. 기적이 넘쳐난다.

산업혁명부터 21세기까지, 기업재무회계는 비용・수익수치를 조작하고, 조직의 실제 재무상태를 모호하게 하기 위해 복잡한 기업그룹구조를 이용함으로써 잘못된 그림을 그렸다. 살펴본 바와 같이, 현대의 회계직과 그 규제가 발전하였다는 것은 이러한 잘못된 기업활동에 대한 정부간섭에서 비롯되었다. 기업재무제표를 감사해야 한다는 규정은 이 규제의 주요한 구성요소이었다. 그러나 19세기에 '감사변명'의 문화가 생겨나서 회계사는 경영진이 자행한 회계부정행위를 적발하는 일차적 책임의 부인이 허용된 것으로 보이며, 이 문화는 오늘날에도 계속되고 있다. 감사인은 법에 따라 회계기록과 대차대조표에만 집중하고 고위경영자의 정직성에 의문을 제기하거나 경영방법을 말하지 않아야 한다. 1890년대 영국에서는 두 개의 사례, 런던・제너럴은행(London and General Bank)

과 킹스톤 방적공장(Kingston Cotton Mill)으로 인해 기업감사인이 회계오기를 적발하지 못하자 이를 변명하기 위한 기본모형으로서 '상황에 따른 합리적 주의와 기술'이라는 감사원칙이 대중화하였다. 오늘날 이러한 판례가 법률에 명시되어 있다. 즉, 감사인이 아닌 경영자가 "회계시스템에 책임이 있으며, 따라서 내부통제활동을 통해 부정활동의 방지 · 적발에 책임이 있다"(Edwards and Walker, *op. cit.*, p.417).

1920년대 미국건설기업인 크루거 앤 톨(Kreuger & Tol)은 70년 후 엔론처럼 상상할 수 있는 가장 큰 복합 · 다국적기업 중 하나가 되었다. 그 설립자 크루거가 1932년 사망한 후, 수백만 명의 투자자는 기업의 재무제표가 오랫동안 위조되었다는 사실을 발견하였다(*Ibid.*, p.419). 그러나 기업의 기이한 조직적 복잡성 때문에, 조사담당 회계법인인 프라이스 워터하우스는 부정의 정확한 정도를 파악할 수 없었고 그래서 투자자는 돈을 잃었다. 1929년 월스트리트의 붕괴로 또 다른 거대기업인 인설 유티리티 투자회사(Insull Utility Investments)의 재무제표가 '엄청나게 오해의 소지가 있다'는 사실이 드러났다. 최고경영자인 새무얼 인설[12]은 1932년 부정혐의로 재판을 받았고 모든 혐의에서 무죄를 선고받았다. 인설측 변호의 상당한 부분은 회계관행의 배후에 있는 상식적 근거(그는 당시 금지되어 있었던 주식배당을 소득으로 취급하였지만 검찰은 이에 대해 명확하게 기소할 수 없었다)와 암암리에 "전통적인 회계지식에 스며있는 재무적 넌센스"의 설득력에 의존하였다. 당시의 회계규칙이 논란의 여지가 있다는 것을 부인할 수 없었고 문제의 특정규칙에 대해 회계전문가 내에 합의가 있다고 주장할 수 없었기 때문에 검찰은 무혐의 처분을 내렸다. 이 인설사건은 특히 가치평가 · 감가상각과 관련하여 본질적으

역주12) 새무얼 인설(Samuel Insull, 1859-1938)은 영국태생의 미국사업가.

로 해결할 수 없으며, 오늘날에도 계속해서 뜨겁게 논의되는 문제인 기업회계의 논쟁적이고 자의적인 성격을 역설하였다. 특히 당시에는 전통적인 회계관행을 벗어난 인설회사의 일부 회계관행이 지금은 정당하게 수용되고 있다.

이러한 스캔들과 기타 기업스캔들로 인해서 1929년 영국에서는 새로운 회사법과 미국에서는 루즈벨트 대통령의 뉴딜정책이 실시되었으며, 이러한 법과 정책으로 인해서 증권산업을 규제하고 연방법을 집행하기 위해 1934년 증권거래위원회(SEC)가 설치되었다. 영국에서는 손익계정(또는 손익계산서)의 보고가 법적으로 요구되었다. 미국에서는 1933년과 1934년 증권법이 모든 상장기업에 감사필 재무제표를 의무화하였다. 이 법안은 회계역사학자 토마스 리[13], 프랭크 클라크[14], 그래미 딘[15]이 주장하는 것처럼, 회계사의 역할을 또다시 더욱 강화하는 효과가 있었다. 즉, "증권거래위원회의 미국회계직에 대한 영향은 헤아릴 수 없었다. 예를 들어, 증권법은 감사과정을 공식화하였고, 그 관행을 공인회계사로 제한하였으며, 회계직의 그러한 측면을 미화하였다"(*Ibid.*, p.209). 1930년대 말까지, 손익계산서는 미국회계실무의 초점이 되었으며, 자금제공자로서의 주주·자본시장의 중요성이 커지는 것을 반영하였다.

역주13) 토마스 리(Thomas A. Lee, 1942-2022), 영국의 회계학자, 대표저서로 *Cash Flow Accounting*(1984), *Accounting History from the Renaissance to the Present: A Remembrance of Luca Pacioli*(1996) 등이 있다.

역주14) 프랭크 클라크(Frank L. Clarke, 1933-2020)는 호주 뉴캐슬대학교 회계학 명예교수, 대표저서로 *Corporate Collapse: Regulatory, Accounting and Ethical Failure*(1997)가 있다. wikipedia에서 인용.

역주15) 그래미 딘(Graeme W. Dean)은 호주 시드니대학교 회계학 명예교수이다. 대표저서로는 공저한 *Accounting Thought and Practice Reform－Ray Chambers' Odyssey*(2019), *Indecent Disclosure: Gilding the Corporate Lily*(2007) 등이 있다.

제1절 급증하는 회계정보의 복잡성과 이용가능성

제2차 세계대전중 컴퓨터의 개발로 재무정보에 대한 금융시장의 탐욕스러운 욕구를 충족시키기 위해 만들 수 있는 금융자료의 양이 전례없는 수준으로 증가할 수 있었다. 19세기 말까지, 회계는 느리고, 힘들고, 노동집약적인 수작업과정이었다. 즉, 거래는 장정이 큰 분개장에 손으로 일일이 입력되었고, 그러고 나서 장정이 큰 원장에 손으로 일일이 전기되었다. 정보처리과정에서 최초의 주요한 혁신은 1870년대 발생하였다. 윌리엄 버로스 1세[16](비트시인 윌리엄 버로스 2세의 할아버지)가 도입한 녹음덧셈기를 비롯한 계산기계의 도입으로 회계는 다소 더 빠르게 되고 더 표준화되었다. 시산표의 작성이 더욱 일반화되었고, 자료분석은 더 쉽게 되었다. 그리고 점점 더 많은 재무자료가 만들어지고 이용되었다.

제2차 세계대전 후 회계사들은 기업에서 컴퓨터를 채택한 원동력이었으며, 정보를 훨씬 더 빠르고 효율적으로 처리해야 하는 그들 스스로의 필요에 의해 컴퓨터의 추가개발에 박차를 가하였다. 1954년 아더 앤더슨 회계법인은 기업정보와 계정들을 처리하기 위해 제너럴 일렉트릭(General Electric)에게 최초의 컴퓨터 UNIVAC를 구입하도록 조언하였다. 1970년까지 컴퓨터는 대부분의 대기업에게 필수품이 되었으며, 많은 회계업무를 몇 주에서 불과 몇 시간으로 감소시켰다. 그리고 인터넷의 개발로, 금융정보는 하루 24시간, 세계 전역에서 즉시 접근할 수 있게 되었다. 전산화, 인터넷, 규제완화된 국제경제로 인해서, 금융정보에 대한 수요가 폭발적으로 증가하였으며, 이에 따라 회계전문직도 확장되었다.

역주16) 윌리엄 버로스 1세(William S. Burroughs, 1857-1898)는 뉴욕태생의 미국 발명가. 윌리엄 버로스 2세(William S. Burroughs, 1914-1997)는 미국의 포스트모던 계열의 작가, 예술가이다. 위키백과에서 인용.

그러나 전산화는 감사인의 악몽이다. 즉, 전산화는 대부분의 물리적 기록을 잠재적으로 추적하기 쉬운 전자자료로 대체하므로 회계법인이 감사과정을 재고해야 한다는 것을 의미한다. 본질적으로 회계법인은 보다 쉽게 확인 · 보호할 수 있는 보다 포괄적인 회계시스템을 구축하려고 시도하고 엄격한 회사내부통제를 구현함으로써 감사과정을 재고하였다.

회계정보 · 재무보고의 중요성(매력)이 증가함에 따라 오늘날 기업들은 그들 자체의 재무보고서를 제출할 때 막대한 투자를 하였다. 1970년대까지 상장기업은 재무제표와 기타 정보를 전달할 뿐만 아니라 (예를 들면, '기업정체성'과 같은 새로운 개념을 소통하기 위해) 홍보관계를 위한 도구로도 연례보고서를 많이 이용하기 시작하였다. 상장기업은 (처음에는 종이생산, 사진석판술, 활판술, 나중에는 전자통신 · 인터넷에서) 최신의 기술을 이용하였으며, 전문적으로 설계되고 시각적으로 매력적인 보고서를 제작하기 위해 수천달러를 투자하였다. 연례보고서의 설계혁신으로 가끔 변화하는 시장의 운명이 표현된다. 즉, 예를 들면, 영국의 의류회사 버튼 피엘시(Burton PLC)는 호황을 누리던 1980년대에는 호화로운 패션관련 연례보고서를 내놓았고, 그후 1990년대 초 침울하고 약세를 보였던 분위기를 우울한 회색 미니멀리즘의 보고서로 대응하여 표현하였다(*Ibid.*, p.354).

회계가 (감사와 관련된 과거의 신중하고 과거지향적인 이미지가 아니라 경영자문 · 예측 · 사업계획 등의 확장된 기능을 갖춘) 전후 미래적 활기를 나타내는 것은 1960년대 잉글랜드 · 웨일즈칙허회계사회(ICAEW) 런던본부의 추가건축물에서도 볼 수 있다(*Ibid.*, p.527). 살펴본 바와 같이, 이들은 1880년대 이 직업의 초기단계에서 지어진 동일한 본부였지만, 전위 건축가 윌리엄 휘트필드[17]가 설계한 '야수주의적'(Brutalist)[18] 건축

물추가(콘트리트와 유리의 기하학적 슬래브)로 19세기 잉글랜드・웨일즈칙허회계사회 건물이 최신화되어 회계의 새롭고 보다 미래지향적인 역할을 명확히 하고자 하였다. 한 평론가에 의하면, 휘트필드는 회계의 오랜 역사를 존중하고 그 역사와의 연결을 주장하면서도 미래를 포용하는 야누스(Janus)[19)]같은 구조로 원래 건물을 변경하였다.

제2절 전후 규제

현대의 기업들이 전후 시대에 점점 더 복잡해짐에 따라 회계스캔들에 대한 법적 대응이 부적절하다는 것이 분명해졌다. 그래서 영국과 미국에서 새로운 기준제정기관이 설치되었다. 즉, 영국에서는 회계기준조정위원회(나중에 회계기준위원회)가 1970년 설치되었고, 미국에서는 3년 후 재무회계기준심의회(FASB)가 설치되었다. 이들 단체는 점차적으로 회계실무, 특히 (회계의 가장 기본적인 원칙 중 하나로 기업의 재무제표가 재무상태를 정확하고 완전하게 보여줄 때 달성될 것으로 생각되는) "진실하고 공정한 견해"와 (모든 관할권 내의 회계기준인) "일반적으로 인정

역주17) 윌리엄 휘트필드(William Whitfield, 1920-2019)는 영국의 건축가, 도시계획가이었으며, 여왕으로부터 명예훈장과 기사작위를 수여받았다. wikipedia에서 인용.

역주18) 건축에서 야수주의(brutalism)은 거대한 콘크리트나 철제블록 등을 사용하여 추하게 보이도록 하는 건축양식. 1950년대-1970년대에 영국에서 시작해서 전 세계에 유행하였다. 위키백과에서 인용.

역주19) 야누스(Janus)는 로마 신화에서 나오는 신으로, 문과 대문, 문간, 처음과 끝이자, 시작과 변화를 상징하는 신이다. 오늘날 야누스의 의미는 상반되는 두 가지 의미를 가지고 있다는 의미이다. 야누스같은 구조는 과거와 미래를 모두 아우르는 구조라는 의미이다.

된 회계원칙"을 성문화하였다(*Ibid.*, p.163). 자본시장의 세계화와 국제적으로 인정할 수 있는 회계기준에 대한 필요성 증가로 1973년 국제회계기구(국제회계기준위원회, IASC)를 창설하게 되었는데, 이것은 2001년 국제회계기준심의회(IASB)로 대체되었다.

그러나 회계직에 대한 더 많은 규제와 추가 표준화는 회계관련 기업스캔들을 피하거나 약화시키는데 아무런 효과가 없었다. 1991년 감사인 프라이스 워터하우스가 국제신용상업은행의 계정에서 10억 달러 규모의 부정을 발견하였을 때 이 은행은 폐쇄될 수밖에 없었다(*Ibid.*, p.422). 그러나 국제신용상업은행의 다국적 기업구조가 너무 복잡하고 미로같아서 어떤 개별사법권도 회사가 무엇을 하고 있는지 완전히 몰랐기 때문에 국제신용상업은행의 장부에서 정확히 무슨 일이 진행되고 있는지는 결코 알려지지 않았다. 1990년대는 또한 영국의 폴리펙 국제회사[20)]와 맥스웰 통신회사[21)]가 장엄하게 붕괴하였다.

세계금융계는 또 다른 기업스캔들이 드러났을 때, 2001년 엔론의 붕괴로 인한 충격에서 아직 회복되지 않았다. 거대 통신회사 월드콤이 2002년 미화 110억 달러의 회계부정행위로 파산을 선언했을 때(엔론과 마찬가지로 감사인은 아더 앤더슨이었다), 그것은 미국에서 가장 큰 기업 중 하나이었다.

기업호주의 운명도 마찬가지로 스캔들로 가득 차 있다(*Ibid.*, p.420). 1963년 호주의 가장 큰 소매기업 중 하나인 라이드 머레이 홀딩스(Reid

---

역주20) 폴리팩국제회사(Polly Peck International empire)는 영국의 소규모 섬유회사이었으나, 1980년대에 급속하게 성장하다가 1991년 파산하였다. wikipedia에서 인용.

역주21) 맥스웰 통신회사(Maxwell Communications Corporation)는 1964년 설립한 인쇄기업이었으나 1991년 파산하였다. wikipedia에서 인용.

Murray Holdings)가 법정관리에 들어갔다. 그러나 최고경영자 오스왈드 오그래디[22]는 '부적절한 경영자'이자 '무능함의 소박한 희생자'라는 혐의로 단순 기소되었다. 30년 후, 파산한 본드(Bond)회사의 수장인 앨런 본드[23]는 쉽게 물러나지 않았다. 본드는 호주 최대의 기업부정인 소위 본드회사/벨 자원회사(Bond Corp/Bell Resources) '캐시카우거래'(벨 자원회사의 12억 호주 달러 이상을 빼돌리기 위한 비밀 대출계획)로 유죄판결을 받고 징역 7년형을 선고받았다.

21세기에는 2001년 호주 최대 보험회사인 레이 윌리엄스[24]의 HIH가 50억 호주달러가 넘는 것으로 추정되는 적자를 내면서 파산한 사건이 호주의 가장 악명 높은 기업스캔들의 하나가 되었다. 2003년 HIH왕립위원회 보고서는 다음과 같은 결론을 내렸다. "(수많은 지배구조)기제에도 불구하고, HIH의 기업임원, 감사, 규제기관은 확인·수정·보고하는데 실패하였다......분명하다. 이것은 HIH의 최고경영자이자 설립자인 레이 윌리엄스의 지배력에 의해 지원되지 않은 상황이었다. 윌리엄스는 지배적인 고위경영자 유형의 전형으로 간주될 수 있을 것이다."(*Ibid.*, p.409). 윌리엄스는 HIH 이사회를 통제하였으며, 아더 앤더슨에 대한 기소는 없었지만, 회사의 감사인 아더 앤더슨까지도 통제할 수 있었던 것으로 보인다. 통신회사 One.Tel의 유명한 붕괴로 투자자에게 약 9억 호주달러의 비용을 발생시킨 것으로 알려졌지만, 이 회사의 회계가 호주회계기준을 준수하지 않았다는 대중의 주장은 거의 없었다.

역주22) 오스왈드 오그래디(Oswald O'Grady, 1901-1971)는 호주의 금융기업의 경영자를 역임하였다.

역주23) 앨런 본드(Alan Bond, 1938-2015)는 영국태생의 호주 기업가이다. 회계부정에 연루되어 유죄판결을 받았다.

역주24) 레이 윌리엄스(Ray Williams, 1937-)는 호주의 기업가. 부정에 연루되어 유죄판결을 받았다.

최근에, 에디 그로브스[25)]의 보육운영기관 ABC Learning의 갑작스러운 파산으로 심각한 회계부정이 드러났다. 이 회사의 마지막 재무제표(2007년 12월 31일로 종료하는 반기의 재무제표)는 2008년 2월 공시되었다. ABC Learning의 이전 감사인 피쳐 파트너스(Pitcher Partners)는 회사의 건전성에 대한 경영진의 낙관적인 해석을 지지하였으나, 새로운 감사인 언스트엔영(Ernst & Young)은 이 회사의 재무제표에 대한 해석이 완전히 달랐다(Kruger, 2009)[26)]. 추정컨대 언스트엔영은 경영진과 피쳐 파트너스의 견해와는 반대로 급증하는 회사이익이 회사가 지금까지 벌어들인 이익을 쉽게 소멸시킬 손실에 빠져있다는 것을 발견하였다.

ABC Learning의 파산은 HIH, One.Tel의 경우와 유사하다. 웨스턴 시드니(Western Sydney)대학교 회계학과장인 필립 로스가 설명한 바와 같이, 세 회사 모두가 자신들의 시장점유율을 가능한 한 빨리 확대하기 위한 전략이 상당한 위험을 수반하고 있지만 제무제표에는 명확하게 반영하지 않았다. ABC Learning의 기업실무에 내재한 위험은 2006년 호주증권・투자위원회(ASIC)의 다음 진술에서 신고자가 지적한 바 있다. 즉, "여기서 채택되고 있는 재무보고방법은 사실상 보육허가와 관련된 주주가치(순자산의 92%)가 전적으로 실현될 수도 있고 실현되지 않을 수도 있는 회사의 미래순현금흐름에 기초한 것인데도, 인위적으로 분명한 주주가치를 창출하기 위해 설계된다고 주장된다.

말할 필요도 없이, 회사의 현재 자산에서 미래의 실현가능한 현금흐름을 설명하는 것은 잠재적인 투자자에게 심각한 혼란을 야기한다. 그러나,

---

역주25) 에디 그로브스(Eddy Groves, 1966-)는 호주의 어린이보육기관인 ABC Learning의 설립자, 최고경영자이었다. 회계부정에 연루되어 유죄판결을 받았다.

26) ABC Learning에 관한 논의는 주로 Kruger(2009)의 기사에서 인용하였다.

국가감시기구인 호주증권·투자위원회는 이를 인정하지 않고 2006년 다음과 같이 답변하였다. 즉, "호주증권·투자위원회는 이러한 문의 결과를 신중히 고려한 뒤에, 귀하가 제기한 문제와 관련하여 더 이상 어떠한 조치도 취하지 않을 것이다."

ABC Learning 이사회는 재무상황에 대한 언스트엔영의 판독이 피쳐 파트너스의 것과 매우 크게 다르다는 것을 깨달았을 때, 중립적인 제3자인 케이피엠지(KPMG) 회계법인에게 재무제표 조사를 의뢰하였다. 그 결과는? 케이피엠지는 피쳐 파트너스나 언스트엔영의 근본적으로 다른 해석을 인정할 수 없었지만, 결과적으로는 언스트엔영의 해석이 맞았다. 재무제표만 읽어도 "결국 무엇이 치명적인 상태였는가"가 진단되었다. 그런데 어떻게 두 개의 전문가 회계판독이 그렇게 크게 상충하면서도 둘 다 명백하게 흠이 없다는 것으로 선언될 수 있는가? 전문가에 의하면, 이 사례는 두 가지 문제점을 제기한다. 즉, 하나는 '감사기대격차'이고 다른 하나는 회사의 회계실무를 감독할 수 있는 이사의 능력이다. '감사기대격차'는 감사인이 회계의 정확성을 보증하고, 회사 계정의 모든 세부사항을 꼼꼼히 검토·인증한다는 일반적이지만 잘못된 대중의 믿음과 사실상 감사인이 회사의 계정들은 무난하다고 스스로 확신하기에 충분한 계정을 단순히 검토만 하면 된다는 현실 사이의 불일치를 가리킨다. 감사인은 의견만 표명할 뿐이다. 즉, 감사인은 어떤 것도 보증하지 않는다. 다른 문제는 회사의 이사가 기업의 지배구조에 대해 책임이 있다는 것인데, 이는 이사가 ABC Learning회사의 회계를 감독해야 한다는 것을 의미한다. 로스는 현대의 기업구조 및 운영의 복잡성과 채택 가능한 회계접근방법의 범위를 감안할 때, ABC Learning과 같은 사례는 이사가 기업지배구조역할을 얼마나 수행할 수 있는지에 대한 의문을 제기한다고 말하고 있다. 그는 "결국 중요한 것은 회계정책선택이며, 이 부분에서 해석의 차이가 발생할 수 있다"고 주장한다. 결국 파치올리 시대의 점성술 수학을 현대 회계실무의 수학으로부터 분리시키는 그러한 거대한 틈은 없을 것이다.

멜번(Melbourne)대학교의 기업법센터 소장인 아이언 람세이(Ian Ramsay)는 ABC Learning의 사례가 회계기준으로부터 원칙기반회계로의 최근 이동을 반영한다고 말하였는데, 이로 인해 감사인과 회계사가 다양한 회계상황에 대처하는 방법에 대해 더 많은 자유를 얻을 수 있다. 즉, "빠르게 움직이는 시장에서 모든 우발상황을 다루는 회계기준의 초안을 작성하는 것은 불가능하다." 이것은 이해가능하다. 그러나 급변하는 상업적・금융적 환경에서 이러한 유연성에 대한 상반관계는 감사인의 정직함을 유지하기 위해 '강력한 집행'이 필요하다는 것이며, 이것은 자주 발생하지 않는 것 같다.

피처 파트너스는 실패한 회사의 재무제표에 마지막 (눈썹을 치켜올리는) 단어를 가지고 있다. 즉, "피처 파트너스 브리즈베인 법인은 ABC Learning의 감사를 준수하며, 회계기준의 적용은 해석과 전문가 판단에 따라야 한다는 것을 언급하고 있다."

제3절 새로운 천년의 규제

엔론의 회계실무가 주장컨대 동시대 기업들의 회계실무보다 더 나쁘지 않았음에도 불구하고, "기업낙타의 등을 부러뜨린 것은 지푸라기"이었다. - 엔론은 무시하기에는 너무 크고, 의회 및 부시 행정부와 너무 잘 연결되어 있었다(Edwards and Walker, *op. cit.*, p.409). 곧이어 월드콤과 기타 여러 회계스캔들이 뒤따라 기업이 붕괴하게 되자 2002년 미국 사베인스-옥슬리 법(Sarbanes-Oxley Act)이 제정되어 상장기업의 감사인을 감독하기 위해 상장기업회계감독위원회뿐만 아니라 금융실무와 기업지배구조에 대한 주요한 변화가 도입되었다.

이 법의 1102항은 회사의 거래기록을 변조하는 사람에 대한 벌금과 징역을 규정하고 있다. 엔론의 최고운영책임자 제프리 스킬링은 그 규정에 따라 징역 24년형을 선고받았다. 회사의 감사인 아더 앤더슨은 엔론의 업무문서를 파쇄하였다고 시인하였으며 2003년 청산되었다. 엔론의 선임 직원 세론 왓킨스는 하원의 에너지·상업위원회에서 케네스 레이가 엔론의 거래와 회계실무를 이해하지 못하였고, 스킬링과 최고재무책임자 앤드류 파스토우[27]는 위협적인 경영스타일을 가지고 있었다고 증언하였다. 파스토우는 부정혐의로 유죄판결을 받았고, 형량조정에 들어갔다. 월드콤의 최고경영자 버니 에버스[28]는 25년형을 선고받았다.

이러한 부정고발과 기타 고발이 규제당국에게는 큰 '전시효과'(heads on poles)를 가져다 주었지만, 이러한 처벌이 기업재무보고 자체의 개혁 필요성을 다루지는 않았다. 엔론사건을 분석하면 회계가 "경영조작으로 인해 크게 일탈"한다는 것을 시사하지만, 실제로 논쟁의 여지가 있는 (시장보다 추상적인 재무모형에 따라 투자포지션이나 포트폴리오의 가격을 책정하는 실무인) '모형가격결정'(mark-to-model)기법을 포함한 회계의 대부분과 부채가 많은 특수목적법인(SPEs)은 증권거래위원회와 재무회

역주27) 엔드류 파스토우(Andrew Fastow, 1961-)는 엔론의 최고재무책임자를 역임하였으며, 회계부정으로 기소되어 징역형을 선고받았다. wikipedia에서 인용.

역주28) 버니 에버스(Bernie Ebbers, 1941-2020)는 캐나다의 기업가, 월드콤의 공동설립자, 최고경영자. 회계부정으로 징역형을 받았다. wikipedia에서 인용.

계기준심의회의 승인을 받았다.

HIH와 One.Tel의 붕괴에 따른 호주연방정부의 기업회계부정에 대한 반응은 미국정부와 유사하였다. 즉, 그것은 조사를 의뢰하고 기업경영자를 표적으로 삼았다. 그러나 (HIH의 붕괴와 직접적인 관련이 없는 혐의로) HIH의 레이 윌리엄스와 로드니 아들러[29]에게 내려진 유죄판결과 형량은 미국에 비해 상대적으로 적었다. 비록 호주증권·투자위원회의 조치는 '공격적인 회계처리'가 지급불능을 은폐할 수 있다는 것을 드러내었지만, One.Tel이 지급불능이었을 때 추정컨대 거래를 감독하였다는 이유로 One.Tel의 조디 리치[30]와 마크 실버맨[31]으로부터 9,200만 호주달러를 회수하려는 호주증권·투자위원회의 조치는 성공적이지 않았다.

호주는 2005년 호주형으로 국제회계기준을 준수하기로 약속하였지만,

호주보험회사를 대상으로 한 회계법인 케이피엠지의 설문조사에 의하면, 응답자의 2/3는 이러한 약속이 재무보고에서 부정확성의 위험을 증가시킬 것이라고 생각하였다(*Ibid.*, p.411). 미국 증권거래위원회는 2008년 3월부터 국제회계기준을 인정하였지만, 미국기업에 아직 적용하지 않고 있다.

역주29) 로드니 아들러(Rodeny Adler, 1959-)는 호주 보험회사 HIH의 이사를 역임, 회계부정으로 유죄판결을 받았다. wikipedia에서 인용.

역주30) 조디 리치(Jodee Rich, 1960-)는 호주의 기업가. 통신회사의 설립자. wikipedia에서 인용.

역주31) 마크 실버맨(Mark Silberman)은 호주 통신회사 One.Tel의 재무이사.

제4절 일정한 순환성

2000년 이후 기업지배구조 강화에 대한 압박이 규제의 새로운 시대를 시사할 수도 있지만, 이러한 에피소드는 지난 170여 년 동안 발생한 불미스러운 기업행동의 많은 사례에 대한 반응을 재현한 것에 불과하다. 기업의 부와 발전을 나타내는 재무제표의 유용성에 대한 현재의 우려는 한 세기 전에 표현된 것과 매우 유사하다. 엔론 이후 미국기업을 정리하겠다는 조지 부시 전 미국대통령의 결의는 1929년 대공황 이후 루즈벨트의 '증권의 진실' 공약과 매우 유사하였다. 루즈벨트의 시대 기업 악당은 새무얼 인설이었다. 부시의 시대 악당들은 케네스 레이, 제프리 스킬링, 회계법인 아더 앤더슨이었다. 역설적으로, 엔론의 몰락이 아더 앤더슨의 죽음을 초래한 반면, 루즈벨트가 인설제국의 붕괴를 조사하기 위해 당시 작은 회계법인인 앤더슨을 임명하였을 때, 앤더슨은 감사의 떠오르는 스타가 되었다.

2008년의 세계금융위기는 부시가 서명한 지 불과 6년 만에 사베인스-옥슬리 법의 허점을 드러냈다. 도드-프랭크 월스트리트(Dodd-Frank Wall Street) 개혁과 소비자 보호법으로 월스트리트를 개혁하려는 대통령 버락 오바마의 2010년 공약은 대공황 이후 가장 광범위한 규제개혁으로 의회와 언론에서도 찬사를 받았다. 그러나 2010년 7월 21일 오바마가 법안에 서명하기 전에 폴 볼커[32] 전 미연방준비제도이사회 의장이 관찰한 바와 같이, "이 모든 사업에는 일정한 순환성이 있다. 위기가 있고, 좋든 나쁘든 어떤 종류의 개혁이 뒤따르고, 그리고는 일이 잠시 동안 잘 되다가

역주32) 폴 볼커(Paul Volker, 1927-2019)는 미국의 경제학자, 미연방준비제도이사회 의장을 역임하였다. wikipedia에서 인용.

또 다른 위기가 있다"(Uchitelle, 2010).

여기에는 뭔가 근본적으로 잘못된 것이 있는 것 같다. 한 세기 반 동안의 기업회계스캔들에 의하면, 재무보고는 기업의 부와 발전에 대해 신뢰할 수 있는 그림을 제공하지 않으며, 감사는 자산관리를 담당하는 조작적이고 이기적인 경영자로부터 주주를 보호하지 않는다. 재무제표는 엔론, 월드콤, HIH, One.Tel 등과 같이 붕괴가 아주 가까운 곳에 있는 기업의 실태를 드러내는 데 처참하게 실패하였다. 이들은 '투명'하지도 '진실'하지도 않았다. 회계의 '부정확성'이 갑작스러운 기업의 붕괴 및 실패와 맞물려있다는 사실에도 불구하고 회계 자체는 결코 의문시되지 않는다. 회계는 결코 설명되지 않는다. 1933년 이후 수사법, 입법, 소송에도 불구하고, 변한 것이 거의 없다. 기업을 정확히 어떻게 설명해야 하는가에 대한 답은 8년 전과 마찬가지로 지금도 불확실한 것 같다.

그리고 회계사에 해당되는 것은 감사인에게도 해당된다. 감사인은 회계부정행위를 반복적으로 적발하지 못하고 감사에서 규제대응에 뒤이은 동일한 금융스캔들의 순환이 목격된다. 실패한 세계금융서비스 복합기업 리만 브라더즈(Lehman Brothers)의 감사인 언스트엔영은 은행결과의 부적절한 공시를 문제시하지 않았다. 아더 앤더슨은 엔론의 갑작스러운 붕괴에 연루되었다. 즉, 감사인들은 둘 다 특수목적법인을 설립하는 방법에 대해 회사에 조언하고 회사의 장부를 감사하였다. 이러한 이해상충은 일반적이라고 에섹스(Essex)대학교 회계학교수 프렘 식카[33]가 말하고 있다. 식카는 감사인을 "이 사슬의 약한 고리"(Jenkins, *op. cit.*)라고 부른다. 즉,

---

역주33) 프렘 식카(Prem Sikka, 1951-)는 인도계 영국회계학자, 비판회계학자. 영국의 세필드대학교, 엑세스대학교 교수를 역임하였다.

감사를 수행하는 대형회계법인의 한 층과 규칙·규정을 우회하는 방법과 재무제표를 치켜세우는 방법에 대한 조언을 제공하는 또 다른 층이 있다. 그리고 그들은 일이 어떻게 되든 돈을 번다. 그래서 그들은 이런 일들을 검토할 수 있지만, 영리를 추구하는 실체들이기 때문에 이런 일들을 검토하고 싶은 충동이 별로 없는 것 같다고 나는 생각한다. 러시아의 룰렛처럼: 99%의 확률로 빠져나가며, 이것이 바로 회계법인이 해 온 일이다.

제5절 산업의 상태

2002년 아더 앤더슨의 해산으로 네 개의 대형국제회계법인(딜로이트 투쉬 토마츠, 언스트엔영, 케이피엠지, 프라이스워터하우스쿠퍼스)이 남았다. '4대 회계법인'은 수십만 명의 직원을 고용하고 세계 전역에 코카콜라보다 많은 사무실을 가지고 있으며, 연간매출액은 약 900억 달러(많은 국가의 국내총생산보다 많다)로 전체적으로 세계 54위의 경제규모를 자랑한다. 그러나 이러한 세계적 거대법인들은 감사필 재무제표를 제공할 의무가 없으며, 매우 제한된 자체 재무제표만을 발표한다. 이들은 (MySchool과 같은) 학교, 병원, 대학을 위해 구상하고 운영하는 대진표(league table)라는 아이디어를 전파하여 부자가 되었지만, 자신의 성과를 평가할 대진표는 없다.

프렘 식카는 업계에 개혁이 필요하다고 생각한다. 그는 회계법인이 일반적으로 대중이 기대하는 바를 제공하지 못하기 때문에 최소한 특별히 지정된 규제기관이 감사를 인수해야 한다고 생각한다. 그는 또한 회계법인이 조사를 받아야 한다고 생각한다. 그러나 사실상, 추세는 정반대방향이다. 즉, 회계법인은 점점 더 많은 책임양보를 받고 있으며, 이로 인해 불만이 있거나 피해를 입은 이해관계자가 소송을 제기하기가 점점 더 어려워지고 있다. 2010년 식카는 "회계와 감사인의 실패를 둘러싼 스캔들이 점점 더 많아질 것"(*ibid.*)으로 생각한다고 말하였다.

회계의 숫자 이용은 회계에 과학적 정확성과 확신의 분위기를 주지만, 그 중심에는 근본적인 불확실성이 도사리고 있다. 실제로 회계는 스토리텔링의 기술처럼 주관적이고 부분적이며, 다른 의미가 '계정'이라는 단어에 포함되어 있다. 예를 들면, "솔즈베리의 해롤드가 새 소를 사기 위해 돈을 빌린 방법"(Carruthers and Espeland, *op. cit.*, p.57)에 관한 이야기는 '2파운드 10실링의 부채'라는 계정이 되며, 여기서 이 사건은 현재 진행중인 해롤드의 인생이야기의 시간과 장소로부터 추출되어, '자본'・'임금'・'소득'과 같은 추상적인 제목아래 표로 묶여 시간을 초월한 숫자가 된다. 그러나 삶의 흐름에 내재된 무작위성과 불확실성이 숫자와 도표라는 겉으로 드러난 견고성과 확실성으로 변형된다고 해서 이 숫자가 원래의 이야기보다 화자의 관점에서 덜 선택적이거나 덜 치우친 것은 아니다.

이익측정・자산평가와 같은 회계의 가장 기본적인 개념과 실무조차도 불확실성에 기초하고 있다. 회계사들은 여전히 이익을 정의하는 방법에 관해 동의하지 않으며, 이익의 측정은 재무회계이론과 실무에서 다루기 힘든 문제 중 하나로 남아 있다. 자산의 평가는 현대의 세계적 기업구조와 금융상품이 점점 더 미로처럼 되면서 더욱 복잡해지고 더 치열하게 논의되고 있으며, 이윤과 따라서 배당을 결정하는 핵심인 이익측정은 이러한 논쟁의 여지가 있는 기상천외한 자산평가실무와 불가분의 관계가 있다. 중요한 원가측정은 객관적인 과정이 아니다. 즉, 원가도 논쟁의 여지가 매우 많은 숫자이며 다른 현실과 마찬가지로 기업의 담합이나 경쟁에서 비롯될 수 있다. 발생주의회계(또는 기업회계)(회계기간 사이에 수익·비용을 배분하고 회계기간이 끝날 때 자산·부채를 평가해야 할 필요)는 해결되지 않았으며, 아마도 해결할 수 없는 문제를 제기할 것이다. 경영을 보기 좋게 만들기 위해 숫자를 협상할 수 있다. 사실상 "회계는 의사결정을 정당화하고 실수를 변명하는데 이용된다"(*Ibid.*, p.47).

제6절 월스트리트의 마법사

현대기업의 존재 이유인 네 개의 재무제표(대차대조표, 손익계산서, 현금흐름표, 이익잉여금계산서)를 만들기 위해 파치올리의 복식부기가 산출한 숫자가 오늘날 국제경제를 운영하고 그 주식시장을 주도한다. 주당이익(EPS)과 같은 숫자의 중요성은 자본시장의 지배증가, 금융의 세계화를 반영하고, 대차대조표(및 지불능력)에서 손익계산서(및 이익능력)로 주안점을 변경한다.

오늘날 이 숫자는 결함과 변칙현상, 시장의 숨겨진 양상, 재산을 낳는 미세한 주식움직임과 추세 등을 발견하기 위해 복잡하고 정교한 수학 알고리즘에 의존하고, 계량적인 지분(또는 '퀀트'[34]) 기금을 운영하는 수

역주34) 퀀트란 고도의 수학, 통계지식을 이용해서 투자법칙을 찾아내고 컴퓨터로 적합한 프로그램을 구축해서, 이를 토대로 투자를 행하는 사람을 일컫는 말로 Quantitative의 줄임말이다. 주식에서의 퀀트 투자란 증권사나 기업에서 제공하는 모든 객관적인 수치지표를 가지고 매매전략을 짜서 투자하는

학 천재인 월스트리트의 강력한 마법사에 의해 조작된다. 비개연성(improbability)에 관한 베스트 셀러 블랙스완(*Black Swan*)의 저자이며, 그 자신이 전에 퀀트 괴짜이었던 나심 탈레브[35]가 퀀트 괴짜에 대해 다음과 같이 말한다. 즉, "대부분은 산업 비율에 맞춘 바보같은 천재들이다."(Ahrens, 2007). 이러한 '바보같은 천재'들이 운영하는 엘리트기금을 '암흑상자'기금이라고 한다. 즉, "외부인에게 불투명한 이 상자에는 그것을 만들어낸 마법사만 이해할 수 있는 투자마법이 들어 있다"(*Ibid.*).

워싱턴 포스트의 프랭크 아렌스가 말하는 바와 같이, 금융시장에서 부를 창출하는 통일되고 완벽한 수학공식의 매력은 강력하다. 그것은 연금술사에게 찌꺼기를 금으로 바꾸는 공식이 그랬던 것처럼 퀀트 괴짜에게는 거부할 수 없다. 아렌스가 말한 바와 같이, 수학의 마법은 파치올리의 시대만큼이나 우리 시대에도 강력하다. 즉, "수학의 보편적 원리는 일상생활과 우주의 작용에 근간이 되고 스며들어 있으며 영원한 것을 엿볼 수 있게 한다. 종종 비합리적인 금융시장에서 수학모형은 일종의 신과 같은 지혜인 냉철한 이성과 확신의 희망을 제공한다"(*Ibid.*). 아렌스는 종교의 수사를 이용하여, 퀀트의 대제사장인 제임스 사이먼스[36]를

방식이며 수치로만 판단해서 결과를 도출하기 때문에 수학공식처럼 공식화할 수 있다. 금융시장에서의 퀀트는 공식에 들어갈 변수를 정하고 여기에 알고리즘을 통해 결과를 얻는데, 이 때 쓰이는 변수로 거시쪽에서는 환율, 금리, 경제성장률, 변동성 등이 있고 기업분석에서는 시가총액, 주식수, 당기순이익, 매출액 등이 있는데 이것을 하나의 움직이는 변수 즉 입자로 생각하고 공식을 만든다.

역주35) 나심 탈레브(Nassim Nicholas Taleb, 1960-)는 레바논태생의 미국 경영학자, 통계학자, 수필가, 위기분석전문가이다. 2007년 저서, 블랙스완에서 검은 백조 이론을 처음으로 제시하여 이후의 미국 경제위기를 예측한 것으로 유명하다. 위키백과에서 인용.

역주36) 제임스 해리스 사이먼스(James Harris Simons, 1938-)는 미국의 수학자이자 자산관리전문가이다. 중국의 유명한 수학자인 천싱선과 함께 미분기하학

설명하고 있는데, 그는 "지구상에 소수의 인간만이 해독할 수 있는 고등 수학의 형태로 일한다. 따라서, 희귀한 수학예술을 하는 사람들은 중세 교회가 라틴어로 인신매매를 하던 방식과 마찬가지로 이상하고 모호한 언어 덕분에 투자의 강력한 성직자가 될 수 있다."

주식시장의 터무니없는 행동과 수학 마법사는 개인과 주식회사의 부를 조작할 뿐만 아니라 국가의 정치생활도 극적으로 영향을 준다. 나오미 클라인[37]은 정치가 시장에 주는 영향에 대한 분명한 예를 제시한다. 남아프리카 공화국 대통령으로 넬슨 만델라가 선출된 후에, "불길한 자유헌장이 여전히 정책이 될 수 있음을 암시하는 당의 최고임원의 발언이 나올 때마다 시장은 화폐가치를 하락시키는 충격으로 반응했다. 규칙은 아주 단순하고 노골적이었다. 외마디 비명소리가 날 정도로 충격적이었다. 정의는 비싼 것이니 팔아버리고, 현상유지는 좋은 것이니 사라는 것이었다"(Klein, p.207; 김소희 옮김, p.270). 시장은 만델라의 신정부에 대한 가장 큰 제약으로 판명되었다. 클라인이 말하는 것처럼, "이것은

에서 중요한 천-사이먼스 형식을 발견하였고, 자신이 연구한 패턴 인식 이론 등의 순수수학이론을 실제 금융시장에 적용하기 위해 헤지펀드매니저로 직업을 전향하고, 1982년 르네상스 테크놀로지라는 헤지펀드회사를 설립하였다. 이 회사는 복잡한 수학모형을 사용한 알리고즘 트레이딩을 이용하여 수익을 내며 150억 달러의 헤지펀드를 관리하였다. 가장 부유한 수학자이다. 위키백과에서 인용.

역주37) 나오미 클라인(Naomi Klein, 1970-)은 캐나다 출신의 저널리스트, 베스트셀러 작가, 시민운동가, 세계적인 언론매체에 글을 기고하고 있다. 세계적인 슈퍼 브랜드를 통해 자본주의 세계의 이면을 해부한 데뷔작 노 로고(No Logo)(1999), 재난을 기회로 공공영역을 민영화하는 자본주의 시스템이 인류에게 재앙을 가져올 수 있음을 경고하는 쇼크 독트린(2007)으로 세계적인 작가이자 참여지식인으로 이름을 알렸다. 침묵의 봄 이후로 가장 중요한 환경서라는 극찬을 받은 이것이 모든 것을 바꾼다(2014), 그린 뉴딜을 선구적으로 주장한 미래가 불타고 있다(2019) 등의 저술을 통해 기후문제를 진보적 의제로 끌어올렸다. 2016년 시드니 평화상을 수상하였다. yes24.com의 작가소개에서 인용.

어떤 면에서 속박받지 않은 자본주의의 천재성이다. 즉, 그것은 스스로 강제적이다." 일단 한 국가가 세계시장의 일부가 되면, 시카고 학파의 정통(자유시장을 선호하여 정부개입을 제한한 밀턴 프리드먼이 대중화한 신고전파 경제이론)을 준수하지 않는 경우, 즉시 "뉴욕과 런던의 상인들에 의해 처벌을 받는다. 위반국가의 통화에 투기를 하여 더 심각한 위기를 초래하고, 더 많은 조건이 붙은 대출을 더 많이 필요로 한다."

제7절 주식회사

그리고 기업형태 그 자체는 어떠한가? 복식부기처럼 근본적인 개혁이 필요한가?

경제학자 라이 파텔[38]은 상인과 시장은 과거 모든 문명에 존재하였지만 현대 시장사회만이 "이윤추구라는 동인에 따라 움직이도록 창조된 새로운 인간"인 주식회사를 만들었으며, 이 주식회사가 오늘날 지구를 지배하게 되었다고 지적하고 있다(Patel, p.41; 제현주 옮김, p.71)[39]. 파텔은 주식회사를 합법적인 사람처럼 대하고 심리상태를 검정하기로 결정한 영화제작자그룹(Mark Achbar, Jennifer Abbott, Joel Bakan)의 이야기를 들려준다. 그들은 <u>미국정신과협회의 정신장애진단과 통계매뉴얼</u>(DSM-IV)을 사용하여, 주식회사가 사이코패스를 정의하는 많은 특성을 공유한다는 것을 발견하였다. 즉, 주식회사는 가능한 한 법을 어기고, 행동을 숨기고, 단기이익을 위해 장기복지를 희생하고, 적극적으로 소송

역주38) 라이 파텔(Raj Patel, 1972-)은 인도계 영국경제학자. wikipedia에서 인용.

39) 주식회사에 관한 논의는 다음 책에 의존하고 있다. Raj Patel(2008), *The Value of Nothing*, Black Inc., Melbourne; 제현주 옮김(2016), <u>경제학의 배신</u>, 북돋음.

을 제기하고, 건강과 안전규정을 무시하고, 양심의 가책 없이 공급업체와 근로자를 속인다. 예를 들면, 1960년대 농업회사 몬산토(Monsanto)는 사업에서 단 1달러도 잃고 싶지 않았기 때문에, 알라배마주 애니스톤의 수로에 독을 몰래 흘려보냈다('물고기는 피를 뿜어내고 허물을 벗으면서 10초 안에 죽었다'). 2001년 이 사건으로 재판을 받았을 때, 회사대표는 변명하면서 "1970년대 회사의 환경적 성과를 현재의 기준으로 판단하는 것은 부당하다"고 말하였다.

그러한 도덕적으로 혐오스러운 행동과 인간의 생명에 대한 무시는 20세기의 암울한 침체기에만 국한되지는 않는다. 엔론은 21세기인 2004년 발표된 테이프에서 유사한 반사회적 방식으로 행동한 것이 밝혀졌다(Ferguson, p.172). 2000년 엔론 거래자들은 전기가격(따라서 자신들의 이익)을 높게 유지하기 위해 엘파소 전기회사에 생산중단을 요청하였다. 이로 인해 높은 가격뿐만 아니라 캘리포니아 전역에 정전이 발생하였으며, 캘리포니아 전력산업의 규제완화 이후에도 6개월 동안 38회의 정전이 발생하였다. 이것은 전기가 충분하지 않아서가 아니라 엔론이 전기가격을 인위적으로 부풀리기를 원하였기 때문이다. 2004년 발표된 또 다른 테이프에서 엔론직원은 텔레비전으로 캘리포니아 산불을 지켜보고 있었다. 그들은 지켜보면서, 송전탑의 파괴를 축하하고 "불타라, 자기야, 불타라!"라고 외치는 소리를 들을 수 있다. 이 모든 것은 기업의 이윤의 이름으로 이루어진다.

그러나 합법적인 사업을 하는 경우에도 주식회사는 단순히 자신(및 이윤추구시장)이 세상을 평가하는 방식 때문에 해를 초래할 수 있다. 주식회사는 이윤을 가능한 한 많게 하기 위해, 원가를 가능한 한 적게 유지한다. 이들 사업의 실제원가는 명시된 원가보다 높다. 그러나 이들은 은

폐되어 있다. 예를 들면, 파텔은 빅맥의 실제원가를 미화 200달러로 추정하였다. 빅맥을 이 숫자의 거의 100분의 1의 가격으로 판매하는 이유는 승차이용가격(drive-through price)이 실제원가에 포함되지 않기 때문이다. 여기에는 탄소발자국, 물 사용, 토양악화 등의 측면에서 환경에 미치는 영향, 당뇨병 및 심장병과 같은 식이관련 질병의 막대한 의료비용이 포함된다. 전통적인 회계모형은 이러한 비용을 고려하지 않고 여전히 지불해야 한다. 다만 ㈜맥도날드가 그것들을 지불하지 않을 뿐이다. 그래서 누가 지불하는가? 우리가 지불한다. 사회전체가 환경재해, 기후변화관련이주, 더 많은 의료비용 등의 형태로 지불한다.

미화 200달러짜리 햄버거는 추정치이지만, "매우 분명한 것은 우리가 계산대에서 지불하는 가격의 모든 실제비용을 시장이 설명하지 못한다는 것이다." 파텔이 보는 바와 같이, 주식회사가 발생시키는 환경적 · 사회적 비용을 스스로 지불하지 않는다는 사실은 막대한 규모의 기업보조금에 해당한다. 즉, "자연과 사회에서 민간기업으로 이러한 지속적인 구제금융이 자유시장에 '자유'를 주는 것이라고 생각하면 용서받을 수 있지만, 그 항의에도 불구하고, 기업자본주의는 이러한 종류의 보조금없이 작동될 수 있다는 것을 아직 증명하지 못하였다".

최근의 연구에 의하면, 지구의 황폐화된 생태계에 대한 비용은 47조 달러에 달할 수 있을 것이다. 이 부채의 열매는 컴퓨터, 티셔츠, 화장지 등 기업에서 생산한 상품을 구입할 여유가 있는 사람들이 대부분 누리는 반면, 부채비용은 전 세계적으로 불균등하게 퍼져있으며, (볼리비아의 사막화, 파키스탄의 산사태, 아마존의 숲 벌채 등에서처럼) 경제적 여유가 가장 적은 사람이 있는 대부분의 국가가 부담한다. 즉, "부유한 국가의 가난한 국가에게 진 생태학적 부채(미화 4조 3,200억 달러로 추정)는 가

난한 국가가 부유한 국가에 진 제3세계 부채 전체(미화 1조 8,000억 달러)를 압도한다.”

이들로 인해 우리는 오늘날의 가장 시급한 문제인 지구의 건강에 주목하게 된다. 이코노미스트에 다음과 같은 기사가 있다. 즉, “미국의 기업 회계부정에 대해 많은 소문이 있지만, 아마도 역사상 가장 큰 회계실패는 정부 자체의 국가수치에 은폐되어 있을 것이다. 일인당 국내총생산은 국가의 성공에 관한 가장 일반적으로 이용되는 척도이지만, 한 국가의 경제적 복지에 대한 지침으로서는 심각한 결함이 있다”(*The Economist*, 2010, p.16). 그렇다. 국내총생산은 국가의 복지에 대한 지침으로서는 심각한 결함이 있다. 그리고 그것은 또한 지구에 대한 경제성장 비용을 완전히 설명하지 못하고 있다.

제10장 국내총생산과 회계가 지구를 만들거나 파괴할 수 있는 방법

......국가는 광물자원을 고갈시키고, 숲을 벌채하고,
토양을 침식하고, 대수층을 오염시키고, 야생동물을 사냥하여
멸종시킬 수 있지만, 이러한 자산이 사라져도 측정된 소득은
영향을 받지 않을 것이다......

로버트 레페토, 세계자원연구소, 1989[1)]

이러한 회계시스템은 자연세계가 무한한 것처럼 보였고 자연환경이
아닌 산업혁명을 관리하는데 초점을 맞추던 시기에 진화하였다.

웬트워스 관련과학자집단, 2008[2)]

무엇이 경제행위에 들어가고 안 들어가는가의 문제인
국민계정의 형성에 관한 것은 계속해서 바뀌고 있다.

폴 오머로드, 경제학의 부활, 1994[3)]

역주1) 이 문장의 출처는 다음과 같다. Repetto, R., et al.(1989), *Wasting Assets: Natural Resources in the National Income Accounts*, World Resources Institute, New York, p.v.

역주2) 이 문장의 출처는 다음과 같다. Wentworth Group of Concerned Scientists, "Accounting for Nature", Sydney, p.1.

역주3) 이 문장의 출처는 다음과 같다. Ormerod, Paul(1994), *The Death of Economics*, Faber & Faber, London: 주명건 옮김(1996), 경제학의 부활, 세종서적. p.48.

지금까지 살펴본 바와 같이, 국민계정은 1930년대와 1940년대 미국과 영국에서 대공황을 극복하고 제2차 세계대전에 필요한 자금을 조달하기 위한 조치로 도입되었다. 그 이후로 이것은 세계 전역에서 개발·채택되었으며, 오늘날 국제경제·정치생활에서 중요한 역할을 하고 있다. 경제학자 폴 사무엘슨4)과 윌리엄 노드하우스가 설명한 바와 같이, 국내총생산 및 관련국가회계자료는 "정책입안자들이 주요 경제목표를 향해 경제를 이끌어가는 데 도움이 되는 지표"로 사용되었다. 이러한 숫자는 제2차 세계대전 이후 경기변동의 최고점과 최저점을 완화하고 전후 시대의 강력한 경제성장에도 기여한 것으로 평가되었다. 이 하나의 기적적인 숫자인 국내총생산은 분명히 "국가경제의 광대함을 엄청난 밀도의 단일 숫자로 압축하며" 정부와 많은 사람들은 이 하나의 통계만이 "상황이 나아지고 있는지 또는 악화되고 있는지의 여부를 실제로 보여줄 수 있다"고 생각한다.

국내총생산의 척도는 한 국가의 경제생활을 기록할 뿐만 아니라 이를 결정하는데도 도움이 된다. 이것은 정부가 예산을 계산하고 재정·통화정책이 경제에 미치는 영향을 평가하는데 사용된다. 이 척도를 정치인은 선거운동전략에 사용하고, 기업은 투자결정 및 월스트리트 인수에 사용한다. 앨런 그린스펀5) 전 미연방준비제도이사회 의장이 인정한 바와 같

역주4) 폴 사무엘슨(Paul A. Samuelson, 1915-2009)은 미국 신고전파 경제학자로, '현대경제학의 아버지'로 평가받고 있다. 1947년 저서 경제분석의 기초에서 다른 비교정태분석에 대한 일반적인 서술을 비롯 경제학의 다양한 분야에 대한 기여로 알려져 있다. 사무엘슨은 1947년 존 베이츠 클라크 메달을 받았고, 1970년 역사상 두 번째로 수여된 노벨경제학상을 단독으로 수상했다. 그의 제자 로런스 클라인(1980), 조지 애컬로프와 조세프 스티글리츠(2001년), 폴 크루그먼(2008) 등 4명도 노벨상을 수상하였다. 1948년 집필한 경제학교재 *Economics*는 19판까지 발간했고, 가장 인기있는 대학교재 중 하나로 여겨진다. 위키백과에서 인용.

이, 국내총생산 숫자는 "시장에 지대한 영향을 미치고" "연방예산예측과 정치적 수사의 기초가 된다."

미국경제에 대한 단일 국내총생산 숫자는 매우 신성하므로 새로운 가톨릭 교황의 선출·발표에 필적하는 신비롭고 비밀스러운 복잡한 의식이 발표를 중심으로 전개되었다(Gertner, *op. cit.*). 미국의 최고통계학자인 스티븐 랜드펠트[6]와 그의 팀은 전화와 인터넷 없이 워싱턴에 칩거하여 커튼을 치고 50년에 걸쳐 정교하게 다듬어진 작업을 1년에 12번 수행한다. 그들은 한 가지 목표를 염두에 두고 있다. 즉, 수확, 건설, 제조업체의 선적, 소매매출 등을 포함하여 미국의 최근 경제활동에서 나온 약 10,000개의 자료흐름을 수렴하여 단일 숫자에 도달하는 것이다. 그 숫자를 큰 소리로 말하면 안된다. 대신에, 그것은 보도자료에 설명되고는 여러 번 복사되어 보관되지만, 단 한 부의 사본은 하루가 끝날 때 미국대통령의 경제자문위원회 의장에게 전달된다. 이 숫자는 너무 강력하여 공식발표가 나오기 전에 아무도 그것을 말해서는 안된다. 왜? 이 하나의 숫자가 세상을 흔들 수 있기 때문이다. "조기공개가 세계금융시장을 뒤흔들지 않도록" 시간이 지나기 전에 말해서는 안된다. 다음날 오전 8시 30분에 국내총생산의 숫자가 발표된다.

그러나 국내총생산은 이 목적으로 설계되지 않았다. 그것은 한 국가의 경제건전성을 나타내는 주요한 척도로 생각되지 않았고, 정책입안자와 투자자를 위한 핵심도구로 만들어지지 않았으며, 세계금융시장을 지배

역주5) 앨런 그린스펀(Alan Greenspan, 1926-)은 미국 경제학자이자 경제관료이었다. 1987년부터 2006년까지 미국 연방준비제도이사회 의장을 역임하였다. 위키백과에서 인용.

역주6) 스티븐 랜드펠트(Steven Landefeld)는 거시경제학과 경제측정분야에서 세계적으로 인정받는 경제학자이다. 미국경제분석국에서 20년동안(1995-2014) 이사로 재직한 바 있다. 위키백과에서 인용.

하지도 않았다. 국가복지의 척도로서 국내총생산은 심각한 결함이 있는 규칙이다. 그 창시자 중 한 명인 사이먼 쿠즈네츠 자신은 국내총생산 측정의 한계 특히 가계생산과 기타 비시장활동의 배제와 경제개발의 많은 비용에 대해 경고한 바 있다. 쿠즈네츠의 우려는 가장 유명하게도, 우리가 보았듯이, 로버트 케네디 상원의원이 암살되기 몇 달 전인 1968년 캔사스대학교에서 연설한 이후로 계속 반복되었다. 그의 핵심요점을 반복하자면 그는 다음과 같이 말했다.

> 국민총생산은 대기오염과 담배광고, 학살이 일어난 고속도로를 치우기 위한 구급차 등도 반영합니다. 국민총생산은 우리 문을 잠그기 위한 특별한 자물쇠와 그것을 부수는 사람들을 가두기 위한 감옥을 반영합니다. 국민총생산은 삼나무의 파괴와 무질서한 난개발로 인한 자연의 경이로움의 상실을 반영합니다.....그러나 국민총생산은 우리 아이들의 건강, 교육의 질, 또는 놀이의 즐거움을 반영하지 않습니다. 그것은 우리 시의 아름다움이나 결혼생활이 갖는 장점, 공개토론의 지성이나 공무원의 성실성을 반영하지 않습니다......요컨대 삶을 가치 있게 만드는 것을 제외한 모든 것을 측정합니다.

전체적으로 케네디의 연설은 국내총생산 측정의 많은 실패를 웅변적으로 표현한다. 미국 경제학자 에버레트 에리히[7)]는 1999년 그것에 관해 다음과 같이 말한 바 있다. 즉, "만약 당신이 영혼을 가진 경제학자이었다면, 바비 케네디의 연설은 당신을 울게 만들었을 것이다."

뉴질랜드의 경제학자 마릴린 워링[8)]은 정치인이 되었을 때, 국내총생

역주7) 에버레트 에리히(Everett Ehrlich, 1950-)는 미국의 경제학자, 경제관료를 역임하였다.

산의 결함을 발견하였는데, 국가의 경제측정에서 국가에 가장 중요하다고 생각한 것이 아무런 가치가 없다는 것을 발견한 것이다. 즉, "무공해환경; 안전한 식수가 있는 계곡; 국립공원, 산책로, 해변, 호수, 카우리・너도밤나무 숲 등의 접근성; 원자력과 핵에너지의 부재"[9].

국내총생산은 금전가치가 있는 것들만 측정하고 합법적으로 사고 팔 수 있는 것들만 측정한다. 호주통계청의 공식문서에는 다음과 같은 규정이 있다. 즉, "국민계정은 생산・소비・지출・부라는 핵심적인 경제개념을 중심으로 한 일단의 거시경제자료이다. 이들은 화폐시스템을 구성하므로 시장경제에서 다양한 경제주체들 사이에서 발생하는 화폐거래를 측정할 수 있는 능력에 실질적으로 의존한다."[10] 언급한 바와 같이 여기에는 무급노동, 천연자원 또는 야생지역이 포함되지 않는다. 숲속의 나무는 국가자산에 포함되지 않는다. 그러나 나무를 베어서 목재로 팔 때 나무는 국내총생산에서 측정된다. 그리고 그 때에만 그것이 공식적으로 측정되어 경제성장에 기여한다.

이것은 최근까지 경제학자들이 천연자원이 너무 풍부하여 천연자원의 손실은 중요하지 않으며 계산할 가치도 없다고 가정하였기 때문이다. 그들은 물・흙・숲・공기와 같은 천연자원은 자연이 공짜로 주는 선물이라고 생각하였다. 그리고 그들은 자연세계가 건물과 설비자산처럼 소모되거나 마모될 수 있다고 생각하지 않았다. 그러나 19세기 철도기업가

역주8) 마릴린 워링(Marilyn Warning, 1952-)은 뉴질랜드의 공공정책학자, 정치가이다. wikipedia에서 인용.

9) 'Valuing the Environment: Measuring social welfare', University of Wollongong, www.uow.edu.au/-sharonb/STS300/valuing/measuring/national.html.

10) www.abs.gov.au/ausstats/abs@.nsf/Previousproducts/5206.0Feature%20Article80Sep%202002?opendocument&tabname=Summary&prodino=5206.0&issue=Sep%202002&num=&view=.

들이 인위적인 자본(철도와 기계)은 마모되고 감가상각되어야 한다는 것을 배워야 했던 것처럼, 일부 경제학자들은 자연의 자본도 마모되고 고갈될 수 있다는 것을 이해하기 시작하였다.

캠브리지대학교의 교수 파르타 다스굽타[11] 경은 국가의 발전여부를 판단하는데 국민총생산을 사용하는 것에 대해 비판적인 경제학자 중 한 명이다. 그는 "많은 경제학자들이 이미 지적한 것처럼 국민총생산의 주요한 단점은 자본자산의 감가상각에 둔감하다는 사실에 있다"[12]고 주장한다. 그리고 이것은 환경의 관점에서 비판적이다. 국민총생산의 통계학자는 생산・소비・저축・투자와 같은 핵심적인 경제흐름을 반영하지만, 생산을 끌어내는 '자본저량'(즉, 사회적 자원, 인적 자원, 천연자원, 건물・장비와 같은 인위적인 자본)의 상태를 측정하지 않는다. 다스굽타 교수는 유량에 초점을 맞춤으로써, 국내총생산이 다음과 같이 정책입안자들에게 잘못된 신호를 보낸다고 설명한다. 즉,

> 단기에 생산을 극대화하는 활동은 장기적 번영을 위해 핵심적인 자본을 보존할 필요가 없다. 실제로 국내총생산에만 초점을 맞추면 수익이 이익으로 취급되기 때문에, 자본을 고갈시키는 유인이 생성된다. 궁극적으로 건강한 생태계를 유지하기 위한 재투자비용을 기록하지 않으면 생태학적 부채가 발생하고 이를 은폐하게 된다.

지속가능성과 기후변화가 우리 시대의 가장 큰 도전과제이기 때문에,

역주11) 파르타 다스굽타 경(Sir Partha Dasgupta, 1942-)은 인도계 영국 경제학자. 캠브리지대학교 경제학교수 역임하였다. 영국학술원회원. 위키백과에서 인용.

12) "The time is ripe for green accounting", European Environment Agency, 23 September 2009. www.eea.europa.eu/articles/the-time-is-ripe-for-green-accounting.

장부에서 환경비용을 더 이상 제외할 여유는 없다.

호주통계청은 환경고갈이 "고정자산재고의 현행가치가 정상적인 사용으로 인해 감소하는 생산자산의 감가상각과 유사하지만", 인간이 만든 자산의 감가상각은 다양한 순측정치에 도달하기 위해 국내총생산에서 차감되는데 반하여, "자연자산이 경제활동의 결과로 소진되거나 저하된 경우에는 그러한 차감이 이루어지지 않는다"고 지적하고 있다. 따라서 순측정치는 소득의 지속가능한 개념에 미치지 않는다." 호주통계청은 이렇게 말한다. 우리의 국민소득수치는 지속가능하지 않다.

국내총생산 수치가 그리는 선택적 경제초상화는 어떤 대가를 치르더라도 경제성장을 뒷받침한다. 2004년 인도양의 지진 해일 이후, 한 무리의 스리랑카 어부들은 국내총생산에 의해 결정되는 가혹한 경제개발비용을 학습하였다(Klein, *op. cit.*, p.391; 김소희 옮김, p.490). 지진해일로 어부들이 살던 해변이 황폐해진 후 그들의 국가를 재건하려는 원대한 계획(내전의 여파로 구상된 계획)이 실행되었다. 나오미 클라인이 말한 것처럼, "스리랑카를 세계경제에 편입시켜려는 전략"(김소희 옮김, p.497)을 짜기 위해 미국국제개발처(USAID), 세계은행, 아시아개발은행 등을 포함한 국제기구가 도착하였다. 이 기구들이 감독한 국가재긴 이진에는 남자들의 소규모 어업이 그들의 생계이었으며, 가족을 먹여 살리기에 충분하였다. 그러나 그들의 생계형 어업은 세계은행과 같은 기구에서 사용하는 국내총생산 수치로 측정되는 경제성장에 기여하지 않았기 때문에 소모품이었다. 그들의 오두막이 있던 땅은 화폐의 측면에서 더 유익한 용도로 전환되었고, 그들은 아이들을 먹여 살릴 수단도 없이 남겨졌다. 그들이 대대로 살았던 땅은 스리랑카의 자연미와 종교를 이용하기 위해 지어진, 국내총생산을 향상시키는 국제호텔과 관광을 위해 사용되었으며, "서구 방문객들의 정신적 욕구를 충족시키기 위해 새로이 탈바꿈할 것이다. 즉, 불교 스님들은 명상센터를 운영하고, 힌두교 여성들은 호텔에서 형형색색의 춤을 선보이며, 아유르베다[13]의료기관은 번뇌와 통증을 줄여줄 것이다"(Klein, *op. cit.*; 김소희 옮김, p.498).

1970년대 이후 국가번영을 위한 몇 가지 대안조치가 개발되었음에도 불구하고, 정치인들은 이를 채택하는데 속도가 느렸다. 국제기구·정부·기업은 경제성장을 강조하고 과장하기까지 하는 국내총생산 측정치에 기득권을 갖고 있는 것으로 보인다. 호주통계청이 보고한 환경회계에 대한 호주정부의 공식노선은 다음과 같다:

> 경제는 환경과 복잡한 관계를 가지고 있다. 환경은 우리의 생활방식을 지원하는 상품과 서비스의 생산을 위해 원재료와 에너지를 제공하지만 가계와 기업의 활동을 통해 피해를 입기도 한다......환경은 분명히 경제에 서비스를 제공하지만, 이들은 종종 무료로 제공되거나 명시적 거래가 아닌 상품과 서비스의 가치에 내재되어 있다. 환경자산은 물리적 특성 때문에, 경제적 주체에 의해 통제되지 않는 경우가 많거나, 경우에 따라 너무 풍부하여 가격이 0이다. 이러한 이유로, 환경적 유량과 저량의 가치평가는 개념적·실무적 어려움으로 가득차 있다.

그래서 이들은 전혀 평가되지 않는다.

호주의 환경계정은 통합환경·경제회계시스템(SEEA 2003)에 명시된 유엔지침을 기반으로 하는데, 이는 주로 전통적인 국민계정과 (통합되기

역주13) 아유르베다(Ayurvedic)는 고대 힌두교의 건강관리법이다.

보다는) 함께 사용될 '위성계정'의 개발을 통해 환경회계에 대한 개념·분류체계를 제공한다. 호주통계청에 의하면, 이 위성시스템은 "다르지만, 동시에 국민계정과의 연결을 유지하는 다른 개념·분류·측정 기법을 개발할 자유"를 허용한다. 그러나 그것은 또한 이 시스템의 제목에는 '통합'이라는 단어가 있지만, 사실상 국내총생산의 수치를 그대로 두기 때문에 통합은 잘못된 표현이라는 것을 의미한다.

유엔은 국내총생산과 기타 전통적인 국민소득측정시스템이 추가적인 환경·사회정보를 포함할 것을 권고한 때인 1992년 환경회계지침을 개발하기 시작하였다. 대부분의 국가들은 그 후로 그러한 위성계정을 포함하기 위해 국민계정을 확대하고자 하였다. 미국은 1994년 최초의 환경위성계정을 발표하였는데, 이것은 석유 및 기타 재생 불가능한 자원의 고갈에 대해 국내총생산을 조정하였다. 그러나 미국의 부에 대한 평가를 하향조정한 수치는 매우 논란이 많았고 정치적 폭발력이 커서 의회는 수정 수치가 발표되자마자 이 프로그램을 중단시켰다. 에버레트 에리히는 의회가 미국환경계정을 중단시킴으로써 "의회는 녹색 국내총생산에 대한 생각을 범죄로 만들었다"[14]고 말할 때 이러한 움직임의 오웰적[15] 성격을 강조한다.

호주에서 환경회계의 현상태는 최소한 타협되었다. 호주는 ("자산의 사용으로 경제적 이익을 얻을 수 있는" 식별 가능한 소유자가 있는 자연자산만을 포함하는) 소위 '자산경계' 내에 해당하는 환경자산의 가치만을

---

14) "GPI-GDP is killing us", Linda Baker, 31 May 2010, http://tangibleinfo.blogspot. com/ 2010/05/gpi-gdp-is-killing-us.html.

역주15) 오웰적(Orwellian)이라는 것은 조지 오웰의 소설 1984년에서와 같이 자유롭고 개방된 사회체제를 파괴하는 상태를 묘사할 때 쓰이는 형용사구이다. 위키백과에서 인용.

기록한다. 자산경계 내에는 (종종 정부인) 경제주체의 통제하에 있는 하층토 자산(또는 광물 매장지), 토지, 숲, 물, 공해상의 어획물 등이 있다. 그러나 여기에는 사용해서 경제적으로 이익을 얻는 식별 가능한 소유자가 없는 대기나 생태계는 포함되지 않는다. 호주통계청이 분명히 하는 바와 같이, "이것은 그러한 자산이 아무런 가치가 없다는 것을 시사하지 않는다. 그 반대로, 그들 중 많은 것이 삶 자체에 필수적이다. 그러나 그것이 경제적 자산의 정의에 속한다고 하더라도 그러한 자산을 측정하는 데 사용할 수 있는 평가기법은 자의적이며 논란스러운 경향이 있다." 대부분의 회계가 그렇듯이, 면밀히 조사하면 여기서 소위 환경회계의 한계를 보기 시작한다.

환경회계는 환경계정에 그럴듯한 수치를 입히지만, 2006년 호주통계청은 "환경피해(인간 및 경제 활동과 관련된 외부효과)의 평가에 대한 연구는 미개발연구분야이며, 호주통계청이 가까운 장래에 이 분야에서 발전할 수 있는 능력을 갖기가 어려울 것 같다"는 결론을 내린 바 있다. 여기서 핵심단어는 '외부효과'이지만, 이는 수많은 죄를 숨기고 있다. 경제학에서 외부효과는 비용이지만, 가격을 통해 이전되지 않으므로 설명되지 않는다. 예를 들면, 공장에 의한 수로나 대기의 오염은 외부효과이다.

자연을 회계에 반영하는 것에 대한 거의 보편적인 저항에도 불구하고, 많은 경제학자들은 이제 경제생활에 대한 환경의 기여를 인정하기 시작했다. 예를 들면, 원자재 생산, 수질정화, 폐기물 분해, 토양유지, 수분, 해충방제, 지역적·세계적 기후조절 등을 통해 환경이 시장경제에 제공하는 상품과 서비스의 가치. 하나의 작은 예를 살펴보자. 세계감시연구소(Worldwatch Institute) 선임연구원인 자넷 아브라모비츠(Janet Abramovitz)에 의하면, "꿀벌수분활동은 꿀보다 60~100배 더 가치가 있다. 각각의 블루베리꿀벌이 일생동안 4~5갤런의 블루베리를 수분하는 야생 블루베리꿀벌의 가치는 매우 높아서, 농부들은 블루베리꿀벌을 날아다니는 '50달러 지폐'로 간주한다"(*Ibid.*). 이러한 서비스는 무료라고 생각되기 때문에 국내총생산에 포함되지 않는다. 그러나 아브라모비츠가 말한 바와 같이, "자연의 서비스는 사실 무료가 아니며, 미래는 그것들을 상실하는 숨겨진 비용을 부담하게 될 것이다"(*Ibid.*).

환경회계는 환경 그 자체의 생존을 위할 뿐만 아니라 빈곤에 대한 잠재적 영향을 위해서도 국가수준에서 긴급하게 필요하다. 현재의 국내총생산 국가회계시스템은 방대한 자연자산을 가진 국가보다 인위적인 자본이 있는 선진국경제에 특권을 부여한다. 다스굽타 교수는 국가환경회계의 빈곤감소 잠재력을 열정적으로 옹호하는 사람이다. 그는 "자연이 건물, 기계, 도로 및 예를 들어 소프트웨어 등과 동일한 방식으로 경제적 계산에 들어갈 때만 빈곤은 과거의 역사가 될 것"(Dasgupta, p.8)이라고 주장한다. 다스굽타에 의하면, 이를 위해서는 국내총생산과 같은 전통적인 척도처럼 자연이 제공하는 재화와 서비스를 공짜면서 무한한 것으로 취급하기 보다는 실질적이고 오래 지속되는 가치를 부여하는 시장을 만들어야 한다.

자연의 서비스에는 숲에 의한 탄소흡수, 산호가 제공하는 (오염, 폭풍피해, 홍수로부터) 연안방어, 습지의 오염여과 잠재력, 토양에 의해 수행되는 영양소 재활용 등이 포함된다. 현행 국내총생산의 척도 하에서는 목재수출을 위해 숲을 벌채하고, 어업을 위해 산호초를 폭파하고, 집약적 농업을 위해 토양을 황폐화시키며, 농장과 공장이 수로를 오염시키는 국가가 단기적으로 더 부유해지는 것으로 보인다. 사실상, 이러한 국가들은 자연자본을 소진하고 있다. 다스굽타는 인도의 예를 제시하고 있다.

> 국내총생산과 같은 전통적인 척도에 기초해서, 이 지역은 1970년대 이후로 더 부유해졌지만, 자본당 자산은 실제로 감소하였다. 이것은 인구증가에 비해서, 제조자본·지식·기술·건강에 대한 투자와 제도개선이 자연자본의 감모상각을 보상하기에 충분하지 않았기 때문이다(*Ibid.*, p.9).

자연에 대한 무지가 초래할 수 있는 잠재적 결과는 우리와 미래세대에게 경종을 울리고 있다. 유엔 환경프로그램의 전 상임이사 클라우스 토퍼[16]는 현재 경제모형의 시사점을 다음과 같이 설명하고 있다.

> (자연)을 지속적으로 고갈시키고 손상시키면서 운영·유지·관리비용에 투자하지 않으면, 지구의 생명유지기능이 느닷없이 사라지거나 생산성과 예측가능성이 떨어지는 상태로 전환될 수 있다. 나는 우리가 이 정치적·경제적 논쟁에서 서서히 승리하고 있지만 충분히 빠르지는 않다고 생각한다. 따라서 우리가 서두르지 않으면, 60억 우리 모두는 결국 생존하기 위해 주변을 훼손하게 될 것이다('Valuing the Environment', *op. cit.*).

2005년 처음 출판된, 유엔이 지원한 <u>새천년 생태계 평가</u>의 결과는 우리가 지구에 얼마나 많은 피해를 주고 있는지를 분명히 하고 있다. 지구 생태계 서비스의 약 60%가 인간활동에 의해 저하되고 있다. 다스굽타는 <u>새천년 생태계 평가</u>가 자연자산을 평가할 긴급성에 관해 경제학자에게 강력한 메시지를 주었다고 말하고 있다: 즉, "지역·세계 생태계와 이들

역주16) 클라우스 토퍼(Klaus Toepfer, 1938-)는 독일의 정치인이자 환경정치전문가이다. 위키백과에서 인용.

이 제공하는 서비스와 같은 중요한 자산의 그림자가격을 추정하는 것이 이제 가장 중요하다."

생태계가 제공하는 대부분의 상품과 서비스는 아직 시장가치가 거의 없거나 전혀 없지만, 이들 중 일부는 새천년 생태계 평가에 의해 평가되고 있는 바, 새천년 생태계 평가는 이들의 추정된 화폐가치가 시장경제에서 현재 달러가치를 훨씬 초과한다는 것을 발견하였다. 예를 들면, 캐나다의 온전한 습지는 헥타르당 미화 6,000달러의 가치가 있는 반면, 집약농업을 위해 개간된 습지는 헥타르당 미화 2,000달러의 가치가 있는 것으로 계산되었다. 온전한 열대 맹그로브(물고기의 보육원, 자연오염여과기, 해양방어 등의 역할을 하는 해안생태계)는 헥타르당 약 미화 1,000달러의 가치가 있다. 새우 양식장을 위해 온전한 열대 맹그로브가 비워지면, 그 가치는 헥타르당 약 미화 200달러로 떨어진다. 3,000헥타르가 넘는 스리랑카의 해안습지인 무수라자웰라(Muthurajawela) 습지는 지역홍수조절을 포함한 서비스로 일년에 미화 500만 달러의 추정가치가 있다.

그리고 숲은 목재를 위해 벌채될 때보다 살아있을 때 훨씬 더 가치가 있다. 숲의 탄소 저장이나 탄소 격리의 잠재력은 헥타르당 미화 360달러~미화 2,200달러이며, 방목이나 농작물을 위해 숲을 벌채했을 때의 가치보다 훨씬 더 많다.[17)] 탄소의 가격이 톤당 미화 30달러 이상일 때, 숲을 없애기보다 보존하는 것이 더 원가효과적이다. 열대우림은 탄소제거활동만으로 연간 약 미화 600억 달러의 가치가 있다. 그러나 인도네시아와 콩고민주공화국과 같은 국가에서 발견되는 이러한 열대우림은 훨

17) '"Natural accounting" essential for poverty reduction', United Nations Environment Programme, 12 October 2005, www.unep.org/Documents.Multi-lingual/Default.asp?DocumentID=455&ArticleID=4998&I=en.

씬 더 가치있는 탄소제거서비스가 아닌 이들의 목재로서만 현재 평가되고 있다. 1990년대 후반 1천만 헥타르의 인도네시아 숲을 태우는데 약 90억 달러의 비용이 들었으며, 여기에는 의료비용증가와 관광산업감소 비용이 포함된다. 알제리 · 이탈리아 · 포르투갈 · 시리아 · 튀니지의 연구에 의하면, 목재와 장작을 위한 숲의 가치는 유역보호, 휴양, 온실가스 흡수 등을 위한 온전한 숲 가치의 3분의 1 미만이다. 환경파괴는 또한 질병의 확산을 악화시킨다. 아마존에서의 연구에 따르면, 숲 벌채가 1% 증가할 때마다 말라리아를 옮기는 모기의 수가 8% 증가한다.

이웃나무조사(Neighborhood Tree Survey)라는 뉴욕시의 2003년도 프로젝트는 자연의 가격을 결정하는 것이 자연에 대한 우리의 태도와 행동에 어떻게 영향을 줄 수 있는가에 관한 유력한 예를 제공한다(Kilgannon, 2003). 이 조사는 뉴욕시에서 나무 한 그루를 교체하기 위해 지불해야 하는 금액을 기준으로 뉴욕시의 나무 322그루의 가치를 달러로 계산하였다. 이들의 총 가치는 미화 1,038,458달러이고 평균 가치는 미화 3,225달러이었다. 가장 비싼 나무는? 스태튼 아일랜드에 있는 214년 된 튤립나무로 미화 23,069달러의 가치가 있다. 가장 저렴한 것은 사우스 브롱크스에 있는 6년생 은행나무로 미화 54달러로 평가되었다. 주최측은 나무에 가격표를 붙이는 것이 사람들이 가로수의 진정한 가치를 깨닫는 데 도움이 되기를 희망하였다.

뉴욕 공원부서의 숲 · 원예책임자는 실험에 대해 다음과 같이 말하였다. "사람들은 항상 나무가 주는 막연한 혜택이 있다는 것을 알고 있었지만, 그것을 수량화할 수는 없었다. 그러나 일단 나무를 달러로 환산하는 방법론을 갖게 되면, 이제는 말할 수 있는 것이다. 더 이상 나무가 좋기 때문에 포옹하는 것이 아니라 대중과의 대화에서 더 효과적인 언어로

된 하드데이타를 가지기 때문에 포용하는 것이다." 세계시장경제에서는 돈이 자연보다 더 큰 소리로 말하는 것 같다. 미국숲협회의 상임이사인 데보라 강로프18)에 의하면, 미국 도시 숲의 생태학적 가치는 깨끗한 공기와 물의 측면에서 연간 미화 40억 달러에 달한다. 도시 숲은 또한 도시를 시원하게 하고, 폭풍우를 완화하며, 아름답게 보이기도 한다.

2008년 세계야생동물기금이 시작한 지구생명체조사(the Living Planet Survey)에 의하면, 우리는 매년 지구전체에 걸쳐 미화 4조 달러에서 미화 4조 5천억 달러에 달하는 '생태학적 부채'를 지고 있다. 이 숫자는 공교롭게도 2008년 세계금융위기로 인해 세계금융기관이 입은 추정손실액의 두 배(두 번!)이다. 보고서의 저자는 "금융불황의 가능성은 다가오는 생태신용위기에 비하면 희박하다"(Jowit, 2008)고 말하고, 정치인들에게 실패한 금융시스템에 대한 수십억 달러의 구제계획과 동일한 규모와 긴급성으로 환경위기에 대응할 것을 요청하였다.

아마도 그들의 요청은 무시되지 않았을 것이다. 최근에 전통적으로 측정된 국내총생산은 경제협력개발기구와 같은 국제기구와 여러 세계지도자에 의해 적극적으로 도전받고 있다. 마침내, 국가번영 척도로서의 경제성장의 결함에 관한 모든 증거와 국내총생산회계에 대한 수십 년에 걸친 비판, 2008년 금융붕괴와 점점 더 명백해지는 환경위기 등이 함께 국가회계방법을 근본적으로 수정하기 위한 정치적 계기를 만든 것 같다.

2009년 프랑스의 대통령 니콜라 사르코지19)는 국가복지의 척도로서의 국내총생산에 의문을 제기하였다. 그가 말한 바와 같이, "최근 몇 년간의

역주18) 데보라 강로프(Deborah Gangloff)는 뉴욕시립대학교에서 문화인류학을 전공하였으며, 현재 미국숲협회 상임이사이다.

역주19) 니콜라 사르코지(Nicolas Sarkozy, 1955-)는 프랑스 정치인이고, 2007년부터 2012년까지 프랑스 대통령을 역임하였다. 위키백과에서 인용.

세계경제위기와 변동하는 상품가격은 회계구조의 결함과 유한하고 취약한 자연시스템에 대한 의존도를 모두 드러내었다". 사르코지는 경제성장**과** 환경보호를 위해 자신에게 가해지는 경쟁적인 요구의 압박감을 느끼면서, 경제학자이자 노벨상 수상자인 조세프 스티글리츠[20]를 불렀다. 스티글리츠가 회상한 바와 같이, 사르코지의 딜레마는 그가 "국내총생산을 극대화하라는 지시를 듣고 있지만, 그도 사람들이 관심을 갖는 것이 공해와 삶의 질과 같은 다른 여러 차원이라는 것을 좋은 정치가로서 알고 있다는 것이다. 그러한 차원은 국내총생산에 잘 포착되지 않는다......그래서 그는 이렇게 말하였다. 이러한 이분법을 제시하지 않는 척도를 만들어서 이 긴장을 어떤 식으로든 해결할 수 없는가?"[21] 스티글리츠는 자신이 할 수 있다고 생각한다.

이에 대한 대응으로, 사르코지는 스티글리츠와 또다른 노벨상 수상자인 경제학자 아마타 센[22], 경제학자 장-폴 피투시[23](Jean-Paul Fitoussi)를 영입하여 국내총생산에 대한 대안을 고려하는 위원회를 설립하여 그들이 적절하다고 생각하는 대로 "국내총생산을 분해하였다." 스티글리츠-센-피투시 위원회는 2009년 9월 보고서를 발표하여, 21세기에 더 잘 맞는 방식으로 국가의 발전을 측정하기 위한 제안을 하였다. 위원회는 국

역주20) 조세프 스티글리츠(Joseph Stiglitz, 1943-)는 미국의 경제학자로, 신케인즈학파에 속한다. 컬럼비아대학교의 경제학교수로, 노벨경제학상 수상자, 세계은행 부총재를 역임하였다. 위키백과에서 인용.

21) "Time Is ripe for green accounting", *op. cit.*

역주22) 아마타 센(Amartya Sen, 1933-)은 인도의 경제학자이자 철학자이다. 1998년 아시아인으로서 최초로 노벨경제학상을 받았다. 1953년 인도 캘커타대학교를 졸업한 후, 케임브리지대학교에서 박사학위를 받았다. 불평등과 빈곤연구의 대가이며 후생경제학의 대표적인 학자이다. 위키백과에서 인용.

역주23) 장-폴 피투시(Jean-Paul Fitoussi, 1942-2022)는 프랑스 경제학자이고 사회학자이었으며, 파리 정치대학 교수를 역임하였다. 신케인즈학파에 속하였다. wikipedia에서 인용.

내총생산에 대한 두 가지 주요한 비판을 모두 지지하면서, "경제적 척도 자체가 개인의 상황을 더 잘 나타내기 위해 수정되어야 하고, 모든 국가는 경제적·사회적·환경적으로 발생하는 일을 파악하기 위해 다른 지표도 적용해야 한다"(*ibid.*)고 주장하였다. 그것은 국가의 삶의 질을 평가하기 위해 최소한 7가지 다른 척도를 이용할 것을 권장하였다. 즉, 건강, 교육, 환경, 고용, 물질적 복지, 대인관계, 정치참여. 그것은 또한 형평성, 경제적·환경적 지속가능성을 측정할 것을 권장하였다. 스티글리츠는 2008년의 세계금융위기가 우리에게 사회적 계약을 재고할 것을 요구한다고 생각한다. 그가 말한 바와 같이, "우리는 또한 이례적인 경제붕괴의 여파로 사회의 목표가 실제로 무엇인가에 대해 이야기해야 한다."

스티글리츠-센-피투시 위원회의 권고는 지금까지 유럽연합과 경제협력개발기구에서 논의되어 왔다. 이탈리아 통계청의 엔리코 지오반니니[24] 국장은 이것이 적어도 시작이라고 생각한다. 그는 다음과 같이 말한다. "내가 생각하기에 좋은 소식이란 국제수준에서 무엇인가가 변하고 있다는 징후가 있다는 것이다."

경제학자 폴 오머로드[25]는 국가회계방법의 수정이 수정된 시스템에서 나타날 숫자보다 정부가 정책의 중점을 바꾸도록 촉진하는 촉매제를 제공하는데 중요하다고 생각한다. 그는 "국민계정에 공해비용이나 교통체증비용 같은 비시장적인 요인을 포함시키면 정부가 이런 문제를 심각하게 생각하고 해결책을 취하도록 장려할 것"(Ormerod, p.57; 주명건 옮김, p.52)이라고 주장한다. 언론인 존 거트너[26]도 이 견해에 동의하고 있다.

역주24) 엔리코 지오반니니(Enrico Giovannini, 1957-)는 이탈리아의 경제학자, 통계학자. 경제관료를 역임하였다.

역주25) 폴 오머로드(Paul Ormerod, 1950-)는 영국 경제학자. *The Death of Economics* 의 저자.

비시장요소를 국민계정범위 내에 가져오려는 모든 시도는 뉴욕시의 나무가격을 결정하는 효과가 있을 것이다. 그것은 '선함'(goodness)과 같은 도덕적 추상보다 자본주의 사회의 공개토론에서 더 많은 비중을 차지하는 언어(돈의 언어)로 하드자료를 제공할 것이다. 또는 거트너가 말한 바와 같이, 녹색회계의 맥락에서, "환경지표에 초점을 맞추면 우선 환경입법이 훨씬 더 시급해질 수 있을 것이다"(Gertner, *op. cit.*).

아마타 센도 유사한 실용적 견해에 도달하였다. 센이 국가회계에 대한 대안적 접근방식에 관여한 것은 친구이자 동료인 마흡 울 하크[27]와 함께 인간개발지수(HDI)를 공식화한 1990년으로 거슬러 올라간다. 인간개발지수는 교육과 건강에 의해 수정된 국내총생산을 국민계정에 통합하였다. 센과 하크는 1953년 캠브리지대학교에서 만났는데, 그곳에서 그들은 국가개발에 대한 이해를 공유하고 개발을 경제성장과 동일시하는 것은 옳지 않다는 데 동의하였다. 하크는 주로 건강과 교육에서 국내총생산 이외의 척도들을 고려하기 시작하였는데, 이 척도들은 국내총생산이 크게 증가하지 않더라도 자신의 모국인 파키스탄과 같은 국가의 삶을 크게 개선할 정부정책으로 이어질 수 있다고 생각하였다.

그들이 졸업한 뒤 몇 년 후, 하크는 센에게 인간개발지수를 만들도록 도와달라고 요청하였다. 센은 그 아이디어에 즉시 '움츠러들었다'고 말하

역주26) 존 거트너(Jon Gertner)는 언론인이고, 과학, 기술, 자연 등에 관한 역사학자이다. 주로 뉴욕타임즈매가진(*The New York Times Magazine*)에 주로 기고하고 있다. 그의 첫 번째 저서(*The Idea Factory: Bell Labs and the Great Age of American Innovation*)는 뉴욕타임즈의 베스트셀러이었다. 위키백과에서 인용.

역주27) 마흡 울 하크(Mahbub ul Haq, 1934-1998)는 파키스탄의 경제학자, 국제개발 이론가, 정치가이었다. 당대에 뛰어난 경제학자로 간주되고 있다. 하크는 국가개발을 측정하기 위해 널리 이용되는 인간개발지수를 고안한 바 있다. wikipedia에서 인용.

였다. "나는 마흡에게 국내총생산이 저속한 것처럼 극도로 복잡한 이야기를 하나의 숫자에 담는 것은 저속하다고 말하였다. 그리고 그는 나에게 다시 전화를 걸어 말하였다. '아마타, 당신이 정확하게 옳다. 내가 당신에게 원하는 것은 국내총생산만큼 저속하지만 우리 자신의 삶과 더 관련이 있는 지수를 만드는 것이다'"(*Ibid.*). 센은 결국 '하크의 실용주의 지혜'를 보고 인간개발지수에 관해 연구하기로 동의하였다. 그러나 그들이 1990년 인간개발지수를 공식화한 이후, 기후변화가 훨씬 더 분명해졌고, 새로운 환경회계척도로 그것을 다룰 필요성이 더 시급하였다. 따라서 센은 사르코지의 위원회에 기꺼이 참여하였다.

그리고 로버트 케네디의 연설이 국내총생산회계의 문제를 제기한지 40년 후인 2008년 3월 마침내 로버트 케네디가 제기한 문제를 워싱턴의 미정부가 채택하였다. 미상원위원회는 국가복지를 표현하기 위해 국내총생산을 이용하는 것의 위험뿐만 아니라, 환경피해, 빈곤, 소득불평등, 건강, 삶의 질 등을 측정하지 못하는 국내총생산의 실패를 논하였다. 상원의 청문회 당시에는 미국의 국가회계에 대한 개정가능성을 수용할 수 있는 미국법률이 없었다. 그러나 2년 후인 2010년 3월 23일, 버락 오바마 대통령은 의회가 새로운 '핵심국가지표체계'를 만드는데 자금을 지원하고 감독하도록 요구하는 하나의 작은 조항(5605조항)이 포함된 환자보호 및 저렴한 의료법에 서명하였다. 사장 겸 최고경영자인 크리스 훼니그[28]가 독립적으로 만든 일단의 측정인 '미국의 상황'(the 'State of the USA')이 그 시스템이 될 것이다. 2007년 면세기관으로 설립된 미국의 상황은 건강, 교육, 고령화, 가족·아동, 범죄·정의, 예술·문화, 환경, 경제에

역주28) 크리스 훼니그(Chris Hoenig)는 시민을 위한 공동체인 시민동맹(Citizens Alliance)의 공동설립자이고, 미국의 상황(the State of USA)의 최고경영자이다. 위키백과에서 인용.

대한 수백 가지 새로운 척도를 포함하고 있는데, 이들은 온라인상으로 무료로 접근할 수 있다. 훼니그는 국내총생산을 "웹이 생기기 전 세계의 유물"(*ibid.*)이라고 부르며, 자신의 온라인 지표가 형식과 내용 면에서 새 천년에 더 적합하다고 생각한다. 그는 이러한 핵심지표에 쉽게 접근함으로써, 미국인들이 "의견보다는 증거에 기반한 논의로 토론을 전환"할 수 있고 미국을 그 국민이 "공유되는 정량적인 준거틀"을 향유하는 세계 최초의 국가로 만들 수 있기를 희망하고 있다.

환경적 관점에서 볼 때, 우리가 직면하는 주요한 회계과제는 자연자본을 정의·계량화·평가하는 데 있다. 이것을 염두에 두고, 유럽연합의 유럽환경청과 그 파트너들은 국가복지에 대한 생태계의 기여를 기록하는 방법을 개발해 왔다. 그것의 '생태계 계정'에는 자원의 물리적·화폐적 계정(즉, 자연환경의 실제보유의 기록과 화폐가치), 물질과 에너지의 흐름 및 서비스가 모두 포함된다. 이것의 기본접근방법은 뉴욕시의 이웃나무조사의 접근방법과 그렇게 다르지 않다. 그것에는 생계태가 동일한 수준의 서비스를 계속 제공하도록 하는 데 필요한 투자의 수준을 파악하는 작업이 포함된다.[29] 유럽환경청은 또한 유럽 내에서의 물리적 변화와 그러한 변화의 경제적 영향을 보여주기 위해서 토지·탄소·수자원 등의 계정을 준비하고 있다.

유럽환경청은 포괄적인 접근방식이 개발될 때까지 기다리는 것보다 지금 당장 이러한 단순화된 생태계 계정을 만드는 것이 더 좋다고 생각한다. 유럽환경청이 지적하듯이, 그것은 정확하게 (오늘날 복음으로 여겨지는) 유엔 국민계정시스템을 만든 방법이다. 국민계정시스템은 1953년 리차드 스톤에 의해 기본 53페이지 문서로 시작되어 현재는 포괄적인

---

29) 'Time is ripe for green accounting', *op. cit.*

750페이지이다. "메시지는 분명하다: 간단하게 시작하라."(*Ibid.*).

유엔의 2010년 세계생물다양성전망3의 저자인 경제학자 파반 수크데브[30]는 우리가 자연세계의 재화와 서비스를 평가하고 이들을 세계경제시스템에 반영하지 않는다면, 생명과 생계를 위협하면서 환경을 계속 파괴하고 충격에 대한 환경의 저항력을 떨어뜨릴 것이라고 말하고 있다. 그는 이러한 변화를 위해서는 우리가 사업하고, 소비하고, 삶에 대해 생각하는 방식에 '대대적인 혁명'이 수반되어야 한다고 생각한다. 유엔 생물다양성 보고서는 "세계경제가 자연세계의 가치를 고려하도록 운영되는 방식에 대한 대대적인 변화"를 지지한다. 이 보고서는 공동체가 자연을 사용하기보다는 보전하기 위해 비용을 지불해야 한다고 주장한다. 기업은 환경에서 얻을 수 있는 것에서 엄격하게 제한받아야 한다(Jowit, 2010). 그리고 기업과 정부는 그들의 재무결과에 따라 자연·인적 자본의 이용을 설명해야 한다. 이 보고서가 꿈꾸는 세상은 21세기와 지구상의 인간 삶의 미래를 위해 만들어진 회계시스템에 의해 규제된다.

2011년 2월, 수크데브가 유엔환경프로그램과 함께 한 연구의 일환인 녹색경제보고서는 "세계 국내총생산의 2%가 어떻게 녹색성장을 촉진하고 빈곤과 싸울 수 있는가?"라는 제목으로 시작되었다. 이 보고서는 세계 국내총생산의 2% 또는 연간 약 1조 3000억 달러를 10개 핵심부문에 투자하는 것이 어떻게 세계의 갈색경제[31]를 녹색경제로 전환시킬 것인가를 설명하고, 경제성장과 환경투자 사이에 상반관계가 있을 필요가 있다는 일반적인 생각에 도전한다.

역주30) 파반 수크데브(Pavan Sukhdev, 1960-)는 녹색경제와 국제금융을 연구하는 인도의 환경경제학자이다. 위키백과에서 인용.

역주31) 갈색경제(brown economy)는 석탄, 석유 등과 같은 화석연료에 기반한 경제를 말한다.

녹색경제보고서는 2012년 6월 리우데자네이루에서 개최된 유엔의 지속가능발전회의인 'Rio+20' 또는 '지구정상회의 2012' 준비의 일환이었다. 지구정상회의는 두 가지 주요한 주안점(지속가능한 개발과 빈곤퇴치의 맥락에서 녹색경제와 지속가능한 개발을 위한 제도체계)을 가지고 있었으며, 세계 20개국의 선진국 G20과 신흥경제국의 정상을 비롯한 전 세계국가들의 지지를 받았다. 마침내, 수십 년 동안 국내총생산 척도에 대해 절망하고 수정을 모색하였던 사람들에게 계기가 생긴 것 같다.

복식부기는 우리 행성(지구)의 유한한 자원을 평가하는 (또는 하지 않는) 방식을 통해서, 이제 지구상의 생명을 만들거나 파괴할 잠재력을 가진다. 우리는 국가와 기업의 계정에서 자연의 공짜선물을 계속 무시하고 그렇게 하여 지구를 계속 파괴할 수 있다. 또는 우리는 자연을 설명하고 다시 번성하도록 시작할 수 있다. 숫자와 돈이 세계 자본주의경제에서 사용되는 유일한 언어라면, 이 언어는 우리가 사용해야 하는 언어이다. 생태회계사(eco-accountant)로 개조된 회계사들이 이 대화에서 중심역할을 할 수 있다. 이러한 이유로 조나단 왓츠는 2010년 회계사들이 지구상의 삶에 대한 마지막 희망일 수 있다고 썼다. 그가 또한 지적한 바와 같이, 잘못되면, 생태회계는 자연세계가 더욱 "상품화되고, 가격이 책정되고, 조각나고, 최고입찰자에게 판매된다"(*Guardian*, 28 October, 2010)는 것을 의미할 것이다. 그러나 잘 되면, 생태회계는 우리의 가치를 재구성하고 우리가 아직 상상하지 못한 방식으로 자본주의 세계를 변화시킬 수 있을 것이다.

후기

……일단 우리가 회계사의 이윤검정에 복종하지 않을 수 있다면, 우리는 문명을 바꾸기 시작하고 있다……

존 메이나드 케인스, 1933[1)]

오래된 가치측정방식은 무관해지고 있다.

엘 고어, 2006[2)]

기업형태와 그 언어인 회계는 우리가 지불하지 못하였을 뿐만 아니라 인식하지도 못하였던 사회환경원가를 발생시켰다. 오늘날까지, 1494년 루카 파치올리가 성문화한 13세기의 베니스 복식부기 시스템은 엄격한 세계적 미적분학으로 변모하였고, 다음과 같은 악명 높은 삶과 죽음의

역주1) 이 문장의 출처는 다음과 같다. Keynes, J. M.(1933), "National Self-Sufficiency", *The Yale Review*, 22(4), pp.755-769.

역주2) 이것은 2006년 미국에서 제작된 데이비스 구겐하임 감독의 다큐멘터리 영화인 불편한 진실(An Inconvenient Truth)에 나오는 대사이다. 미국의 전직 부통령 엘 고어가 1,000번이 넘는 수의 강연에서 사용했던 슬라이드 쇼를 바탕으로 지구온난화에 대해 다루고 있다. 2007년 열린 아카데미 시상식에서 장편 다큐멘터리상을 차지하였다. 위치백과에서 인용. 이 다큐멘터리 영화 외에 저서도 있다. Gore, Al.(2006), *An Inconvenient Truth*, Rodale Books, New York; 김명남 옮김(2006), 불편한 진실, 좋은생각.

선택과 같은 무자비한 의사결정을 생성하는 추론을 가능하게 하는 문화를 만들었다. 이것은 1977년 포드 자동차회사의 원가-효익분석인데, 이는 핀토(pinto)차에 안전장치를 추가하거나 추가하지 않을 때의 상대적 장점을 저울질하며, "안전부품의 원가 대 생명상실의 원가"를 평가하는 분석인데, 여기서 '생명상실의 원가'는 안전하지 않는 자동차로 인해 잠재적으로 사망한 남자·여자·어린이의 달러가치이다(Hyde, p.81). 회사내부 비망록은 "만약 핀토차가 11달러의 안전장치 없이 판매되었다면, 2,100대의 자동차에 매년 불이 나고, 180명이 부상을 당하지만 살아남을 것이고 또 다른 180명은 불에 타서 죽을 것"이라고 추정하였다. 포드 자동차회사는 다음과 같은 분석을 하였다.

효익	**원가**
안전한 자동차에 의해 절약된 금액:	안전장치에 지출된 금액:
사망자 180명 x 200,000불	11,000,000대 자가용 x 부품단가 11불
+ 부상자 180명 x 67,000불	+ 1,5000,000대 트럭 x 11불
+ 2,100대 x 700불	
= 49,500,000불	= 137,500,000불

분명히 회계용어로는 안전장치의 원가가 그 효익을 훨씬 초과한다. 그래서 당연히 포드 자동차회사는 이러한 두 가지 간단한 숫자방정식의 거침없는 논리에 기초하여 안전장치에 돈을 지출하지 않기로 결정하였다. 이것은 회계중심 원가-효익 분석의 고전적 사례이다. 이 이야기를 폭로한 언론인 마크 도위(Mark Dowie)에 의하면, 핀토 자동차가 출시되었던 1971년과 잡지 마더 존스(*Mother Jones*)가 그의 사례분석을 출간한 1977년 사이에 최소한 500명이 핀토 자동차의 충돌사고로 불타서 죽었다.

모든 것을 측정하려는 우리의 현대적 충동은 수학, 베니스 부기, 루카 파치올리가 중요한 역할을 한 '급진적인 인식의 변화'가 일어났던 중세 후반으로 거슬러 올라간다. 역사학자 앨프리드 크로스비[3)]는 이러한 '급진적인 변화'를 다음과 같이 설명하고 있다.

> 실제적인 어법으로 단순화해서 말한다면 새로운 접근법은 이런 것이다. 당신이 생각하려고 하는 어떤 것을 그것을 정의하는 데 필요한 최소한의 단위로 환원하라. 샹파뉴 시장에서의 양모가격의 기복이든 하늘에 있는 화성의 진로이든 그것을 종이 위에, 아니면 마음속의 종이 위에라도 그려 보라. 그리고 실제로든 상상으로든 그것을 균등한 단위로 쪼개 보라. 그 분할된 단위가 몇 개인지를 헤아려 보면 그것을 계측할 수 있게 된다.
>
> (Crosby, *op. cit.*, p.229; 김병화 옮김, p.279).

그리고 일단 어떤 것을 측정할 수 있다면, 아무리 큰 오류나 누락이 있더라도, 조작하고 실험할 수 있는 대상의 계량적 또는 숫자적 표현을 갖게 된다. 이러한 자료는 그것을 만든 인간으로부터 명백한 독립성을 획득할 수 있으며, 21세기 컴퓨터 모형에 입력될 때 반박할 수 없는 권위를 가질 수 있다. "그것은 당신에게 언어적 표현이 거의 하지 않는 것을 할 수 있다. 즉, 그것은 당신의 가장 간절한 소망과 모순되고 더 효과적인 추측에 당신을 밀어붙일 수 있다."

역주3) 앨프리드 크로스비(Alfred W. Crosby, 1931-2018)는 미국의 역사학자다. 텍사스 오스틴대학교 교수로 재직했다. 주요 저서로 콜럼버스의 교환, 생태제국주의, 수량화혁명 등이 있다. 크로스비는 유럽 제국주의가 오스트랄라시아, 북아메리카, 남아메리카 등지에 유럽적 패권을 성립시켜 "신유럽"(Neo-Europe)으로 만들 수 있었던 원인으로 지리학적·생물학적 해석을 내놓고 있다. wikipedia에서 인용.

좋든 나쁘든, 회계는 인간, 천연, 인조 등 이 행성의 모든 귀중한 자원을 이용하는 방식을 측정하는 방식이다. 회계는 21세기 사회의 기능과 발전에 기본적이다. 그리고 우리가 자원을 측정하는 (또는 측정하지 않는) 방식이 우리가 지구를 어떻게 평가하는가를 결정하고 따라서 행동하는 방식에 영향을 준다. 조세프 스티글리츠가 말하는 바와 같이, "우리가 측정하는 것이 우리가 행하는 것에 영향을 주며, 더 나은 측정이 더 나은 의사결정 또는 최소한 다른 의사결정을 유도할 것이다"(Gertner, *op. cit.*).

그러나, 우리가 본 바와 같이, 지구상의 생명체를 형성하는 엄청난 중요성과 힘에도 불구하고, 회계의 척도는 근본적으로 자의적이고 거의 도전받지 않는다. 오래 전인 1978년, 앤서니 합우드[4] 교수는 사회를 형성하는 데 있어서 거의 의심할 여지가 없는 회계의 역할에 주목한 바 있다. 그는 다음과 같이 말하였다.

> 회계정보가 제공하는 공식적인 역할, 기술적 회계해법의 협상적·정치적 성격, 설계옵션이 제약되고 형성되는 방식 등에 의문을 제기하는 연구에는 관심의 징후가 거의 없거나 아예 없다. 이는 회계자체가 운영되는 더 넓은 맥락의 많은 중요한 요소와 영향을 주고 받는 문제성 있는 조직적·사회적 과정으로 간주되는 곳인 회계**에서의 연구**보다는 회계**의** 그러한 연구가 의문이 제기되지 않는 것과 일부 사람이 의문이 제기되지 않기를 선호하는 것에 의문을 제기하는 근거를 제공함으로써 현상태에 매우 분명하게 도전할 수 있기 때문이다 (Hopwood, p.94).

역주4) 앤서니 합우드(Anthony Hopwood, 1944-2019)는 영국의 회계학자로 옥스퍼드대학교 교수를 역임하였으며, 시카고대학교에서 박사학위를 받았다. 회계학술지 *Accounting, Organizations and Society*를 창간하였다.

국제자본의 시대에, 우리의 부가 그 어느 때보다 운(fortunes)에 많이 묶여있고, 주식회사・정부・금융기관 등이 전 세계적으로 오류가능성을 보여주고 있을 때, 우리는 그들을 지배하는 다소 자의적인 회계법칙을 아는 것이 중요하다. - 특히 그것은 가치 자체가 할당되는 회계시스템의 미로와 같은 작업에 있기 때문이다. 만약 우리가 무한히 탐욕스러운 소비주의를 우리의 유한한 행성의 자원과 조화롭게 유지하려면, 시장이 인식하고 설명할 수 있는 가치를 우리의 행성에 부여하는 것을 고려해야 하고, 대양, 공기, 숲, 강, 황야에 화폐가치를 할당해야 한다. 세계경제가 우리 주변에서 계속 붕괴되고 있지만 스스로를 재생하지 않고 있으며 지구의 자원이 점점 고갈될 위험에 처해 있는 상황에서, 이것은 21세기에 대한 우리의 주요한 경제적・윤리적 도전과제 중 하나로 보일 것이다. 어떤 식으로든 금세기는 지구에 대해 설명하는 법을 배우는 세기가 될 것이다. 왜냐하면, 우리가 지구와의 거래에 대한 회계처리를 시작하지 않으면, 미래의 모든 인간거주지를 위해 지구를 파산시킬 것이기 때문이다.[5)]

역주5) 엘 고어(2006, p.165; 김명남 옮김, p.270)는 불편한 진실에서 기후위기를 푸는 해법 중 하나로 시장자본주의라는 강력한 힘과 동맹을 맺는 것이라고 하면서 다음과 같이 주장하고 있다. "무엇보다도, 우리가 내리는 중요 경제 선택들에 대한 예상 결과를 좋은 것이든 나쁜 것이든 빠짐없이 정확하게 측정해야 한다. 이제까지는 경제적 선택이 가져올 환경 영향에 대해 그다지 주목하는 이가 없었다. 전통적 회계장부에서 이런 요인들은 '외부효과'로 분류되어 대차대조표에서 아예 누락되었기 때문이다. 이런 현명하지 못한 관행이 오랫동안 유지된 이유를 모르는 바도 아니다. 애초에 이런 요인들은 정확한 가격을 매기기가 어렵기 때문이다. 그리고 외부효과라고 간단히 딱지 붙이면 눈앞에서 밀어내고 쉽게 잊을 수 있다. 그러나 이제 많은 기업체들이 자신들이 내리는 선택의 영향을 다각도에서 살펴보길 원하고, 그런 의미에서 환경이나 공동체, 직원들에게 가해지는 영향들을 정교한 방식으로 측정한 뒤 대차대조표에 포함시키고 있다."

감사의 말

다음의 사람들에게 감사를 전하고자 한다,

마이클 힐(Michael Hill). 그는 단지 아이디어에 지나지 않았을 때 본서를 집필하도록 격려하였고, 오랜 기간 동안 줄곧 나를 지원하였다.

제인 팔후레이맨(Jane Palfreyman). 그녀는 좋은 친구이고, 저자가 바랄 수 있는 최고의 출판인이다. 그녀의 지속적인 지원, 열정, 지능, 재치에 대해 감사한다.

클라라 핀레이(Clara Finlay). 그는 줄곧 보여준 복사편집과 사내조직마법으로 뛰어난 편집자이었다. 그녀는 보이지 않는 교정자가 아니라 내 스타일리스트이었다.

알리 라바우(Ali Lavau). 그녀의 기민하고 열정적이며 온건하게 비판적인 (가장 좋은 방법으로) 구조적 편집에 감사한다. 나에게 외관상 무한하게 보이는 이 소재를 어떻게 형상화하는지를 이해하도록 도와주었다.

아지자 쿠이퍼스(Aziza Kuypers). 교정을 훨씬 뛰어넘는 매의 눈으로 교정한 것에 감사한다. 그녀의 질문은 원고의 몇 가지 중요한 순간에 더 깊이 생각하게 하였다.

출판인과 세 명의 편집인이 있어서 정말 운이 좋았다.

출판인 패드릭 갈라퍼(Patrick Gallagher). 지속적인 지원과 마티니(양주)에 감사한다.

피더 롱(Peter Long). 아름다운 내부디자인과 책의 원호를 하나의 이미지로 포착한 표지에 대해 감사한다.

베니스의 마르시아나 국립도서관에 있는 지오바니 화지니(Giovanni Fazzini). 그는 루카 파치올리, 리알토 학교의 작품과 베니스 수학을 살펴볼 수 있는 수십 편의 논문과 서적에 접근할 수 있도록 귀중한 도움을 주었다.

산세폴크로에 있는 카사밀라의 멋진 주최자, 발・콜린 스티븐스(Val and Colin Stevens). 그들은 나를 가족처럼 대하였다. 특히 산세폴크로 시립도서관과 같이 내가 알지 못하였거나, 접근이 허용되지 않은 장소에 입장할 수 있도록 나를 위하여 자신의 산세폴크로 연결망을 활성화한 발에게 특히 감사한다. 그리고 1494년판 산술・기하・비・비례총람과 신성비례를 살펴볼 수 있도록 해준 도서관 직원들에게 감사한다.

잭슨(Jackson)과 스카렛 힐(Scarlet Hill). 그들은 나를 웃게 해 주고(주로 나 자신에 대해, 수도사와 수학에 관해 글을 쓸 때 필수적이다), 지난 3년 동안 책상에서나 머릿속에서 나의 오랜 부재를 참아준 데 대해 감사한다.

가비 나허(Gaby Naher). 그는 본서를 집필하는 동안 정기적인 이메일과 모닝커피 데이트로 종종 외부세계와 가진 유일한 접촉이었던 좋은 친구이다.

그리고 한번 더, 나의 가족과 친구들에게, 지난 3년 동안 한 수도사에 관해 글을 쓰며 서재에 갇혀 있었음에도 불구하고 여전히 나와 이야기를 나누었던 것에 대해 감사한다.

참고문헌

Abraham, Katharine and Christopher Mackie(2004), *A Framework for Nonmarket Accounting*, STD/NAES/RD(2004)2, OECD.

Academy of Accounting Historians(1976), "Other Features", *Accounting Historians Journal*, Vol.3, Issue1, pp.108-122.

AccountAble, issue 6, October-December, 2005, http://uttardayee.freewebspace.com/Accountable_Asia.

Achenbach, Joel(2009), "All the president's pennies: Washington, the meticulous businessman", *Sydney Morning Herald*, 17-18 October.

Aho, James A.(1985), "Rhetoric and the Invention of Double Entry Bookkeeping", *Rhetorica*, Vol.3, pp.21-43.

______________(2005), *Confession and Bookkeeping: The religious, moral and rhetorical roots of modern accounting*, State University of New York Press, Albany.

Ahrens, Frank(2007), "For Wall Street's math brains, miscalculations", *Washington Post*, 21 August.

Alberti, Leon Battista(1435), *On Painting*, trans. John R. Spence(1967), Routledge & Kegan Paul, London; 노성두 옮김(1998), **회화론**, 사계절.

____________________(1440), *The Family in Renaissance Florence*, trans. Renēe Warkins(1969), University of South Carolina Press, Columbia.

Allen, Christopher(2008), *Jeffrey Smart, Unpublished Paintings 1940-2007*, Australian Galleries, Clooingwood.

Angelini, Alessandro(1985), *Piero della Francesca*, Scala, Florence.

Art: Bookkeeping, Double-entry Bookkeeping in Medieval Italy, www.franzarlinghaus. de/Bookkeeping.html.

Art Gallery of New South Wales(1984), *The Moderns*, Art Gallery of New South Wales Catalogues, Sydney.

Atalay, Bulent(2006), *Math and the Mona Lisa: The art and science of Leonardo da Vinci*, Smithsonian Books, New York.

Baker, Linda(2010), "GPI – GDP is killing us", 31 May, http://tangibleinfo.blogspot. com/2010/05/gpi-gdp-is-killing-us.html.

Banker, James R.(2003), *The Culture of San Sepolcro during the Youth of Piero della Francesca*, University of Michigan Press, Ann Arbor.

Batuman, Elif, "The windmill and the giant: Double-entry bookkeeping in the novel", www.elifbatuman.net/the-windmill-and-the-giant-summary.

Bertelli, Carlo(1992), *Piero della Francesa*, trans. Edward Farrelly, Yale University Press, New Haven.

Birkin, Frank(2009), "Leaders challenge 'business as usual'", accessed July, www.shef.ac.uk/management/staff/profile/birkin.html.

Braudel, Fernand(1979), *Civilization and Capitalism 15th-18th Century, Vol.2, The Wheels of Commerce*, Harper & Row, New York; 주경철 번역(1996), **물질문명과 자본주의 II-2, 교환의 세계**, 까치.

Brown, R. Gene and Kenneth S. Johnston(eds.)(1963), *Paciolo on Accounting*, McGraw-Hill Book Company Inc., New York.

Brown, Richard(1905), *A History of Accounting and Accountants*, T.C. & E.C. Jack, Edinburgh.

Buchan, James(1997), *Frozen Desire: An enquiry into the meaning of money*, Picador, London.

Burchharhardt, Jacob(1860, 1999), *The Civilization of the Renaissance in Italy*, Barnes & Noble Books, New York.

Bushaw, Donald W.(1998), "Rediscovering the Archimedean Polyhedra: Piero della Francesca, Luca Pacioli, Leonardo da Vinci, Albrecht Durer, Daniele Barbaro and Johannes Kepler", *The College of Mathematicians Journal*, Washington, vol.29, issue2, March, pp.176-188.

Calhoun, Ada(1999), "Count her in: Denise Schmandt-Besserat's new way of seeing", *The Austin Chronicle*, 10 December.

Carboni, Stefano(2007), *Venice and the Islamic World 828-1797*, Metropolitan

Museum of Art, Yale University Press, New York.

Carnegie, Garry D. and Peter W. Wolnizer(1996), *Accounting History Newsletter 1980-1989 and Accounting History 1989-1994*, Garland Publishing Inc., New York.

Carolingian Polyptyques, www.le.ac.uk/hi/polyptyques/capitulare/latin2english.html.

Carruthers, Bruce G. and Wendy Nelson Espeland(1991), "Accounting for rationality: Double-entry bookkeeping and the rhetoric of economic rationality", *American Journal of Sociology*, vol.97, no.1, July, pp.31-69.

Chatfield, Michael(1977), *A History of Accounting Thought*, Krieger Publishing Co., Florida; 이정호 역(1988), **회계사상사**, 경문사.

Chiapello, Eve(2007), "Accounting the birth of the notion of capitalism", *Critical Perspectives on Accounting*, vol.18, issue 3, pp.263-296.

Childress, James F., Eric M. Meslin and Harold T. Shapiro(eds.)(2005), *Belmont Revisited: Ethical principles for research with human subjects*, Georgetown University Press, Washington.

Clark, Kenneth(1949), *Landscape into Art*, John Murray Ltd., London.

____________(1969), *Piero della Francesca*, Phaidon, Oxford.

Colinson, Robert(1683), *Idea rationaria; or, The Petfect accomptant*, Edinburgh.

Concise Encyclopedia of Economics, The(2008), Simon Kuznets(1901-1985), www.econlib.org/library/Enc/bios/Kuznets.html.

Costa, Massimo and Patrizia Torecchia(2008), "Value and accounting between history and theory, the Italian case", www.cardiff.ac.uk/carbs/conferences /abfh2008/costa.pdf.

Crosby, Alfred(1997), *The Measure of Reality: Quantification and Western Society, 1250-1600*, Cambridge University Press; 김병화 옮김(2005), **수량화혁명: 유럽의 패권을 가져온 세계관의 탄생**, 심산.

Dasgupta, Partha(2009), "The welfare economic theory of green national account", *Environmental and Resource Economics*, Vol.42, Jan. pp.3-38.

Davies, Norman(1996), *Europe: A History*, Pimlico, London; 최재희 옮김

(2021), **노먼 데이비스의 유럽사II 중세**, 심산.

Defoe, Daniel(1985), *Robinson Crusoe*, Penguin, Harmondsworth: 김병익 옮김(2004), **로빈슨 크루소**, 문학세계사.

____________, The Complete English Tradesman, 1725-27, www.online-literature. com/defoe/english-tradesman.

Dell'Arco, Maurizio Fagiolo(1991), *Piero della Francesca e il Novecento*, catalogue of the 1991 Piero della Francesca exhibition in Sansepolcro.

Descheppa, E.(1964), *L'histoire du mot capital et de ses derives*, Brussels.

Dostoevskiii, Fedor(1868, 1982), *Sobranie sochinenii v dvenadtsati tomakh*, Pravda, Moskva; 김근식(2000), **백치(하)**, 열린책들.

DragonBear, www.dragonbear.com/champange.html.

Durning, Alan(2008), "A new chance to fix GDP", www.worldchanging.com/archives/007896.html.

Economist, The(2010), "Not all in the same page", 1 July.

Edgerton, Samuel Y.(2009), *The Mirror, the Window and the Telescope: How Renaissance linear perspective changed our vision of the universe*, Cornell University Press, New York.

Edwards, John Richard and Stephen P. Walker(eds.)(2009), *The Routledge Companion to Accounting History*, Routledge, Abingdon, Oxon.

Engels, F.(1895), "Supplement and Addendum to Vol.3 of *Capital*" in Marx(1894, 1981), *Capital: Vol.III*, p.1031, Penguin Books, London; 김수행 역(1990), **자본론 III(하)**, 비봉출판사, pp.1098-1099.

Eggermont, Christian(2009), "Christian Eggermont's disentanglement", assessed February, www.win.tue.nl/~ceggermo/puzzels/disentanglement.

Eisenstein, Elizabeth L.(1979), *The Printing Press as an Agent of Change*, Cambridge University Press, Cambridge.

____________________(1983), *The Printing Revolution in Early Modern Europe*, Cambridge University Press, Cambridge.

Emmer, Michele(2003), *Matematica e cultura 2003,* Springer-Verlag Italia, Milan.

Erasmus, Desiderius(1876), *In Praise of Folly*, Reees and Turner, London; 김남우 옮김(2011), **우신예찬**, 열린책들.

Evans, John H.(2005), "Max Weber Meet the Belmont Report: Towards a sociological interpretation of principlism", in *Belmont Revisited: Ethical principles for research within subjects*, James F. Childress, Eric M. Meslin and Harold T. Shapiro(eds), Georgetown University Press, Washington DC, pp.228-243.

Fauvel, John and Jeremy Gray(eds.)(1990), *The History of Mathematics: A reader*, MacMillan Press, London.

Ferguson, Niall(2008), *The Ascent of Money: A financial history of the world*, Penguin Books, Melbourne; 김선영 번역(2016), **금융의 지배: 세계금융사 이야기**, 민음사.

Fibonacci(2002), *Liber abaci*, Springer Publishing, New York.

Field, J.V.(2005), *Piero della Francesca: A mathematician's art*, Yale University Press, New Haven.

Fischer, Michael J.(2000), "Luca Pacioli on business profits", *Journal of Business Ethics*, vol.25, no.4, June pp.299-312.

Fleischman, Richard K., Vaughan S. Radcliffe and Paul A. Shoemaker (eds.)(2003), *Doing Accounting History: Contributions to the development of accounting thought*, Elsevier Science Ltd., Oxford.

Fondazione Istituto Internationale di Storia Economica, "F. Datini", www.institutodatini.it.

Geijsbeek, John B.(1914), *Ancient Double-Entry Bookkeeping: Luca Pacioli's treatise*, reprinted by Nihon Shoseki Ltd., Osaka, 1975.

Gertiner, Jon(2010), "The rise and fall of the GDP", *New York Times*, 10 May.

Gillispie, Charles Coulston(ed.)(1974), *Dictionary of Scientific Biography*, Charles Scribner's Sons, New York.

Gittins, Ross(2010), "Why economists didn't see the big crunch coming", *Sydney Morning Herald*, 17 July.

Giusti, Enrico(1998), *Luca Pacioli et la Matematica del Rinascimento*, Petruzzi Editore, Citta di Castello.

"GDP: One of the great inventions of the 20th century", Survey of Current Business, January 2000, www.bea.gov/scb/account_articles/general/0100od/maintext.html.

Giroux, Gary(1999), "Accounting history page", http://acct.tamu.edu/giroux/history.html.

Goethe, Johann Wolfgang von(1795), *Wilhelm Meister's Apprenticeship*, Bell & Daldy, London; 안삼환 옮김(1999), **빌헬름 마이스터의 수업시대**, 민음사.

Gore, Al(2006), *An Inconvenient Truth: The Planetary Emergency of Global Warming and What We Can Do About It,* Rodale Books, New York; 김명남 번역(2006), **불편한 진실**, 좋은 생각.

Grendler, Paul. F.(2002), *The Universities of the Italian Renaissance*, Johns Hopkins University Press, Baltimore.

________________(2006), *Renaissance Education Between Religion and Politics*, Ashgate Publishing, Farnham.

Hagen E.(1949), "National accounting system and the European recovery program", *The Accounting Review*, 24(3), pp.248-254.

Heeffer, Albrecht(2009), "From problem solving to argumentation, Pacioli's appropriation of abbacus algebra", Centre for Logic and Philosophy of Science, Ghent University, accessed May, http://logica.ugent.be/contrum/.

________________(2009), "On the curious historical coincidence of algebra and double-entry bookkeeping", November, http://ligica.ugent.be/albrecht/thesis/FOTFS2008-Heeffer.pdf.

Hobson, John M.(2004), *The Eastern Origins of Western Civilization*, Cambridge University Press, London; 정경옥 옮김(2005), **서구 문명은 동양에서 시작되었다**, 에코리브르.

Hockney David(2001), *Secret Knowledge: Rediscovering the lost techniques of the Old Masters*, Thames & Hudson, London; 남경태 옮김(2019), **명화의 비밀: 호크니가 파헤친 거장들의 비법**, 한길사.

Hopwood, A.(1978), "Editorial: Accounting research and the world of action", *Accounting, Organizations and Society*, 3(2), pp.93-95.

Huizinga, Johan(2001), *Erasmus and the Age of Reformation*, Dover Publications, Mineola.

Huxley, Aldous(1925), "The best picture", www.paradixplace.com/Perspectives/Italian%20Images/Montages/Art/Best%20Picture%20Huxley%20Essay.pdf.

Hyde, Lewis(2007), *The Gift: Creativity and the artist in the modern world*, Random House, New York.

International Herald Tribune(2008), "Experts link Leonardo da Vinci to chess puzzles in long-lost Renaissnace treatise", 14 March.

Jardine, Lisa(1996), *Worldly Goods*, Macmillan, London.

Jenkins, Jolyon(2010), "A brief history of double-entry bookkeeping", BBC podcast, March, www.bbc.co.uk/programmes/b00r402b.

Jorgenson, Dale W., J. Steven Landefeld and William D. Nordhaus(eds.)(2006), *A New Architecture for the US National Accounts*, The University of Chicago Press, Chicago.

Jowit, Juliette(2008), "World is facing a natural resouces crisis worse than financial crunch", *Guardian*, 29 October.

____________(2010), "UN biodiversity report calls for global action to prevent destruction of nature", *Guardian*, 21 May.

Keene, Raymond(2008), "Renaissance chess master and the Da Vinci decode mystery", *The Times on line*, 10 March.

Kemp, Marig(2004), *Leonardo*, Oxford University Press, Oxford; 이상미 옮김(2019), **레오나르도 다 빈치 - 그와 함께 한 50년**, 지에이북스.

Kilgannon, Corey(2003), "Get that oak an accountant", *New York Times*, 12 May.

Klein, Naomi(2007), *The Shock Doctrine*, Penguin Books, Camberwell; 김소희 옮김(2008), **쇼크 독트린**, 살림Biz.

Kruger, Colin(2009), "Lessons to be learnt from ABC Learnig's collapse", *Sydney Morning Herald*, 2 January.

Kuznets, Simon(1971), Nobel Prize for Economics lecture, http://nobelprize.org/nobel_ prizes/econoimcs/laureates/1971/kuznets-lecture.html.

Lall Nigam, B.M.(1986), "Bahi-Khata: The pre-Pacioli Indian double-entry system of bookkeeping", *Abacus*, vol.22, no.2, September, pp.148-161.

Lanchester, John(2009), "It's finished", *London Review of Books*, 28 May.

______________(2010), *I.O.U.: Why everyone owes everyone and no one can pay*, Simon & Schuster, New York.

Landefled, J. Steven(2008), Senate Commerce Committee Hearings on "Rethinking GDP", 12 March.

________________, Eugene P. Seskin and Barbara M. Fraumeni(2008), "Taking the pulse of the economy: Measurig GDP", *Journal of Economic Perspectives*, vol.22, no.2, Spring, pp.193-216.

Lane, Frederic C. and Reinhold C. Mueller(1985), *Money and Banking in Medieval and Renaissance Venice*, The Johns Hopkins University Press, Baltimore

Langan, Celeste(1995), *Romantic Vagrancy: Wordsworth and the simulation of freedom*, Cambridge University Press, Cambridge.

Lee, G. A.(1977), "The Coming of Age of Double Entry: The Giovinni Farolfi Ledger 1299-1300", *The Accounting Historians Journal*, Vol.4, No.2, pp.79-95.

Littleton, A. C.(1933), *Accounting Evolution to 1900*, Russell & Russell, New York.

Livio, Mario(2002), *The Golden Ratio*, Broadway Books, New York.

Long, D. Stephen(2000), *Divine Economy*, Routledge, London.

Lyons, Jonathan(2009), *The House of Wisdom: How the Arabs transformed western civilization*, Bloomsbury, London.

MacAskill, Ewen(2010), "Barack Obama's crackdown bill on Wall Street wins Senate backing', *Guardians*, 15 July.

Machiavelli, Niccolo(1882), *The Historical, Political and Displomatic Writings*, J. R. Osgood & Co., Boston.

Mackinnon, Nick(1993), "The portrait of Fra Luca Pacioli", *The Mathematical Gazette*, vol.2, pp.130-219.

Marani, Pietro C., Roberto Cecchi and Germano Mulazzini(2008), *Il Cenacolo*, Electa, Milan.

Marx, Karl(1885, 1978), *Capital Volume 2*, Penguin Books, London; 김수행 역(1989), **자본론 II**, 비봉출판사.

Marx, Karl(1894, 1981), Capital Volume 3, Penguin Books, London; 김수행 역(1990), **자본론 III**, 비봉출판사.

Matinelli, Alvaro(1977), "Notes on the origin of double-entry bookkeeping", *Abacus*, vol.13, issue1, pp3-27.

Mattessich, Richard(1959), "Accounting reconsidered", *California Management Review*, 2(1), pp.85-91.

________________(2000), *The Beginning of Accounting and Accounting Thought: Accounting Practice in the Middle East(8000BC to 2000BC) and Accounting Thought in India(300BC and the Middle Ages)*, Routledge, London.

McCraw, Thomas K.(ed.)(1995), *Creating Modern Capitalism: How entrepreneurs, companies, and countries triumphed in three industrial revolutions*, Harvard University Press, Harvard.

McDonald, Lucy(2007), "And that's renaissance magic", *Guardian*, 10 April.

______________(2007), "Now you see it: Forgotten magic manual contains original da Vinci code", *Sydney Morning Herald*, 20 April.

McVeigh, Karen(2009), "Why golden ratio pleases the eye: US academic says he knows art secret", *Guardian*, 28 December.

Mills, Geoffrey, T.(1994), "Early accounting in northern Italy: The role of commercial development and the printing press in the expansion of double-entry from Genoa, Florence and Venice", *Accounting Historians Journal*, vol.21, June, pp.81-96.

Morris, Jan(1993), *Venice*, Faber & Faber, London.

'"Natural accounting" essential for poverty reduction', 12 October 2005, www.portofentry.com/site/root/resources/feature_article/3417.html.

Nicholl, Charles(2004), *Leonardo da Vinci: The flights of the mind*, Penguin, London.

Nobes, Christopher W.(ed.)(1984), *The Development of Double Entry: Selected essays*, Garland Publishing Inc., New York.

______________________(2001), "Were Islamic records precursors to accounting books based on the Itanlian method", *Accounting Historians Journal*, vol.28, no.2, pp.207-214.

Oelker, Maria(2008), *Sansepolcro, A City Guide*, Colori di Toscana Editore, Florence.

Olmert, Michael(1992), *The Smithsonian Book of Books*, Smithsonian Books, Washington, DC.

Origio, Iris(1957), *The Merchant of Prato: Francesco di Marco Datini*, Jonathan Cape, London; 남종국 옮김(2009), **프라토의 중세 상인: 이탈리아 상인 프란체스코 다티니가 남긴 위대한 유산**, 앨피.

Ormerod, Paul(1994), *The Death of Economics*, Faber & Faber, London; 주명건 번역(1996), **경제학의 부활**, 세종서적.

Pacioli, Luca(1494), "Treatise De Computis et Scripturis", in *Summa de arithmetica, geometria, proportione et proportionalità*, Paganino de Paganini, Venice; 이원로 번역·해설(2011), **1494 베니스회계**, 다산북스.

Parker, R. H. and B. S. Yamey(1994), *Accounting History: Some British contributions*, Clarendon Press, New York, Oxford.

Parks, Tim(2006), *Medici Money: Banking, metaphysics and art in fifteenth century Florence*, Profile Books, London.

Patel, Raj(2009), *The Value of Nothing*, Black Inc., Melbourne; 제현주 옮김(2016), **경제학의 배신**, 북돋음.

Peragallo, Edward(1977), "The ledger of Jachomo Badoer: Constantinople September 2, 1436 to February 26, 1440", *The Accounting Review*, vol.52, no.4, October, pp.881-892.

Pha, Anna(2002), "Enron: Capitalism in a nutshell", *Guardian*, 20 February.

Poovey, Mary(1998), *A History of the Modern Fact: Problems of knowledge in the sciences of wealth and society*, University of Chicago Press, Chicago.

Pounds, N. J. C.(1994), *An Economic History of Medieval Europe*, Longman, New York.

Rabinowitz, Allan M.(2009), "Who was Luca Pacioli?", *The CPA Journal*, vol.79, no.2, 1 February, pp.16-19.

Reilly, Robin(1994), *Josiah Wedgwood*, Thames & Hudson, London.

Repetto, Robert, William Magrath, Michael Wells, Christine Beer and Fabrizio Rossini(1989), *Wasting Assets: Natural resources in the national income accounts*, World Resources Institute, Washington.

Richardson, Alan J.(2008), "Strategies in the development of accounting history as as academic discipline", *Accounting History*, vol.13, no.3, August, pp.247-280.

Richardson, B.(1999), *Printing, Writers and Readers in Renaissance Italy*, Cambridge University Press, Cambridge.

Rose, Paul Lawrence(1975), *The Itanlian Renaissance of Mathematics: Studies on humanists and mathematicians from Petrarch to Galileo*, Librarie Droz, Geneva.

Ross, Howard(1966), *The Elusive Art of Accountig: A brash commentary on financial statements*, The Ronald Press Company, New York.

Rouse Ball, W.W.(1960), *A Short Account of the History of Mathematics*, Dover Publications Inc., New York.

Rowland, Ingrid D.(1998), *The Culture of the Italian Renaissnace: Ancients and moderns in sixteenth-century Rome*, Cambridge University Press, Cambridge.

Russell, Bertrand(1984), *A History of Western Philosophy*, Unwin Paperbacks, London; 서상복 옮김(2009), **러셀 서양철학사**, 을유문화사.

Rylands, Philip(2007), *Peggy Guggenheim Collection, Guggenheim Museum Publications*, New York.

Sangster, Alan(2008), "Using accounting history and Luca Pacioli to teach double entry", Annual Accounting and Business History Research Unit

Twentieth Annual Conference, 11-12 September, www.cardiff.ac.uk/carbs/conferences/abfh2008/sangster2.pdf.

______________, G. N. Stoner and P. McCarthy(2008), "The market for Luca Pacioli's Summa Arithmetica", *The Accounting Historians Journal*, vol.35, June, pp.111-134.

Schmandt-Besserat, Denise(2002), "Signs of life", *Odyssey*, January/February, pp.6,7 and 63.

__________________________(2002), "One, two...three", *Odyssey*, September/October, pp.6-7.

Schumpeter, Joseph(1942), *Capitalism, Socialism and Democracy*, Taylor & Francis e-Library; 이종인 옮김(2016), **자본주의, 사회주의, 민주주의**, 북길드.

Seife, Charles(2000), *Zero: The biography of a dangerous idea*, Penguin, New York; 고중숙 옮김(2011), **무의 수학 무한의 수학**, 시스테마.

Severini, Gino(1995), *The Life of a Painter*, trans. Jennifer Franchina, Princeton University Press, Princeton.

Simpson, J.A. and E.S.C. Weiner(1989), *The Oxford English Dictionary*, second edition, Clarendon Press, Oxford.

Skidelsky, Robert(2003), *John Maynard Keynes, 1883-1946: Economist, philosopher, statement*, Pan Book, London; 고세훈 옮김(2009), **존 메이너드 케인스**, 후마니타스.

Skira Guide(2008), *The Castello Sforzesco of Milan*, Skira Guide, Milan.

Sombart, Werner(1927, 1992), *Der Moderne Kapitalismus I-III*, Munich: DVT Taschenbuch.

_________________(1953), "Medieval and Modern Commercial Enterprise", in *Enterprise and Secular Change*, edited by Frederic C. Lane and Jelle Riemersma, Irwin, Homewood, Ill., pp.25-40.

Spengler, Oswald(1991), *Decline of the West*, Oxford University Press, New York; 양혜림 옮김(2019), **서구의 몰락**, 책세상.

Stone, Richard(1984), "The accounts of society", Nobel Prize for Economics acceptance speech, http://nobelprize.org/nobel_prizes/economics/

laureates/1984.

"Survey of Current Business", January 2000, www.highbeam.com/Survey+of+Current+Business/publications.aspx?date=200001.

Swetz, Frank J.(1987), *Capitalism and Arithmetic: The new math of the fifteenth century*, Open Court, La Salle.

Taylor, R. Emmett(1942/1980), *No Royal Road: Luca Pacioli and his times*, Arno Press, New York.

"The time is ripe for green accounting", 23 September 2009, www.eea.europe.eu/articles/the-time-is-ripe-for-green-accounting.

Tolstoy, Leo(2006), *Anna Karenina*, Penguin Books, London; 윤새라 옮김(2011), **안나카레니나 3**, 펭귄클래식 코리아.

Uchitelle, Louis(2010), "Get tough, and stay tough, on big players", *Sydney Morning Herald*, 12 July.

"Valuing the Environment"(1996), University of Wollongong, www.uow.edu.au/arts/sts/sbeder/STS300/valuing/measuring/alternative.html.

Vasari, Giorgio(1998), *The Lives of the Artists*, Oxford University Press, New York; 이근배 옮김(2018), **르네상스 미술가평전**, 한길사.

Veltman, Kim H.(1986) in collaboration with Kenneth D. Keele, *Studies on Leonardo da Vinci I: Linear perspective and the visual dimensions of science and art*, Deutscher Kunstverlag, Munich.

Watkins, Renée(1969), *The Family in Renaissnace Florence*, University of South Carolina Press, Columbia.

Watts, Jonathan(2010), "Are accountants the last hope for the world's eco-systems?", *Guaridan*, 28 Ocober.

Weber, Max(1904, 1930), *The Protestant Ethic and the Spirit of Capitalism*, Routledge, London; 김덕영 옮김(2010), **프로테스탄티즘의 윤리와 자본주의 정신**, 도서출판길.

__________(1927, 1981), *General Economic History*, translated by Frank Knight. New Brunswick, N. J.;정명진 옮김(2020), **막스 베버의 일반경제사**, 부글북스.

Weis, William L.(1991), "Luca Pacioli: Renaissance accountant", *Journal of Accounting*, 1 November, pp.51-54.

Wentworth Group of Concerned Scientists(2008), "Accounting for nature: A modle for building the national environmental accounts of Australia", May, www.wentworthgroup.org.

White, Allen(2007), "The quiet revolution in business reporting", Ceres Publications, April, www.vistaenergygroup.com/Download.html.

Williams, John J.(1978), "A new perspective on the evolution of double-entry bookkeeping", *The Accounting Historians Journal*, vol.5, Spring, pp.29-39.

Williams, Rowan(2009), "Ethics, economics and global justice", text of a speech given on Saturday 7 March in Cardiff, from www.guardian.co.uk/world/2009/mar/09/rowan-williams-lecture-full-text.

Wood, Jeryldene M.(ed.)(2002), *The Cambridge Companion to Piero della Francesca*, Cambridge University Press, Cambridge.

Yamey, Basil. S.(1978), *Essays on the History of Accounting*, Arno Press, New York.

______________(1989), *Art and Accounting*, Yale University Press, New Haven.

______________(2005), "The historical significance of double-entry bookkeeping: Some non-Sombartian claims", *Accounting, Business and Financial History*, vol.15, issue1, March, pp.77-88.

______________(2006), "Pacioli's De Scripturis in the context of the spread of double-entry bookkeeping", *Spanish Journal of Accounting History(De Computis-Revista Española de Historia de la Contabilidad)*, Vol.1, No.1, pp.142-154.

Zaid, O. A.(2000), "Were Islamic records precursors to accounting books based on the Italian method?", *Accounting Historians Journal*, vol.27, no.1, pp.73-90.

Zilsel, Edgar(2003), *The Social Origins of Modern Science*, Kluwer Academic Publishers, Dordrecht.

찾아보기

인명

사항

[ㄱ]

[ㄴ]

[ㄷ]

[ㄹ]

[ㅁ]

[ㅂ]

[ㅅ]

[ㅇ]

[ㅈ]

[ㅊ]

[ㅋ]

[ㅌ]

[ㅍ]

[ㅎ]

[기타]

역자소개

김석웅

부산대학교 상과대학 경영학과 졸업
서울대학교 대학원 경영학과 수료(경영학석사)
부산대학교 대학원 회계학과 수료(경영학박사)
호주 Monash대학교 Visiting Professor
미국 UC Berkeley(Haas School) Visiting Scholar
2018년도 한국회계학회 삼일회계법인 저명교수(저술분야)

현재: 동의대학교 상경대학 회계학과 명예교수

저서: 회계학의 비판적 방법론(교육과학사, 2014)
회계학의 해석적 방법론(교육과학사, 2017) 외 다수
역서: 회계와 사회이론: 입문(교육과학사, 2019) 외 다수

신희정

계명대학교 경영학부 회계학과 졸업
계명대학교 대학원 회계학과 수료(경영학석사)
이화여자대학교 대학원 경영학과 수료(경영학박사)
2018년도 한국회계학회 학위논문상 우수상 수상

현재: 동의대학교 상경대학 회계학과 조교수

논문: "Do foreign investors mitigate anchoring bias in stock market? Evidence based on post-earnings announcement drift", *Pacific-Basin Finance Journal*, 2018, 48, pp.224-240.
"기본변수의 미래이익 예측력과 재무분석가의 이익예측 효율성", **회계학연구**, 2017, 42(5), pp.123-160. 외 다수

복식부기

2023년 8월 20일 1판 1쇄 인쇄
2023년 8월 25일 1판 1쇄 발행

저　자: 제인 글리슨-화이트
역　자: 김 석 웅 · 신 희 정
발행자: 한　정　주
발행처: 교 육 과 학 사

역자와의 협의하에 인지생략

경기도 파주시 광인사길 71
전화(031)955-6956~8/팩스(031)955-6037
Home-page: www.kyoyookbook.co.kr
E-mail: kyoyook@chol.com
등록: 1970년 5월 18일 제2-73호

낙장 · 파본은 교환해 드립니다.
Printed in Korea.

정가 15,000원
ISBN 978-89-254-1781-3